方舆

行政区划与地名 1802

民政部地名研究所
中国地名学会
编

王胜三　浦善新　主编

中国社会出版社
国家一级出版社·全国百佳图书出版单位

图书在版编目(CIP)数据

方舆:行政区划与地名. 1802 / 民政部地名研究所,中国地名学会编;王胜三,浦善新主编. —北京:中国社会出版社,2018.11

ISBN 978－7－5087－5681－3

Ⅰ.①方… Ⅱ.①民… ②中… ③王… ④浦… Ⅲ.①政区－研究－中国②地名－研究－中国 Ⅳ.①K92

中国版本图书馆 CIP 数据核字(2018)第 244480 号

书　　名:方舆——行政区划与地名 1802
主　　编:王胜三　浦善新
编　　者:民政部地名研究所　中国地名学会

出 版 人:浦善新
终 审 人:尤永弘
责任编辑:魏光洁
助理编辑:刘海飞
封面摄影:经中锋

出版发行:中国社会出版社　　邮政编码:100032
通联方式:北京市西城区二龙路甲 33 号新龙大厦 422 室
电　　话:编辑部:(010)58124851
　　　　销售部:(010)58124851
网　　址:www.shcbs.com.cn
　　　　shcbs.mca.gov.cn
邮　　箱:qhdm_shcbs@sohu.com

中国社会出版社天猫旗舰店

印刷装订:保定彩虹印刷有限公司
开　　本:185mm×260mm　1/16
印　　张:15
字　　数:250 千字
版　　次:2018 年 11 月第 1 版
印　　次:2018 年 11 月第 1 次印刷
定　　价:50.00 元

中国社会出版社微信公众号

《方舆·行政区划与地名》编委会

目录
CONTENTS

权威视界

地名探赜

体国经野

专家观点

学术争鸣

史海回眸

国际视野

地方风物

文化长廊

地名普查

边界纪要

坚持创新发展，努力打造“互联网＋地名服务”新引擎

王胜三

在2018年1月召开的全国民政工作会议上，民政部领导强调指出，做好2018年的民政工作，必须深化改革创新，着力攻克制约民政事业发展的难点问题，要强力推行“互联网＋民政服务”，打造民政事业改革发展的新引擎。为了深入贯彻落实这一指示要求，传承保护好地名文化，提高地名服务的信息化水平，必须以党的十九大精神为指导，站在新时代的前沿，勇于开拓进取，借助最新的网络技术和大数据资源，构建全新的地名管理新机制，通过建立国家级地名地址信息化中心、搭建中国地名云平台等举措，实现地名数据采集和服务管理的实时、精准、高效。

近年来，民政部地名研究所紧紧围绕国家的发展大计，按照民政部的统一部署和要求，积极利用互联网创新技术，不断拓展地名服务领域。随着地名数据体量的不断增大，地名地址数据库建设越来越迫切，如何更科学、更方便地为社会提供地名地址数据服务，成为制约地名工作发展的瓶颈。为此，非常需要建立一个国家层面、共建共享、互联互通、智慧可靠的“互联网＋地名服务”信息系统，来满足国家进步、社会发展、经济运行、个人生活等方面对地名信息的多元需求，保障地名普查的成果转化、地名数据的实时更新、地名文化的传承、地名科研的创新。对此，我们拟依托国家认证的互联网科学技术，就如何加快建设“互联网＋地名服务”信息系统，进行了深入的研究和探讨。

一、建设“互联网＋地名服务”信息系统的重大意义

十九大报告提出，推动互联网、大数据、人工智能和实体经济深度融合，建设

科技强国、网络强国、数字中国、智慧社会，这些都为地名工作提出了新要求，如何让中国的地名工作进入新时代是我们肩负的重要责任。《第二次全国地名普查成果转化规划（2015—2020年）》中也提到，加强地名信息化建设、促进地名公共服务，即建设地名信息社会服务平台，创新应用电子地图、遥感影像、三维仿真等技术手段，拓展利用云平台、大数据、物联网等技术方式，向社会提供权威、及时、准确的地名信息服务。可见，当前加强“互联网＋地名服务”信息化系统建设意义重大。

一是有利于主动适应科技强国战略的发展需要。中国正在打造真实空间和虚拟空间同时发展的科技强国，在真实空间不断挖掘中国制造的内在动力和潜能，对于虚拟空间来说，即是各行各业积极实施“互联网＋”行动计划。民政部门负责的地名工作能够提供基础性的信息，“互联网＋地名服务”能够对点线面地名做以系统性、智能化的信息处理，通过利用先进的技术手段汇聚地名数据，借此打造稳定的信息基石。

二是有利于引领智慧城市的地名管理。建立信息化的地名公共服务平台，是数字中国和智慧城市建设的重要抓手。该平台能够设置地名工作的全部模块，运用一手的地名数据为信息需求者提供服务，使地名服务更加公开、便捷、高效，减少政府和单位在地名数据库管理方面的运营成本，从根本上推进地名普查模式的更新换代。这方面，可以借助全国民政系统院校的技术资源优势，优先建设应用，在全国范围内起到示范引领作用。

三是有利于实现地名信息的全面集聚。“互联网＋地名服务”信息系统可以解决地名信息的零散性、滞后性问题，实现地名数据和数据库的全面集聚。中国的地名条目繁多，延伸出的地名文化更是卷帙浩繁，第一次全国地名普查留下的宝贵资料和第二次全国地名普查新增的地名信息都需要一个大容量数据库。因为互联网具有容量不限的特性，可以即时解决地名普查数据无处存放、使用困难等难题，达到数据互通互联、共建共享、实时更新等目的。

四是有利于促进地名工作的改革创新。民政系统开展的数字地名专项服务是地名公共服务工程的重要工作项目之一，主要任务和要求是依托数据库开展地名信息化服务，要求按照国家、省、市、县建立四级地名数据库。而“互联网＋民政服务”信息系统旨在建立四级地名数据库的无缝衔接，利于数字地名的项目升级,可以实现地名工作者、地名专家、地名爱好者、群众等多条路线地名工作的“智慧众筹”。

二、建设“互联网+地名服务”信息系统的基本原则

一是标准化。应该按照国家标准规划,建设要具有前瞻性,力求能够在未来连接所有地名服务端,并且能够扩展相关服务的支持功能,只有标准化才能保证“互联网+地名服务”信息系统的先进性和嵌入性,才能适应地名产业的发展需求。

二是易用性。“互联网+地名服务”信息系统的最终目的在于应用,更在于简单有效的应用。一方面,信息输入端口要实现地名信息迅速上传;另一方面,信息输出端口要实现地名信息的迅速查找,保证地名信息人人能够参与、时时能够更新、处处能够查找。整体设计采用双备份数据切换,通过系统化设计降低设备维护成本,并能实现突发数据的吸附、端口拥塞的疏解,地名业务的实时页面转换。

三是开放性。“互联网+地名服务”信息系统的开放代表着知识和资源的共享,地名信息在这样的平台上公开而平等地交易,开发成本和准入门槛相应降低,用户可以享受集约化带来的价格成本优势。对用户来说,地名信息的自主选择权、灵活组合权、交易定价权等都不被干涉,虚拟化、服务器、存储等各种网络服务能够在云平台上自由流动。

四是高弹性。按照“随需应变”模式来进行地名数据云服务,依据可靠的支持服务,形成强大的可拓展功能,不断地删除和增补地名信息,形成数据暂存、数据长存、数据恢复等多功能的地名信息服务空间。

五是安全性。数据开放性带来安全性的考验,在地名信息使用效率增加的同时,“互联网+地名服务”信息系统应能够保证地名信息、信息通道、用户资产等的网络安全,技术防止数据的盗用和篡改,从内部应用、外部入侵、自身结构等多方面保证地名云平台的安全使用。

三、建设“互联网+地名服务”信息系统的基本要求

一是总体架构搭建要科学合理。“互联网+地名服务”信息系统建设要强化顶层的科学设计,按照地名数据、网络云端、规模协同三足鼎立模式进行架构。

地名数据从横向和纵向上进行分类，横向上应包括海域，陆地水系，陆地地形，行政区域，群众自治组织，非行政区域，居民点，交通运输设施，水利、电力、通信设施，纪念地、旅游景点，建筑物，单位等 12 大类地名；纵向上应包括市级、区县、乡镇、村级地名云平台和人民群众云空间。乡镇以上的地名服务信息系统与国家级信息系统相契合，属于总系统的囊括架构，村级地名系统是最基础的数据输入来源，应增加查询和纠错功能。

二是分属架构搭建要层次分明。比如，在页面架构方面，可以搭建共性固定系统、个性定制系统、交易系统等，拥有近百项功能。以分栏形式进行地名数据区域管理，从地名机构、地名研究、地名管理、地名文化、方舆世界、地名中国、地名大会几个方面进行分解，具体可以包括地名信息、政策法规、地名普查、历史钩沉、趣味地名、旅游名片、重要地名、旅游推荐、美食推荐等，形式上可以利用文字、地图、语音、视频、新闻链接等多种形式。再比如，管理系统架构方面，应包括地名云平台基础管理系统、地名云平台结构建设系统、地名云平台资源管理系统、地名云平台所属空间管理系统、地名云平台通信管理系统等分支。

三是技术支持要优中选优。“互联网 + 地名服务”信息系统应以云计算技术和 Wed2.0、Wed3.0 等先进理念与技术为构建基础，以国家层面和各地方层面参与为构建元素，深度融合 SNS、KNS、WNS 等架构的优点，将建成互联互通、共建共享、个性化十足、智能化管理、智能化运营、完全自定义型信息系统，实现手机端与电脑端同步操作。技术支持要素应包括地名信息云服务、地名信息数据库、地名信息云环境。地名信息云服务可以分为时空数据服务、空间分析服务、空间处理服务等三部分；地名信息数据库可以分为矢量、影像、三维、地名地址、新型产品、动态时空信息数据等六个方面；地名信息云环境包括私有云 IDC 和托管云 IDC 等。

四、建设“互联网 + 地名服务”信息系统的创新优势

一是智慧平台借力而行。传统网站是层级式、分享型的结构，是不能独立的、固化的资源平台。相对于传统网站，该系统在架构层级、应用特点、发展趋势方面具有流畅性，具有扁平化的架构特点，可以实现云计算、大数据、区块链的互相融合，应用上具有分享性、互动性和自主性的特点，能够进行开放式、自定义式

的设计,既可以做资源平台,又可以做流程设计,既可以做工作管理,也可以进行工作流程设计。其数据优势在于借力增力并且省力,自动汇聚地名数据,可以借网络之力,集结数据,可以借同行之力,打造精品,可以借群众之力,资源再生,可以借经验之力,快速实现。

二是数据应用时空无阻。要在应用层具有无限容量,能够存储现有的地名总体数据。在线数据库、数字图书馆、空中会客厅等都是不限容量的平台,能够实现数据无界、资源无界、沟通无界、群众无界、时空无界。

三是数据价值交互倍增。在信息系统平台上可以随意切换网络界面,实现地名资源的迅速嫁接,从而不断延长地名资源的生命线,让信息系统具有全域性和完整性,能够放大每一个地名信息的价值,交互实现地名信息 1 + 1 >2 的倍增效应。

四是地名需求一站服务。该系统将成为地名需求的"一站式"服务平台,所有地名相关问题都可以在此解决,所有地名政策法规都可以第一时间在此学习,所有的地名文化资料都可以在线阅读,省去了要分别输入网址查找信息的烦琐过程,在平台上可以通过关键词迅速搜索到需求的信息和服务,打造实名认证、互联互通、共建共享、实时更新、人人参与的智慧平台。

五、建设"互联网 + 地名服务"信息系统的初步实践

从 2018 年开始,由民政部地名研究所牵头,中国地名学会和相关业务归口单位负责同志参加,北京星网联亿科技有限公司承接"互联网 + 地名服务"信息系统的技术开发工作。成立了建设工作推进组,统筹协调全面建设工作,包括前期调研、地名信息资源整合、地名应用系统开发与运行、地名公共服务等,基础性工作实现了快速推进。

一是构建了地名数据资源池。通过数据迁移、数据上报、网上抓取、数据更新等手段汇聚全国性的地名数据,初步实现地名数据资源的物理集中。在信息系统平台上融合地名数据,保证了地名数据资源的统一管理。需要地名资源的个人和单位,可以直接提取大数据资源池里的地名数据,地名资源池作为地名数据的基础空间,实时提供地名的种子数据,运用共建数据资源对比,采用历年沉淀数据和平台实时数据,合理诊断地名地址的疑难问题,为中国地名数据提供统一的决策支撑。

二是初步实验了系统的迁移与对接。对中国现有的地名相关网站进行了统计，将现有的地名网站循序渐进地迁移到信息系统平台上，实现地名网站的数据对接，并利用平台打破时空、地域和部门的分隔，进而完成云端系统的地名数据吸附。

三是构建了模块的整合优化。我们组织专家团队，聚集本地资源，对信息系统的模块设计和分布进行了分析，借助资源云建设、数据云建设、应用云建设，完成了部分地名信息的汇聚、管理和展示。近期，我们对信息系统平台进行了试点运行。力争在2018年年底，初步建成“互联网+地名服务”信息系统应用平台，启动子云核心业务的应用开发，力求边建设边运行，只争朝夕，不断开拓进取，为打造“互联网+地名服务”新引擎尽一份力。

（作者系民政部地名研究所所长）

三秦地名文化

牛汝辰

三秦文化又称关中文化。关中是一个特定的区域概念。这一区域周围有一些重要关口，东部有函谷关和潼关，西部有大散关，南部有武关，北部有萧关。这便是关中名称的由来。古代先后有11个王朝在这里建都，人们通常将函谷关或潼关以西的京畿地区称为关中。经约定俗成并沿袭下来，人们又往往以“关中之地”泛指今陕西省一带。因此，关中文化就是指以关中地区为主的今陕西一带的古老文化。历史上，今陕西一带在春秋战国时为秦国治地，故又称之为“秦”。秦朝灭亡后，项羽三分关中，“立章邯为雍王，王咸阳以西，都废丘……立司马欣为塞王，王咸阳以东至河，都栎阳。立董翳为翟王，王上郡，都高奴。”(《史记·项羽本纪》)这三王统称“三秦王”，这便是“三秦”名称的由来。故关中文化又称三秦文化。现今人们所称的三秦大地，实际是指陕南、陕北和关中这三个区域的总称[①]。

一、三秦文化

秦岭、乔山横贯东西，把陕西全境分为陕南、关中、陕北三个自然区。秦岭为黄河流域与长江流域的分水岭，是中国南方和北方的分界线。三秦西起宝鸡散关，东至潼关，渭河两岸形成广阔的带状冲积平原，号称“八百里秦川”，其土壤肥沃、气候温和、雨量充沛、物产富饶，素有“天府”“陆海”“沃野千里”的称誉，成为中国文化最早的发祥地之一。

(一)三秦文化源流

三秦文化，源远流长。距今6000年左右的西安半坡文化遗址，表明当时处

① 赵洪恩:《中国传统文化通论》，北京·人民出版社，2016年版，第227—234页。

于母权制繁荣阶段。此后，开始了由母权制向父权制的过渡，从陕西龙山文化遗址中可以看出已经完成了这种过渡。在距今5000年前后，发祥于黄河流域今陕西境内的黄帝部落和炎帝部落同生活在淮河流域的蚩尤、少昊及长江流域的三苗等部落发生过多次战争，最后以黄帝为首的部落联盟取得胜利，从而黄帝便获得“人文初祖”的美誉，被视为华夏文明的创始人。

三秦文化的近源是先周文化。在距今4000年前，周部落的第十三代首领古公亶父率领族人放弃豳地而迁往岐山下的周原（今陕西岐山、扶风之间），建立都城为“京”。在伐商之前，文王灭掉崇部落，迁都城于沣河之畔的丰京，文王死后，武王又主持营建了位于沣水旁的镐京。丰镐二京位于沣水与渭河交汇处，隔沣水东西相望。武王以三秦为根据地伐商灭纣，建立了强大的周王朝，丰镐二京成为号令全国的首都，三秦一带成为文化昌明之地。

西周瓦解，丰镐破败，公元前770年平王东迁洛邑，得到嬴姓秦人的护送，于是封秦襄公为诸侯，并把周族的聚居地丰岐一带赐予秦人。从此，秦人有了立国的根据地。公元前677年，秦建都于雍城；公元前383年，秦献公迁都栎阳；公元前350年，秦孝公又将都城迁至渭河北岸的咸阳。秦人依靠三秦优越的自然条件和人文环境，特别是西周文化的丰富遗存，经过500余年的惨淡经营，励精图治，“开地千里，遂霸西戎”，创造出独具一格的地域文化——三秦文化[①]。

虽然中国传统文化核心的儒学是由齐鲁之地的孔子创始，但是构成儒学基础的周礼，却产生于三秦大地。周公旦是周礼的总设计师和集大成者。周礼对于儒学的形成有着极为重要的意义，孔子一再表示“吾从周”就是明证。儒学正是在汉代，由汉武帝采纳董仲舒的建议，取得“独尊”地位的。北宋张载在眉县横渠镇讲学，创立“关学”，提出“为天地立心，为生民立命，为往圣继绝学，为万世开太平”（张载《正蒙·近思录二》）这样精彩的人生目标。“关学”，既是宋明理学的重要组成部分，又是三秦文化在宋元以后的核心内容。

周文化所包含的各种典章制度、礼乐制度和思想道德规范，成为中国几千年封建统治的思想、政治基础和儒学思想的发端，影响了周以后近三千年的中华文明和世界文明史。周文化以“天”为精神信仰、以“德”为价值原则、以“和”为社会行动准则的完整而协调的文化体系，是中国历史的轴心时代为中华民族遗留

① 赵洪恩：《中国传统文化通论》，北京·人民出版社，2016年版，第227—234页。

下来的宝贵文化财富，至今仍有巨大的精神魅力。

（二）三秦文化特色

三秦文化的主要特征表现为以农为本的农业文明，即注重实用的功利主义、纳异进取的开放精神和多姿多彩的生活习俗。秦始皇在统一六国、建立中央集权制的过程中，实行“车同轨，书同文，行同伦”的基本国策。在政治文化方面，吸收和兼容了六国等长江文化，形成了独特的秦文化形态。其特点和原则是不师古，不崇经，以法为治，以吏为师。即求实重实、质朴率直、不事虚浮、求大求多、注重拓展、主动性强、强悍尚武等。秦文化在中国历史上的最大贡献，就是结束了诸侯割据达数百年的动荡局面，建立了中国历史上第一个统一的多民族的中央集权制封建国家。秦王朝自今甘肃清水一带发迹，到秦始皇统一六国，其24代国君曾在宝鸡陇县、千阳、陈仓、凤翔建置过都城。宝鸡作为秦王朝发祥之地的辉煌历史可见一斑。

1. 重实利而轻礼义

发祥于黄河流域黄土地上的三秦文化是一支典型的以农为本的农业文明。作为中国古代传说的神农氏即炎帝部落，就发祥兴起于陕西宝鸡清姜河畔。早在7000年前，陕西关中地区广泛种植属于“粟”类的黄米，称为“稷”。作为夏王朝农官的周人首领后稷，便在武功一带教人们种百谷，现在还留有“教稼台”。周人的主要粮食作物有粟、稻、黍、稷、麦、菽等。秦人立国之地岐，是先周长期聚集之地，农业甚为发达。秦人学习了“周余民”的农耕经验和技术，并利用渭河流域优越的自然条件，使农业得到快速发展，到秦穆公时代已赶上和超过东方诸侯。

三秦文化具有鲜明的功利主义特点。“从秦建国到始皇统一天下，秦人津津乐道的问题都是农战、攻伐、垦荒、开塞、徕民、重本、抑末等对国计民生有直接利害关系之事。他们不屑于仁义礼乐的哲学论证，更无心于超越时空、驰骋古今的玄想，对人伦关系的道德要求也远远不如东方各国那样严格。”[①]《淮南子·要略》称：“秦国之俗，贪狼强力，寡义而趋利。”秦人定居三秦之前为游牧民族，重实利而轻礼义，商鞅变法又明文崇尚功利，以致形成秦人价值取向的明显特征——重利轻义。孔子西行而不入秦，盖因秦人的价值观念同自己的主张水火不相容的缘故。虽然儒家学说被封建统治者定为官方哲学，对三秦文化中的重利轻义倾向有所压抑，但作为深层次的文化心态，则深深潜伏于三秦人士的价值

① 李晓东等：《从〈日出〉看秦人鬼神观及秦文化特征》，载《历史研究》1987年第4期。

观念中。这种价值取向代代传递，积淀成讲实用、重功利的文化特征。

2. 个性开放而尚勇武

三秦大地上的中国历史，是一部充满开放、纳异、进取精神的历史。三秦西部发祥的周人，来自西部的秦人和来自南方的楚人，分别建立了周、秦、汉王朝，便是这种开放、纳异、进取精神的反映。周文化的宗法伦理情感、秦文化的强悍征服作风与楚文化的自由精神，融合为中国传统文化的基础。三秦大地四面环山、相对封闭。扩大活动范围的需要激发周人出关攻伐，在将中原的先进文化带进了三秦的同时，也渐次向中原人才敞开了大门。姜太公年逾七旬，还是朝歌的屠叟，一到渭水之滨便受到周文王的礼遇并委以重任，在其辅佐下，取得了伐纣战争的胜利。秦国崛起之后，继承了周人的开放传统，一边依崤函之固不断出师中原，一边积极招引东方各国优秀人才，并放手任用他们对秦国的政治经济制度进行改革。秦自穆公以来逐步富强的历史，便是大胆任用百里奚、蹇叔、商鞅、张仪、白起、范雎、李斯、蒙恬等中原人才的历史。秦国所取得的种种文明成果，无不是外域文化同三秦文化相融合的产物。正是积极主动吸收外部先进文化的开放措施，才使秦国后来居上，最终完成了统一中国的大业。在三秦大地上建立的西汉王朝，对于丝绸之路开辟后的外来文化因素，采取了宽容、吸收、改造的态度，形成了中外文化交流的第一个高潮①。

二、陕西地名文化

(一)"秦"与"China"的由来

陕西简称三秦，那"秦"的由来如何呢？秦朝(前221—前206)，原是周朝的一个诸侯国，其始祖伯益曾辅助大禹治水有功，被帝舜赐了嬴姓。伯益的后人非子曾为周孝王养马，凭着他的本事，马繁殖得很快。周孝王于是把秦谷(今甘肃天水市)一带分封给他，这就是"秦"的起源。公元前770年，秦襄公护送周平王东迁至雒邑有功，被封为诸侯，秦始建国，接收周朝在关中的领地。

东汉许慎《说文解字·禾部·秦》记载："伯益之后所封国。地宜禾，从禾，舂声。一曰秦，禾名。"清段玉裁《注》曰："地宜禾者，说字形所以从禾从舂也。"《(周礼)职方氏》曰："雍州谷宜黍稷；岂秦谷独宜禾与？……此字不以舂禾会意为

---

① 赵洪恩：《中国传统文化通论》，北京·人民出版社，2016年版，第227—234页。

本义,以地名为本义者,通人所传如是也。(秦禾名)此别一义。"据《说文》记载,秦为禾部字,以禾作意符,可见"禾名"应该是秦字本义。后世学者也有意识到这点的,如清朱骏声《说文通训定声》直改《说文》原意为:"秦,禾名,从禾,从舂省,会意。"然而"秦"这种密植丛生的禾又是什么呢?按禾,一通指一切成熟的谷类,一专指某一种谷类。作为专指,稷是最普遍最著名的一种禾,古书中禾、稷不并举即是绝好的证明。作为通指,禾是谷子的大名,所以一切谷科的别种,字都从禾。以此,"秦"是一种谷类,它区别于其他谷类的特征,则在于密植丛生与谷穗朝天。①

"秦"这种密植丛生、谷穗朝天的禾又是什么植物呢?现代学者雒江生认为就是现在民间叫作"草谷"的谷子。这种谷子,在西北地区还有少量种植的。种植的方式与用途是,撒谷子下种,不间苗,也不锄草,让其密植丛生,到了秋天成熟后,不摘掉谷穗,连同谷草一起收割回来,铡成草节喂养耕畜。或者晒干储存到冬季,耕畜吃不上青草的时候,再铡碎饲养耕畜过冬。由于这种谷子是专为饲草而种的,所以叫"草谷"……又因为它的谷穗长得细长,有些像猫尾……所以也叫"猫尾谷"。②

而上面提到的非子,在周朝的角色也是个类似"弼马温"的小官。非子是秦人最早受封为附庸者,附庸就是周王室分封的小国,分封的时间在公元前9世纪初。非子以后才是真正的"秦"史,非子以前则多出于传说。非子凭着养马的功劳而被封为附庸。非子特别擅长养马,他养的马不仅膘肥体壮,而且繁殖率高。在冷兵器作战的时代,骑兵就仿佛现代战争中的机械化部队,这对于周朝保卫疆土起到了很大的作用,于是周孝王专门封给非子一块土地(秦谷),作为奖赏。

"秦"跟"China"有什么关系呢?从公元前4世纪到公元8世纪期间,印度梵文的Cina,希伯来文的Sininm,粟特文的Cynstn,罗马拉丁文的Thin,希腊文的Sinae、Tzinitza、Tzinista,亚美尼亚文的Jenasdan、Sinae,叙利亚文的Zhi-nastan,阿拉伯文的Cyn、Sin、Thin,以及公元9世纪以来上述各种语言的Cini、Chin、Sin、China、Chiis、Chima、Chama、Chana等,都属于一个系统。学者们判定,这个系统的称谓,最早见于印度梵文,最早拼法是Cina,其他拼法都是由此衍生出的。

秦逐渐强大,尤其是"春秋五霸"之一的秦穆公时代及其以后,秦独霸西戎,进而拥有西部半壁江山,而其威名远播,导致了西方民族只知有秦,不知有周。

① 胡阿祥:《伟哉斯名》,武汉·湖北教育出版社,2000年版,第49—50页。

② 雒江生:《秦国名考》,《文史》(第38辑),北京·中华书局,1994年版。

至于Cina最早见于印度梵文的原因，则与印度在早期国际交流中的地位有关。印度作为世界文明古国之一，文化灿烂，经济发达，公元前4世纪至公元前3世纪，印度就同伊朗、中亚、两河流域以及埃及、希腊、罗马等存在着相当活跃的贸易关系和其他方面的交往。与中国最早进行交流的域外文明大国正是印度。其他域外国家关于中国的知识，大体是从印度再传的。Cina称谓也是如此。就Cina称谓出现的时间看，以梵文最为古老；其他语言中一系列相关的称谓，又都与梵文Cina在语音方面极为一致，也就是说，都是梵文Cina的对音，其间只存在着细微的差别。[①] 那“秦”(Cin)为何到了古梵语就变成Cina了呢？因为作为规律，外语地名吸收到本语言后，为了让人们知道这个地名的类别，都会把原来的地名后面再加上通名，如雅鲁藏布江，“藏布”为藏语的“江”，用汉语称呼的时候，又加了一个“江”字，这就表示是河流的名称。而“秦”表示的是地域或国家的名字，因此，当“秦”(Cin)进入古梵语后，就在该名后加了一个古梵语表示地域或国家的词缀“a”，于是，Cin就变成Cina了。

关于外文称中国为“支那”。在汉文典籍里有脂那、至那、真丹、振旦、震旦、真那、振丹、脂难、旃丹等称谓，也都属于一个系统，即梵文Cina的不同译法。从汉译佛典以及中国僧人自己撰写的佛教著作来看，从西晋到梁近三个世纪的时间，Cina的译名基本固定为真丹；梁以后震旦的使用越来越多，并且逐渐取代了真丹；自唐朝开始，脂那、至那、支那广泛使用；唐朝以后，又以震旦用得最多。及至近代，日本人多用“支那”称呼中国，而且影响最为广泛。

(二)陕西政区地名演变

从地名学史来看，政区地名自然是与行政区划一起产生的。春秋战国时期县制和郡制的设立，宣告了中国行政区划制度的正式产生。政区地名也随之应运而生，并且从一开始就深受各级政府高度重视，使其命名带有较强的强制性和法定性，不得随意变动。历史上我国每一个朝代县级以上政区名称的变动率一般为1%～2%，除王莽新朝外，最多不超过3%，具有相对的稳定性[②]。

陕西作为我国历史文化大省，地处黄河中游，是中华民族的发祥地之一，人

---

① 胡箫白：《中国：自称与他称》，北京·中国社会出版社，2015年版，第21—23页，136页。

② 胡鹤年、张力仁：《陕西政区地名文化景观研究》，载《地域研究与开发》2013年第32(1)期，第170—173页。

类活动的历史源远流长。从公元前11世纪起，先后有周、秦、汉、唐等13个王朝定都于此，延续共约1500多年；此后依旧是我国西部重镇，历代王朝控制西北的战略要地。反映在如今的政区地名上，千年古县等历史地名保存众多。据史念海统计，陕西现有县市区名使用了1000年以上的有42个，占总数的36%。“陕西”两字本身就是中国最古老的地名之一，最早可追溯到西周初年，但以其为政区地名则始于唐安史之乱后设立的陕西节度使，距今亦有1200多年的历史。[①]

从具体时间段看，全省政区地名历经多次政权更迭而不断变动。秦朝定都咸阳，在今陕西省境内设置了内史、上郡和汉中郡3个统县政区及49个属县。汉承秦制，设置6郡93县，比秦增加近一倍。东汉定都洛阳，统治重心东移，陕西又深受氐羌民族起义等战事影响，政区减至5郡61县。汉末三国时期，州成为正式的政区，陕北为匈奴所据，关中、陕南分属曹魏的雍州、荆州和蜀汉的益州。因魏蜀对峙等政治原因，致使县级以上政区增多，县数反而减少，治在陕西共有1州6郡47县。西晋对三国的行政区划有所调整，陕西当时共治有2州7郡51县。南北朝时期，行政区划冗杂混乱，侨置盛行，对峙双方虚张声势，不断析置郡县以加强控制，其中西魏在陕西境内建置达21州55郡135县之多，远超过现在县市数量，成为历代之最。隋唐时期，对魏晋南北朝时期紊乱的行政区划进行了清理整顿，至唐时陕西境内共设有3道22州府114县。北宋以后，随着长安国都地位的不复存在，陕西相继沦为宋夏金等多方势力角逐的疆场，政区也相应大幅减少。元一统，实行省路府州等多级混合行政区划，其中高层政区“陕西等处行中书省”，即今陕西省的肇始，不过当时的辖境尚有甘(甘肃)、蒙(内蒙古自治区)、宁(宁夏回族自治区)、川(四川)等省份部分土地，今省境仅治有3路16州府57县。明兴以后，改路为府，将州分为直隶州与属州两层，形成了三级、四级制交叉的复式行政区划，还在陕北设立了榆林卫等军民一体的实土卫所政区。随着陕西人口大幅回升，反映在地名上县级政区增加了12个。清代进一步改革行政体制，康熙年间陕、甘两省分置，又将明代复式政区层次完全转化为单式三级制：省—府—县。随着陕西南北的大力开发，原来的军营卫所等相继转变为州府县等正式政区，县级政区地名增加了近20个[②]。至此，今陕西省的政区格局基本奠定。

---

① 谭其骧：《我国省区名称的来源》，载《复旦学报》(社会科学版)1980年第S1期，第123—130页。

② 吴镇烽：《陕西省志·行政建制志》，西安·三秦出版社，1992年版。

民国时期全国政局动荡不安,政权迭换,政区变动剧烈。北洋政府实行省、道、县三级制,1920年陕西新设镇平县,共计3道91县。南京国民政府又撤销道制,直接以省领县,不久因"剿共"需要,成立行政督察区。1938年陕西省划为10区92县,各区辖县屡有变更,黄龙山开发后成立设治局,到1947年共计有11区92县1设治局。同时为加强对基层控制,封锁陕北苏区,国民党于1933年在陕西推行保甲制,其层级为:县下划设区,区下划设联保,联保下置保,保下为甲。1938年全省共有487区、1479联保、12473保、138412甲。1940年改区为乡镇,全省行政区划为省、区、县、乡镇四级制①。

中华人民共和国成立初期,陕西全省共设有9专区97县(当时西安市由西北军政委员会直辖)。此后屡有变动,到1979年,陕西省共辖有西安、铜川、宝鸡3个省辖市和榆林、商洛2个地辖市,共计5市92县。改革开放以来,城镇经济飞速发展,反映在地名上就是城市型政区如市辖区、市的不断增加,而地区和县的数量则相应减少。截止到1989年年底,陕西省共辖有6地区、4省辖市和86县、7县级市、14个市辖区。后经不断调整,到2010年末,全省共有10地级市、24市辖区、3县级市以及80个县。至此,陕西省政区空间体系演变为省、市、县(市、区)、乡镇(街道办)四级制②。

(三)县级政区地名特征

1. 陕西政区地名的时空特征

据史念海先生研究,结合近来的地名变动,陕西省现有的117条县市级政区地名使用迄今超过2000年以上的有7个,约占6%;1500年以上的有21个,约占17%;1000年以上的有42个,约占36%;500年以上的有65个,约占55.6%,说明全省现有的半数以上政区地名在明代及其以前就已产生。从其诞生的朝代看,秦汉及其以前就产生了19条,奠定了陕西现有政区地名的雏形。魏晋南北朝和隋唐五代是发展时期,均诞生了20条现有地名。宋元和明清趋于缓慢,分别产生了12条。民国时期地名出现又复加快,仅30余年时间就诞生了12个县名,多是改动旧名或纪念烈士命名。中华人民共和国成立后,陕西省于1961年

---

① 陕西省档案馆:《民国时期陕西省行政机构沿革》,西安·陕西人民教育出版社,1991年版。

② 周振鹤、李晓杰:《中国行政区划通史·总论·先秦卷》,上海·复旦大学出版社,2009年版,第115页。

新设太白县。改革开放以来，城市发展日新月异，陕西省也不例外，各个地级市纷纷设置了市辖区，专名多为新创，但也有的采用了历史地名，如宝鸡市宝鸡县改为陈仓区等，既凸显了地域的历史文化底蕴，又避免了县市重名，值得提倡。

从空间上看，陕西政区地名数量随时间变迁表现出波动变化。一般情况下，一个地方经济发展程度越高，政区建置数目就越多，反之，则越少。因而周振鹤提出："政区的置废和分布情况的变化，实际上是经济兴衰和人口变迁的一项动态指标。"①从统计情况看，秦汉及其以前所设的19条现有政区名称：长安、高陵、蓝田、鄠县（户县，后改鄠邑区）、陈仓、咸阳、栒邑（旬邑）、白水、郃阳（合阳）、汉中、城固、南郑、旬阳、商县（商州）、盩厔（周至）、扶风、华阴、沔县（勉县）和武功，其中汉中等5个位于陕南，其余全部在关中，陕北则没有一个。经过魏晋南北朝和隋唐五代的大力开发，陕北土地逐渐被垦殖，经济得到较大发展，诞生了11个现有政区地名。其中后秦始设的洛川县沿袭至今达1600多年，是陕北历史最长的千年古县。到北宋时，陕北成为边防前线，政府大量军屯移民，一些军堡城寨纷纷建立，至金时不少已演变为正式政区。故两宋时新增加的10条政区地名多达7条都在陕北，陕南仅有略阳1条，关中也就2条。明清时期，关中土地被垦殖殆尽，陕北也所剩不多，陕南荒无人烟的秦巴山地成为流民垦殖的热土，吸引了大量移民定居。故此时新增的12条政区地名7条就在陕南，关中仍为2条，陕北虽有榆林、定边、靖边3个新政区，但均由军营卫所转变而来，体现了深刻的政治、经济和军事背景，同时也反映了不同区域经济地理面貌的差异。

2. 陕西政区地名的命名特征

按史念海、吴镇烽等人的研究，综合其他资料和地名学最新研究成果，以地名命名特征将全省117条政区地名划分为13类。其中因山和水得名共计53条，约占陕西政区地名的近一半，可见山、水等自然景观对政区地名命名影响之深刻。这与全国各省规律基本一致，即史先生总结县的命名"以有关地理方面的命名方式比较见长。而因山因水的命名方式，在普遍性和稳定性方面就更显得突出"②。此外，因古代年号、陵墓神祠、部落故国、古迹名胜、纪念烈士等历史文化遗产命名的达28条，约占全省政区地名的近1/4，充分体现了三秦大地历史文化

① 周振鹤：《中华文化通志·地方行政制度志》，上海·上海人民出版社，1998年版，第280页。
② 史念海：《论地名的研究和有关规律的探索》，载《中国历史地理论丛》1985年，第36—41页。

悠久、人类遗迹丰富的特色。

从命名类型分布的时间段看，越早出现的政区地名，以自然地理实体特征得名越突出；越晚出现的政区地名，因社会人文因素得名越明显，反映了政区地名的文化色彩越来越浓厚。统计表明，秦汉及其以前全省出现的19条现有政区地名中有14条以自然地理实体命名，属于社会人文命名的只有长安等5条，反映了人类的早期活动主要是对自然的逐渐认识和缓慢适应等特征。隋唐时期，全省以自然地理实体命名的现有政区名称有11条，以社会人文事象为依据的政区名称有8条，二者渐趋一致，但自然因素仍占上风。直到两宋才有所改观，10条现有政区地名中以社会人文事象命名的达6条，首次反超了自然地名。此后变动不大[①]。

（四）乡镇级地名特征

田景源、贾文毓共统计了陕西省乡镇地名2463个。根据地名语源，可将其归为自然类地名、人文类地名和其他地名三大类。其中，自然类可分为地形、水文、方位、植物、动物等15类，共计1504个；人文类可分为姓氏、建筑、谐音、军事、数字等30类，共计1609个；其他地名主要指特征类，共计59个。由于其他地名仅占所统计地名的2%左右，故本文不对其进行分析[②]。

1. 乡镇水文地名

陕西省水文类乡镇地名在以自然因素命名的乡镇地名中数量居于第二，共有419个，其中以“河”命名者最多，有266个，约占水文类总数的63%；其次是以“溪”命名者，以“水”命名者，各有30个、29个，所占比例为7%左右；以“湾”命名者居第四，有21个，约占5%。黄河未流经陕西境内，但其支流却横贯陕西中北部。作为黄河最大的支流——渭河，流经陕西宝鸡、咸阳、西安、渭南等地；黄河一级支流无定河位于陕西北部榆林地区；同为黄河一级支流的延河是延安市第二大河，因处中国共产党革命根据地，故延河也被称为“中国革命母亲河”；黄河重要支流洛河，流经陕西东北部进入河南省境内；发源于陕西秦岭南麓的汉江，是长江最大支流，经陕西省南部进入湖北省境内；长江上游重要支流嘉陵江，流经陕西宝鸡、汉中地区。

---

① 胡鹤年、张力仁：《陕西政区地名文化景观研究》，载《地域研究与开发》2013年第32(1)期，第170—173页。

② 史念海：《论地名的研究和有关规律的探索》，载《中国历史地理论丛》，1985年，第36—41页。

基于上述情况，地处陕西腹地的铜川市以“水文”因素命名的乡镇地名最少。汉中、安康地区因处长江流域，以“水文”因素命名的乡镇地名最多。在黄河、长江及其支流的共同影响下，陕西以“水文”因素命名的乡镇地名的分布大致呈由中心向四周增多的趋势。

2. 乡镇姓氏地名

陕西因处黄河、长江两大流域，是华夏文明的主要发祥地，同时也是华夏民族的主要聚居地。先后有西周、秦、汉、唐等16个王朝与政权在此建都。自古以来，中国社会深受分封制、宗法制的影响，并由此形成了以血缘关系为纽带的聚落，进而产生姓氏地名。陕西省得天独厚的历史文化底蕴，使得以“姓氏”因素命名的乡镇地名在人文类乡镇地名中居第一，共计451个，约占总数的28%。其中张姓乡镇最多，有30个；其次是王姓、杨姓乡镇各有21个。陕西省姓氏类乡镇地名的分布，以榆林、汉中、渭南、商洛地区最为集中；其中，作为国家历史文化名城的榆林、汉中市尤为集中，分布各有91个、86个①。

三、西安地名文化

（一）西安的由来

西安，古称“长安”“京兆”。是举世闻名的世界四大古都之一，是中国历史上建都时间最长、建都朝代最多、影响力最大的都城，是中华民族的摇篮、中华文明的发祥地、中华文化的代表，有着“天然历史博物馆”的美誉。西安，在《史记》中被誉为“金城千里，天府之国”，是中华民族的发祥之地，由周文王营建，建成于公元前12世纪，先后有21个王朝和政权建都于此，是13朝古都，中国历史上的四个最鼎盛的朝代周、秦、汉、唐均建都西安。西安高陵杨官寨遗址的发现，将中国城市历史推进到了6000年前的新石器时代晚期，同时确定了西安是世界历史上第一座城市。

西安城，在西周时称为“沣镐”。“沣镐”是周文王和周武王分别修建的沣京和镐京的合称。“沣镐”所在地区称为“宗周”。秦时称“内史”。西汉初年，刘邦定都关中，建筑新城立名“长安”，意即“长治久安”，改长安城所在地区为“京

---

① 田景源、贾文毓：《陕西省乡镇地名的语源类型与地理环境》，载《绿色科技》2016年第4期，第179—181页。

兆”,意为“京畿之地”。丝绸之路开通后,“长安”成为东方文明的中心,史称“西有罗马,东有长安”。隋时,隋文帝更名为“大兴城”。唐朝时,又恢复“长安”之名。元代,“长安”丧失首都地位,“长安城”所在地“京兆府”易名为“奉元路”。明朝改“奉元路”为“西安府”,“西安”之名由此而来。但“长安城”仍称“长安”,归长安县(今长安区)管辖,“长安”之名并未废除,一直保存至近代将“长安城”剥离“长安县”独立设立“西安市”为止,“长安”之名废止。自公元前约 11 世纪至公元 9 世纪末,西安曾长期是古代中国的政治、经济与文化中心,并历来为地方行政机关——州、郡、府、路、省和长安、咸宁两县的治所。在多数朝代,西安属于郡、府级建制。1928 年,在西安首次设市,1948 年由省辖市改为国民政府行政院辖市。1981 年,联合国教科文组织把西安确定为世界历史名城。

1. 西安历代名称

西安城:沣京(周)、京(周)、咸阳(秦)、长安(汉)、常安(新)、常安(南北朝)、大兴(隋)、长安(唐)、长安(后梁)、长安(后唐)、长安(宋:注“永兴”)、长安(元)、长安(明)、长安(清)、长安(中华民国)、京(中华民国)、西安市(中华人民共和国)。

西安:宗周(周)、史(秦)、京兆(汉)、京兆(新)、京兆(南北朝)、京兆(隋)、京兆(唐)、大安(后梁)、京兆(后唐)、京兆(宋)、奉元(元)、西安(明)、西安(中华民国)、西安(中华人民共和国)。

2. 浓缩了中国历史的精华

西安是中国建都最早、建都最久(1200 多年)、建都朝代最多的城市,它浓缩了中国历史的精华。从奴隶制社会的顶峰西周王朝到中国第一个大一统帝国秦、中国第一个盛世王朝西汉,一直到中国封建社会的顶峰唐朝,西安书写了中国历史的华彩篇章。在中国历史上,有 21 个政权被认为在西安建都。目前,官方和史学界公认的西安建朝数是 13 个王朝,包括:西周、秦、西汉、新、东汉、西晋(愍帝)、前赵、前秦、后秦、西魏、北周、隋、唐,在这里建都达 1200 余年之久。

3. 长安古名几经废立

西汉高祖五年(前 202)置长安县,在长安县属地修筑新城立名“长安城”。民国初年,长安属关中道,归省政府直辖。1928 年,民国政府决定成立西安市,分长安县所属城内及四关划归西安市。1930 年 11 月又撤销西安市政府,原划长安城地面仍归长安管辖，成立长安县城关区管理西安城关行政。1942 年，重新成立西安市政处，次年再次成立西安市，再次划拨“长安城”城关及城周四乡面积 230 平方千米归西安市。自此“长安”古名寿终正寝。

4. 深厚的历史文化

西安，坐落在关中平原，周边环绕着泾、渭、灞、浐、沣等八条河流，古有“八水绕长安”之说。西安地区山环水抱、风景如画，历朝皇帝曾十三次定都于此。故而，西安遗下了无数稀世奇珍，积淀了深厚的历史文化。三秦文化、长安文化堪称世界文化宝库中夺目耀眼的珍典。三秦大地诞生的《史记》《汉书》，是世界第一流的文化典籍，秦始皇陵兵马俑号称世界第八奇迹，唐代的佛教文化辉煌灿烂。三秦大地文化名人荟萃，司马迁、班固、孙思邈、张载等都为世界名人史册增添了光辉。加之这里曾是沟通东西方文明的丝绸之路起点，人文荟萃，成为当时世界上最大的文明都市①。

（二）西安古都的地理格局

西安，位于渭河以南的关中平原上，面积约 36 平方千米。在西汉时期，作为首都的长安城一直是全国的政治、经济和文化中心，也是中国历史上第一座规模庞大、居民众多的城市。汉长安是在秦咸阳遗址基础上建立起来的。秦咸阳从惠文王以后，就不断向南扩展，在渭河以南修建了章台、兴乐宫、甘泉宫、信宫、阿房宫及七庙等建筑。刘邦夺得天下后，经娄敬、张良等的劝说，建都长安。修缮秦的兴乐宫而改为长乐宫，在秦章台基础上建未央宫。即汉长安城是在秦都咸阳基础上建立的，说明在都城选址上是汉承秦制的。

明代形成了今天西安的格局，西安的名称也源于明代。明洪武二年（1369）三月，大将军徐达进兵奉元路，明朝政府即改奉元路为西安府。

长安的风水绝佳，长安自西周以来，八百年间历为诸朝政治中心。隋名大兴城，城东西长 9721 米，南北 8651 米，周长 36 千米，城内 8300 公顷。唐代在大兴城基础上扩建为长安城，成为当时世界上最大的城市。长安城北临渭水，南对终南山和子午谷，东为浐水及灞水，西为平原。东北部较高，为龙首原。史载，在规划建设大兴城时，完全依照《易经》八卦思想进行的。龙首原南侧有六个坡阜，视

---

① 武越：《历史名城西安——天人长安唐风古韵映射着地名文化的古今交融》，载《中国地名》2011 年第 5 期。

为乾卦的六爻。按"九一、九二、九三、九四、九五、九六"的爻序布局。如九二爻谓"见龙在田，利见大人"，意为真龙现于大地，为君德居中之位，故将宫殿置于其上，为帝王之居。九三爻是"君子终日乾乾，夕惕若，厉，无咎"，含反省自励之意，故布置政府机构百司。九五之爻为"飞龙在天"，极尊之位，故布置寺观佛道神位。全城规划排列南北十三坊，象征一年有闰月。皇城南面设东西四坊，象征一年有四季。对向皇城的四个坊，一律不开北门，以不冲皇城之气，不与皇城争吉气。在风水理论上，严格尊崇《易经》。长安城路网平直如棋盘。唐代诗人白居易曾用"千百家围棋书"比喻城市网络。全城以朱雀大街为中轴，东西对称布局。全城南北大街十一条，其中贯穿南面三座城门和东西六座城门的六条大街为主干道，号称"六街"。东西南北二十五条大街划分出两市（东市、西市）一百〇八坊。各坊周围环筑高墙，四面设门，晨钟暮鼓，朝开夕闭。但皇城以南的三十六个坊都只开东西门，不设南北门，以避免泄掉皇城的风水吉气①。

长安城中轴线朱雀大街北端是皇城。皇城最北端一层小城——宫城，面积只有 0.7 平方千米。宫城由三部分组成，东宫和掖庭宫东西对峙，中间簇拥着太极宫。太极宫是宫城的主体部位，在长安城中轴线的最北端；象征皇帝的至高无上，"南面称王"。太极宫内的主要宫殿：太极殿（皇帝上朝之所）、两仪殿（内朝小会之所）。"太极""两仪"，即象征《易经》中的"太极生两仪"之意。

西安的风水是中原龙首、天下形胜。西安古称"长安"，位于渭河盆地，南有属于秦岭山脉的太白、终南、骊山、华山等峰峦支脉，北有北山，西有高大的陇山，黄河从东侧绕过，渭、泾、浐、灞、潏、涝、沣、镐诸水穿行其间。西安所在的关中地区，曾经是全国最富庶的地区。战国中期，苏秦以"连横"之计游说秦惠王时，即称关中平原"沃野千里"，是所谓"天府"之地。"故关中之地，于天下三分之一，而人众不过什三，然量其富则什居其六。"②

四、咸阳地名文化

（一）咸阳古都的地理格局

公元前 221 年，秦始皇统一中国，设郡县，在咸阳周边京畿要地置内史，统辖

① 李计忠：《好山好水在中国（上册）》，北京·团结出版社，2016 年版，第 54—60 页。

② 李计忠：《好山好水在中国（上册）》，北京·团结出版社，2016 年版，第 54—60 页。

关中各县，定都咸阳。秦末项羽入关，废郡县，恢复分封制，将秦内史和上郡一部分划为雍、翟、塞3国，是为“三秦”的由来。汉高祖初年，刘邦恢复被项羽焚毁的咸阳，取名新城。武帝年间，因咸阳临近渭水始更名渭城。

西汉建都长安，距咸阳仅十余里，咸阳北原为西汉皇室的陵区，地位仍很重要。西汉十一个皇帝中有九个葬在咸阳北原，有汉高祖长陵，汉惠帝安陵，汉文帝霸陵，汉景帝阳陵，汉武帝茂陵，汉昭帝平陵，汉宣帝杜陵，汉元帝渭陵，汉成帝延陵，汉哀帝义陵，汉平帝康陵。这些陵墓周围还有许多权贵功臣的陪葬墓。当时还从全国各地迁徙富豪大家，在皇陵周围设置邑县。

秦帝都的设计指导思想便取法于天象。众星列布，体生于地，精成于天，列居错峙，各有所属，在野象物，在朝象官，在人象事。这种天人相应的观念在秦都设计中被体现得淋漓尽致。

书中的“天极”“阁道”“营室”“端门”“紫宫”“天汉”“牵牛”均是天象星宿的名称。于是秦都咸阳的布局呈现出一幅壮丽而浪漫的景色：沿着北原高亢的地势，营造殿宇，宫门四达，以咸阳城为中心，建造象征“天帝常居”的“紫微宫”；渭水自西向东横穿都城，恰似银河亘空而过；而横桥与“阁道”相映，把渭水南北宫阙林苑连为一体，像“鹊桥”使牛郎织女得以团聚，建阿房以像“离宫”，天下分三十六郡又似群星灿烂，拱卫北极。咸阳的平面布局和空间结构确实成了天体运行的缩影，每年十月，天象恰与咸阳城的布局完全吻合。此时天上的“银河”与地下的渭水相互重叠，“离宫”与阿房宫同经呼应，“阁道”与经由横桥通达阿房前殿的复道交相辉映，使人置于一个天地人间一体化的神奇世界。秦朝就是以十月这个天地吻合的吉兆作为岁首的。

秦都咸阳的规划设计体现宇宙象征主义思想，天子居住的地方以屋象为依托。《三辅黄图》说：“秦始皇筑咸阳城，北面依山修宫殿，四面有门，仿效天上的紫微官，象征皇帝居住，渭水横贯都城，象征天上的银河。横桥南渡，象征银河边上的鹊桥。”这种地法天的思想意境，是风水学说的内容之一。从地理学的角度看，咸阳形势很好，北依高原，南临渭水，是关中东西大道的分界线，控制关中平原的枢纽。

秦灭六国后，拆除各国城墙，迁徙各国十二万富户集中入咸阳。同时广征民工北筑长城。秦集全国财力，兴建咸阳都城。咸阳位于骊山之南，渭水之北，在风水学上属于阳性地域，故名咸阳。咸阳北倚高台，高台上专建被灭的六国宫殿的复制建筑，以陈列显示统一的威权。但咸阳倚塬临河，六国宫殿高大，都城用地不足，而构思朝宫外移至渭河南岸。阿房宫应运而建。选址认为南岸开阔，地平物丰，又是原周代的丰、镐二京所在之地，有“先王之气”。“阿房”即“近旁”之意，意指靠近都城咸阳。动用七十万军民，兴工未毕，秦始皇病故。秦二世接建，至秦灭，项羽入城，焚毁而无考。只留下文史描述。唐代诗人杜牧在《阿房宫赋》中描述道：“覆压三百余里，隔离天日，五步一楼，十步一阁，廊腰漫回，檐牙高啄，各抱地势，钩心斗角。”文辞不乏夸张，但从遗址发掘中，测得殿基夯土高台，竟达东西长两千米，南北长一千米之巨，非常罕见[①]。

（二）咸阳地名的文化特征

1. 反映社会文化的地名

（1）反映姓氏

中华民族是一个典型的宗法制社会，传统的宗族观念在人们心中根深蒂固。因此，姓氏地名是中国地名中最具代表性的地名，数量大、分布广。咸阳地名中以姓氏地名命名的占了一半左右，涉及黄、赵、胡、康、寇、郭、李、石、邵、汪、刘、陈、杨等近百个姓。同一家族的人按某姓氏聚居在一起给地域命名，这种命名方式正是宗族观念的体现。目前咸阳存在的众多姓氏地名大多是以某姓为主的人聚居在一起而得名，最普遍的是姓氏与通名结合起来构成。除此之外，还有多个姓氏与通名结合起来构成。如下表。

类型	用例
姓氏 + 家	李家、边家、韩家等
姓氏 + 村	贾村、杨家村、袁家村等
姓氏 + 庄	王家庄、梁家庄、成家庄等
姓氏 + 寨	夏家寨、朱家寨、师家寨等
姓氏 + 堡	肖家堡、苏家堡、荆家堡等
姓氏 + 台	杨家台、陈家台、朱家台等
姓氏 + 沟	胡家沟、聂家沟、乔家沟等

除了上述形式，还有多个姓氏与通名结合起来构成，例如：朱陈家、张李村、毛

① 李计忠：《好山好水在中国（上册）》，北京·团结出版社，2016 年版，第 29—35 页。

王沟、陈杨寨、三姓庄（以周、王、向三姓居住得名）、三家沟、鸭沟（原名三姓村）等。但除此之外，还有一种形式的姓氏地名也大量存在，即方位词与姓氏结合起来构成，例如：后张家、前张家（以张姓分南北二地居住得名，居北者称后，居南者称前）、西蒋村、西杨村、前刘家、北里村（以李姓居住北杜镇之北，李改为里，故名）等。

（2）反映人们的美好愿望

中国人自古以来深受儒家传统文化的影响，常用许多美好的言辞寄予福寿、昌盛、吉利的良好愿望，这种喜好也反映在地名中，“仁”“义”“善”“安”等象征和平、安宁的词语也频繁出现在地名中，例如：同仁庄、平安庄、良善村（以“同、平、良”三字命名所居住的三个村庄）；永安堡（以永久安定之意命名）；新胜堡（因河南街部分居民迁出建村，称新堡子，后以改变落后面貌的愿望更名）。

2. 反映历史文化的地名

（1）反映历史文化古迹

咸阳是秦的都城，是西汉以后古代帝王将相的墓葬区，文物古迹颇多。因此，有俗谚曰：“三原桥，泾阳塔，比不过咸阳的冢疙瘩。”仔细地去追溯根源，许多地名的来历都与此有关，给我们留下了丰富的历史文化遗产。例如：陈良村（以战国时期楚国学者陈良入秦讲学相传葬于此地，该村以陈良的名字得名）；香伯里村（以唐代西平王李晟的儿子李愬的葬地得名）；马跑泉（因村址位于古迹马跑泉旁得名）；田家堡（以西汉丞相田千秋葬地得名）；顺陵碑（以位于唐武则天之母杨氏陵墓“唐顺陵”碑旁得名）；石村（以位于汉成帝延陵陪葬区内，附近石刻遍地，故名石村）。

（2）反映古代军事活动的地名

咸阳作为中国历史上第一个封建王朝的建都，统治者对军队建设和安全性防护必不可少。作为中国著名的古都之一，统治者对京畿周围的防护非常重视，咸阳地名中最能反映古代军事活动的地名通名有堡、寨等。现存堡、寨的名称大都是明代以后留下来的。咸阳堡、寨的名称多数是以附近村名命名的，如双赵寨、白良寨、毛村寨等。军人直接建立的寨，依规模或级别称大寨或小寨。总旗或小旗建立的寨称旗寨，旗寨名称保留到现在的还有四个：张旗寨、姚旗寨、摆旗寨、郭旗寨[①]。

---

① 周俊霞：《咸阳地名的语言学考察》，载《名作欣赏》2017 年第 20 期，第 120—122 页。

五、陕北地名文化

陕北高原地处黄土高原中心，形成了独特的地形地貌。黄土颗粒细，土质松软，加之缺乏植被保护，因此地面在流水侵蚀下极易被分割成沟壑交错的沟、峁、塬。根据榆林市行政区划，我们对榆阳区、神木市、府谷县、吴堡县、清涧县等12县(市、区)5377个行政村地名进行了初步统计，发现沟谷面积一般占流域面积的30%以上，地表常被侵蚀成支离破碎的景观。沟、峁、梁等黄土高原典型地貌在陕北地名中占据最大比重，与黄土高原地形地貌有着高度的一致性，直接客观地反映了黄土高原区沟壑交错、沟峁纵横的地形地貌。陕北地名是黄土高原自然地理的直接反映，黄土高原地形地貌是影响陕北地名的最主要因素之一。不同的地形地貌在县市区之间有所不同，也直接导致地名分布的差异。绥德县属黄土丘陵沟壑区的第一附区，是典型的峁梁状黄土丘陵沟壑区，沟、峁众多，以沟、峁命名的地名占据所有地名的约30%。而定边县是黄土高原与内蒙古鄂尔多斯荒漠草原过渡地带，境内约一半面积属毛乌素风沙滩区，因此以沟、峁黄土典型地貌在定边县表现得不明显，以沟、峁命名的地名仅占所有地名的5.67%。绥德县与定边县的对比显示陕北地名与地形地貌一致性的同时，也反映出了不同地方之间的差异性。在远古时期，陕北地区水草丰茂、植被丰富、水资源充足，是适合人类生存的理想场所，之后由于过度的开发以及战争等客观环境的破坏，黄土高原植被遭受了灭顶之灾，在长年累月的雨水、河水冲刷下，黄土高原开始出现支离破碎、千沟万壑的地形地貌特点。一定程度上说，陕北地名与地形地貌的特殊关系，也是人类活动的必然结果，一方面表现出了梁、畔、湾、坪、墕等典型黄土地貌特征为地名占的比重最高。勤劳的先民为了生存，在黄土高原上不断开发；另一方面生态平衡遭受到来自方方面面的破坏和对区域无节制的过度开发，带来了一系列难以想象的后果，陕北地区独特的地名成为复杂艰苦生存环境下黄河流域民族生存环境变迁和生活变化过程的写照[①]。

（作者单位：中国测绘科学研究院）

① 石磊、马鑫、高争：《陕北地名文化浅析》，载《中国地名》2015年第12期，第41—42页。

浅谈我国地名标志的发展历史

罗剑兴

地名标志自古有之。远古渔猎时期，先民通过结绳、叠石、刻痕来做标记指路，可以理解为原始社会最古老的实物或符号形式的地名标志。随着语言、图形、文字的出现和发展，地名标志的形式发生变化，出现了坊门、石刻等形式的地名标志。民国时期，随着材料技术和制作工艺的发展，准规范的地名标志开始出现。中华人民共和国成立以来，我国地名工作逐步走上正轨，材质、样式、规格、布局等统一的、规范的标准地名标志大量设置。下面，按照民国以前、民国时期、中华人民共和国成立以来的时间顺序，分别介绍我国地名标志的发展历史和过程。

一、民国以前的地名标志

民国以前的地名标志样式繁多，归结起来包括华表式、坊门式、石刻式、牌匾式和招幌式，其中石刻式又可以分为直接石刻、镶嵌石刻、独石式和碑碣式等。

（一）华表式地名标志

我国古代有立木表义的传统标示方式，具有做标志、拴牲口、测规线、牵辘轳等实用功能。华表古为此用，是用来表示王者纳谏或指示道路的木柱，后来逐渐发展为石质。在交通要道竖木柱或石柱，作为识别方向的标志，即为华表式地名标志。

（二）坊门式地名标志

坊门源于春秋起始、隋唐盛行的城市“里坊制”，坊是居民区划和阶级分隔的基本单元，坊城中央设有可以通行的大门，每个坊有 2 至 8 个坊门，每个坊门门楣上都写着地名，如唐代长安城有“永兴坊”“平康坊”“道政坊”。北宋时期封闭式的里坊制瓦解，坊门脱离城墙成为独立于街道的象征性地名标志。

（三）石刻式地名标志

石刻式可以分为融合式、独石式和碑碣式，前者主要指摩崖石刻。摩崖是指在山崖石壁上所刻的诗文、佛像等。在山崖石壁上镌刻地名就是摩崖式地名标志。其特点是气势磅礴、力刻醒目、留存长久。在一块独立的巨石上镌刻地名，就是独石式地名标志。其特点是古朴自然、牢固持久。碑碣是刻上文字纪念事业、功勋或作为标记的石头，如果碑碣的功能主要为镌刻地名和表识位置，便是碑碣式的地名标志。

（四）匾额式地名标志

匾额又可以称为牌匾或者招牌，历史文献有匾、额、牌、榜等单称，又有匾额、匾榜、牌额、牌匾等合称。匾额即是悬于门上的牌子。宫殿楼阁、院校堂馆、关隘城堡、府第民居、庙宇寺观、陵墓祠堂、园林亭台等都能寻见匾额的身影。写着地名的牌匾就是牌匾式地名标志，其特点是易于更换，与建筑物完美结合。

（五）招幌式地名标志

古代已有的招幌是招牌和幌子的复合体，是鲜明的标志形态，分为模型招幌、特定标志招幌、文字招幌等。文字招幌可以是旗幌式、横竖幅式，也可以是悬牌式。旗幌是用丝绸、布料、纸张等材质制成的长方形、正方形、三角形或葫芦形的标志，幌的形状与旗相似，旧时用布做成缀于杆头，由幌体、幌座、幌坠等构成，挂在杆子上或墙壁上，是高悬在店铺门外用以招揽顾客的标志，写有“瓷器店”“香料”“茶楼”等，其中写有地名的旗幌就是旗幌式地名标志，如清代北京的“万顺号杂货店”旗幌。横竖幅式是垂直或横挂于门市建筑物上的地名标志，悬牌式标志由木、铜、铁等材质制作，上书店铺名称。

总体上来说，民国以前的地名标志种类很多，遍布社会各个阶层各个角落，处于没有统一规范的无序发展状态。

二、民国时期的地名标志

民国延续了清末的一些制度和文化。民国时期地名标志的材质与民国以前基本一致，碑碣、坊门、匾额等形式的地名标志仍然大量存在。不同的是，此时已经开始出现了比较现代的准规范地名标志。主要变化可以概括为以下几个方面。

（一）使用特殊编码

蓝底白字的搪瓷的地名标志，长约 10 厘米，宽约 5 厘米，表面凸起，左右各有一个小圆孔用于钉铆钉。从右往左依次标注“正阳门大街 编号 外一区”。阿拉伯数字下方标有被称为草码、花码、商码的苏州码，从 0 到 9 分别对应标注为“0、〡、〢、〣、〤、〥、〦、〧、〨、〩”。前门大街是商铺云集地，标注苏州码方便识别，即使搪瓷上的阿拉伯数字掉漆了，还可以通过苏州码识别各家各户。

图 1　北京正阳门（前门）大街民国地名标志

（二）结合商业广告

此时的地名标志已经开始与商业广告联合，上海市区开始出现户外路牌广告，通常设置在公路、机场、站台、街道、建筑等处，以木杆和铅皮为材质制作广告板，广告板上方设有地名标志，中英文对照标注，左侧从左至右标注英文，右侧从右至左标注中文，例如标注为“PEKING THEATRE 院戏大京北”。

（三）富有时代气息

1935 年，苏、浙、皖、京、沪五省市发布标准，使用双立柱式地名标志，内容主要包括繁体字地名、距离里程，没有罗马字母拼写。同时，各地出现了“中华南路”“中山西路”“中正街”“三民东路”这些具有时代气息的地名标志。

图 2　民国时期上海地名标志及广告

（四）展现主权尊严

第二次世界大战结束后，政府因为主权恢复设置了相应的地名标志。例如1946年9月中国政府发布关于收复西沙南沙群岛的训令，经内政、外交和国防三部会商后，派出接收人员顺利接收了西沙和南沙群岛，并分别竖立“太平岛”“南沙群岛太平岛”“南威岛”“西月岛”等石碑，重申中国对南海诸岛的主权。

三、中华人民共和国成立以来的地名标志

20世纪50年代到70年代，我国对大中城市的街巷地名标志和门牌进行过清理和重设。1977年我国正式的地名管理部门中国地名委员会成立，不断加强地名管理，全面推行地名标准化，大力推广标准地名标志，地名标志工作步入崭新的、快速的发展时期，经历了起步探索、规范发展、全面纵深、智能拓展四个阶段。

（一）起步探索阶段

1986年国务院发布《地名管理条例》，规定“地方人民政府应责成有关部门在必要的地方设置地名标志”。1987年我国开始在城乡广泛设置地名标志，将其作为全国地名管理工作重点来抓。很多地方的地名标志，尤其是街（路、巷）地名标志、门（楼）编码标志，都在这一时期从无到有设置起来。但是由于没有统一的设置标准和规范，全国地名标志设置处于一种“非标准”的状况。此时设置的地名标志，更多地满足于从无到有，其结果是城市中同类地名标志往往都不统一，全国范围更是如此。

（二）规范发展阶段

1995年，民政部、交通部、公安部、建设部四部联合部署全国国道两侧500米内村镇设置地名标志的任务，第一次在全国统一规格尺寸、统一式样设置地名标志，自此全国范围内规范化设置地名标志正式拉开序幕。1999年GB 17733.1－1999《地名标牌　城乡》国家标准开始实施，标志我国地名标志管理工作由单纯的行政管理步入法制管理的新阶段，也标志全国地名标志设置工作正式步入规范化、科学化的发展新阶段。2000年，民政部、交通部、国家工商总局、国家质量技术监督局决定在全国城市设置标准地名标志，主要是街（路、巷）地名标志和门（楼）编码标志。2005年上半年，全国城市地名设标任务圆满完成，全国661个

城市共设置街(路、巷)地名标志和门(楼)编码标志等标准地名标志约5300多万块。城市中存在的有路无名、有名无牌、标志不清、导向紊乱的混乱局面得到改善,形成较为完善的城市地名标志体系,城市的地名公共服务功能得到进一步提升。

(三)全面纵深阶段

城市设标工作完成以后,全国标准地名标志设置工作并没有停止脚步,而是向着全面纵深方向发展。2005年,民政部抓住机遇,启动地名公共服务工程,标志着我国标准地名标志设置工作进入全面纵深阶段。针对GB 17733.1—1999《地名标牌　城乡》国家标准规定内容单一,标志种类不全,标志间导向功能缺失,不能很好地发挥导向链作用的现状,2008年民政部报有关部门批准发布了GB 17733—2008《地名　标志》强制性国家标准。此后,我国陆续发布了MZ 016—2010《地名　标志　陆地边境自然地理实体》、MZ/T 054—2014《地名　标志设置规范　居民地和行政区域》、MZ/T 055—2014《LED街巷导向标志》等一系列地名标志相关标准。地名标志标准体系不断完善,对我国标准地名标志设置工作、地名公共服务工程顺利开展提供了坚实的保障。

(四)智能拓展阶段

进入21世纪以来,随着科学技术的快速发展,大数据、云计算、互联网+等新技术不断涌现并在许多领域得到广泛应用。物联网概念的出现,万物互联成为未来趋势,数字城市建设、智慧城市建设等重大工程被各国政府提上议程,逐步走向现实。在此背景下,地名标志工作也步入智能拓展的阶段。

近几年,第二次全国地名普查工作顺利开展实施,街(路、巷)地名标志等数据信息被全部采集入库,为后期地名标志的智能化、可视化管理做好铺垫。同时,全国地名地址数据库建设试点工作正有条不紊地推进,各地先行先试,积极采集核实门(楼)牌编码标志数据信息,研制开发地名地址数据管理平台,探索实践地名地址可视化管理。其中,2017年福建省率先开展标准地址二维码管理工作,全面设置二维码门(楼)牌编码标志。以此为契机,全面采集全省门(楼)牌编码数据,开展地址清理、地址标注(空间坐标标注)、地址编码工作,并依托地址管理系统,建立全面、准确、规范的标准地址数据库和标准地址信息公共服务平台。基于上述数据库,实现地址新增、变更、停用、注销全周期统一管理,实现二维码门牌精细化管理,在数据进一步汇集整合后通过政务云平台向其他业务部门共享,通过标准地址公共服务平台为政府部门和社会公众提供优质的地名地址公共服务。

另外,近几年我国相关的研究机构和企业开始着手研究智能地名标志,取得了一定的成果。“二维码式地名标志(体现地名文化)”“一种可监测毒品炸药的地名标志”“一种帮盲人指路的地名标志”等专利已通过申请,“一种新型的城市可除霾地名标志”“一种基于地名标志的市政智能盥洗设施”“一种抗强风的基于磁力的自动旋转式地名标志”等专利正在审查当中。

总体来说,我国的地名标志工作正在向智能化方向不断拓展和深化。可以预见,在不远的未来,经过几代地名工作者的共同努力,我国地名标志将全面实现智能化、可视化管理,我国自主研究开发的智能地名标志将得到全面应用,承载更多的功能,为人们提供更加高效、便捷的地名公共服务。

本文参考文献

[1]宋久成．地名标志标准化概论[M]．北京:中国社会出版社, 2011.

[2]张亚杰．我国古代汉语地名标志溯源[J]．中国地名,2010(1):45—46.

[3]林声．中华名匾[M]．沈阳:辽宁人民出版社, 1992.

[4]曲彦斌．中国招幌词典[M]．上海:上海辞书出版社, 2001.

[5]马利琴．中国牌坊[M]．合肥:黄山书社, 2013.

[6]王天平．民国上海摄影:海派摄影文化前世之研究[M]．上海:上海锦绣文章出版社, 2016.

(作者单位:民政部地名研究所)

海南岛建制沿革对当前行政区划优化设置的启示

张建明　林　森

通过对海南岛历代行政建制演变和海南建省后行政区划调整的梳理，总结海南历代建制沿革的规律和特点、影响海南行政建制的主要因素，分析海南省当前行政区划设置存在的主要问题，得出推进海南省行政区划优化设置的启示。

一、海南岛的概况

海南岛是一个美丽富饶、历史悠久的海岛。至少在6000年以前就有海南岛，并有人类活动。“海南”又名“琼州”，因境内有“土石皆白如玉而润”的琼山而得名，故简称为“琼”，位于中国南疆海域之中，北部以琼州海峡与广东省为界，隔海与越南、菲律宾、文莱、马来西亚、印度尼西亚等国相望。人口902万，面积3.4万平方千米，海域面积200多万平方千米，有汉、黎、苗、壮、回等民族，省会海口市。

二、海南历代行政建制沿革情况

据《琼州府志》记载，秦代海南属其遥领的范围，没有任何建制。西汉元封元年(前110)始设儋耳、珠崖两个郡。南北朝梁武帝时，设置为州，称“崖州”。隋朝时设临振、珠崖两郡，唐代设崖州、琼州、振州、儋州、万州5个州。到宋代，设1州和3个军，琼州领5县，南宁军领3县，万安军领2县，吉阳军领3镇。在元代，海南建制多仿宋代，无大变更。明代海南设琼州府，领儋、万、崖三州10个县。清代海南建制仍沿袭明代。民国初期，海南废道设公署，后经改行政督察区、特别行政区。中华人民共和国成立后，海南改为行政区，设行政区公署，1988年建省。海南正式设行政建制,经历了几个历史阶段。

(一)汉代开始在海南岛设立行政建制

从夏、商、周至战国时代,海南被泛称为扬越之南域,战国为儋耳地。秦始皇统一中国后,海南岛属秦朝遥领之范围,标为象郡之边徼。汉武帝平定南越后,于公元前110年设置南海九郡,其中包括海南岛的珠崖、儋耳两郡,含16县。从此,海南正式列入中国版图。

(二)西汉到隋唐时期海南的行政建制极不稳定

汉代以后,以三国、魏晋到南北朝时期,海南岛的行政建制屡有调整,先后从属过交州、越州、广州管辖。隋炀帝时,海南岛共设两郡(珠崖郡、临振郡)10县,属扬州。唐代改郡为州,设崖州、儋州、振州、万安州、琼州5个州共23个县,统属岭南道管辖。海南的简称"琼"系来源于唐代的琼州。五代十国时期南汉继承唐代建制,但有所调整收缩。

(三)宋元时期行政建制较为稳定

北宋开宝四年(971),海南所辖的5个州、14个县归顺宋廷。其后,设1州和3个军,琼州领5县,南宁军领3县,万安军领2县,吉阳军领3镇,自始总领海南地区。元朝地方行政制度分省、路、府(州、军)、县四级,另有道,是省以下、路府之上的承转机构。元世祖至元十五年(1278),在海南岛设置琼州路安抚司,隶属湖广行中书省。至元十七年,隶属海北海南道,道治在今雷州市。至元二十八年(1291),改为琼州路军民安抚司。元文宗天历二年(1329),又改为乾宁军民安抚司。不久,升定安县为南建州。元惠宗至正末年,海南改隶广西行中书省海北海南道宣慰司。元代基本上沿用宋代行政建制。

(四)明清时期,海南的行政地位不断提高

明初琼州改为府,下辖儋州、万州、崖州3个州,共13县。明中后期,琼州府领3个州、10个县。明代南海诸岛改归崖州管辖。明代还把"归附"的黎族编入图、都、乡等基层组织,隶于州县,和汉人一样纳粮当差。清代将雷琼道改为海南道,专辖琼州府。到了清代,中国政府已明确将西沙群岛和南沙群岛划归琼州府管辖。

(五)民国以来,海南的行政建制频繁变动

清末,海南属于琼州府管辖。1912年海南岛置琼崖道,设道尹,治理海南13

县。1921 年废道制,设珠崖善后处,掌管军民两政。1926 年设琼崖行政委员会,由广东省政府管辖。1940 年为广东省第九行政督察区,下辖 16 县 1 市。1950 年 5 月,海南岛宣告解放,成立海南军政委员会,实行军政管制。

1951 年成立广东省人民政府海南行政公署。1955 年 3 月改为广东省海南行政公署。1968 年 4 月成立广东省海南地区革命委员会,1976 年 10 月改称广东省海南行政区革命委员会,1980 年 1 月改称广东省海南行政区公署。1984 年 10 月撤销海南行政区公署,成立海南行政区人民政府。海南岛南部是黎族、苗族等少数民族聚居地区,1952 年成立了海南黎族苗族自治区,1955 年改为自治州,州府设在通什市(今五指山市)。自治州辖琼中、保亭、白沙、昌江、东方、乐东、陵水 7 县,区域占海南全岛总面积的 42.9%。1987 年 12 月撤销自治州,设立少数民族自治县。

1988 年 4 月 13 日全国人民代表大会第一次会议通过:撤销广东省海南行政区,设立海南省。辖海口市、三亚市、通什市、琼山县、琼海县、文昌县、万宁县、屯昌县、定安县、澄迈县、临高县、儋县、保亭黎族苗族自治县、琼中黎族苗族自治县、白沙黎族自治县、陵水黎族自治县、昌江黎族自治县、乐东黎族自治县、东方黎族自治县和西沙群岛、南沙群岛、中沙群岛的岛礁及其海域。同时,划定海南岛为海南经济特区。

1992 年撤销琼海县,设立琼海市;1993 年撤销儋县,设立儋州市。1994 年撤销琼山县,设立琼山市。1995 年撤销文昌县,设立文昌市。1996 年撤销万宁县,设立万宁市。1997 年撤销东方黎族自治县,设立东方市。2001 年将通什市更名为五指山市。

2002 年,撤销琼山市和海口市秀英区、新华区、振东区,以原琼山市和海口市秀英区、新华区、振东区的行政区域设立海口市秀英区、龙华区、琼山区、美兰区。

2012 年,将海南省西沙群岛、南沙群岛、中沙群岛办事处撤销,设立地级三沙市。2014 年,三亚市行政区划调整,设立海棠区、吉阳区、天涯区、崖州区。2015 年儋州市升格为地级市,管辖范围不变。

全省现辖海口市、三亚市、三沙市、儋州市 4 个地级市,海口市和三亚市共辖 8 个市辖区,五指山市、琼海市、文昌市、万宁市、东方市 5 个县级市,澄迈县、临高县、屯昌县、定安县 4 个县,乐东黎族自治县、昌江黎族自治县、陵水黎族自治县、保亭黎族苗族自治县和琼中黎族苗族自治县 6 个自治县。

三、历代行政建制的特点和规律

从海南岛的建制沿革来看，由于海南岛孤悬海外，远离中央政治中心，处于边海防前沿，岛内人口较少、分布不均，生产方式相对落后、民族问题复杂等多种原因，导致海南岛的行政建制呈现以下特点和规律。

（一）政区环岛设置，管理由北向南、由外向内不断延伸

海南岛中部是山区，海拔较高、人口稀少，不适于居住和劳作，聚集能力弱。环岛沿海地区多为平地，人口较多，海陆交通相对便利，生产生活水平也相对较高。在海南岛有行政建制以前，原住民以部落、峒为组织，过着散居和部分群居生活，基本处于无政府状态。随着海运的发展，人口迁移，本岛居民与外来人群开始融合，生产方式改进，生活水平有所提高，逐步具备了建立行政管辖的条件。海南在正式纳入中国版图后，才陆续建立了行政建制。汉朝时设珠崖、儋耳两郡，郡治在海南岛的北部（今海口市琼山区境内）和西部（今儋州市三都镇境内）。郡下辖 16 个县，均是环岛设置。自秦开始的郡县制以来，县作为我国最稳定的行政建制单元一直保留至今，以县的设置分析建制特点，有一定的说服力。海南的三大古邑大体位于现今的澄迈县、琼山区和文昌市境内，均在海南岛的北部，历朝历代建制均保持相对的稳定。位于南部的县一级行政建制，因远离统治中心，建制变动频繁。而位于五指山腹地的山区，直至 1935 年的民国时期，才设立了保亭、白沙、乐东等县。可见，海南岛的建制由北向南，由沿海向内陆延伸的特点十分明显。

（二）行政中心相对稳定，分区治理格局逐步形成

自古以来，海南岛的建制也是随着朝代的更替不停地变化名称，不论是郡、州、府，还是道、军，在海南岛的管理中心还是保持基本稳定，变化不大。这些建制中心主要在海南岛东、西、南、北四个方位分布，政区名多以“崖”“儋”“琼”“万”等字为主，在现今的海口市、儋州市、三亚市和万宁市境内。虽然“珠崖、崖”等名称有时指全岛，有时指具体的州府所在地，位置或南或北，但行政中心一直在如今的海口和三亚市境内。直到中华人民共和国成立初期，中部地区海南黎族苗族自治州的设立，在现今的五指山市才形成了海南岛中部地区的行政管理中心。上述州府等行政中心，一般管辖若干个县，在本岛沿岸地区分成了东、南、西、北四

个区域,在中部五指山腹地古代基本上是行政管理的真空,近代以来,才实现有效的管理。随着中部地区行政建制的建立,海南岛实施分区治理逐步形成。

(三)行政管理与军事管理相融合的特征明显

海南岛位于南海前沿,拥有200多万平方千米的海域,是边海防要地。此外,本岛的原住民与中央统治的矛盾也一直持续不断。因此,海南岛的建制自古以来就有行政管理与军事管理相辅相成的特点。宋朝时海南岛设一州和三个军,琼州领5县,南宁军领3县,万安军领2县,吉阳军领3镇。元朝时海南岛仍袭宋制。1921年废道制,设珠崖善后处,掌管军民两政。1950年5月,海南岛宣告解放,成立海南军政委员会,实行军政管制。此外,从海南的地名看,许多政区也体现了军事化的特点,如八所、九所、营根、本号等;许多县一级的政区名称也是由军事管理机构的名称演化而来,如保亭、屯昌、昌化等。从海南岛西部地区的语言看,有一种方言叫军话,是驻军及其随军家属长期留在海南岛生活,与本地语言交融而形成的一种方言。尤其是三沙市的设立,加强了对西、南、中沙的行政管辖,巩固了国防,维护了海洋权益。可见,海南岛自古以来就是兵家要地,海南岛的行政建制与军事需要密切相关。

(四)行政建制与民族政策联系密切

海南岛是民族地区,少数民族人口占比较大,黎族是本岛最早的原住民。海南岛的建制历史也是一部外来人群与本地少数民族不断争斗、摩擦走向融合、团结和共同发展的历史。早期的黎族同胞遍布整个海南岛,以黎族部落、黎侗为组织,过着刀耕火种的生活,生产力低下,生活水平较低。隋朝时海南岛千余侗黎人归降冼太夫人,才使海南岛完成统一,真正意义上归属中央政权。由于各个朝代在不同的历史时期对少数民族的政策不稳定、不连续,对海南的黎族同胞或剿或抚,在海南的建制设置也不尽相同,部分建制的设置有针对黎族的特征,并富有一定的军事色彩。比如,海南苗族的迁入,就是明朝时为了制约本地黎人,而采取"以夷制夷"的民族政策。在历史的长河中,海南黎族的领地不断收缩,直至中华人民共和国成立以后,设立黎族苗族自治区,后改设自治州,最后撤州设民族自治县,才使民族地区真正实现了稳定,实现了民族地区的稳定发展。

四、海南历代建制对海南省行政区划优化设置的启示

海南1988年建省,是全国最年轻的省份。海南建省是适应改革开放的需

要，是理顺行政和管理体制的需要。建省办特区、实行省直管市县体制、推行“小政府大社会”等做法，虽然焕发了体制机制的活力，提高了行政管理的效率，但对起决定作用的行政区划设置并没有进一步的优化，现有的行政区划设置还存在不少弊端，需要结合省情和规划，充分借鉴历史经验，对行政区划设置进行优化和调整。

（一）当前海南省行政区划存在的主要问题

1. 区域增长极不明显

海南实行省直管县体制，降低了行政管理成本，提升了管理效率。然而，该体制也带来了一些问题。首先，海南省各个市县管辖面积过小，城市发展空间有限，海南每个市县的面积只为全国市县平均面积 3400 平方千米的 53%。其次，海南市县经济实力偏弱，辐射带动作用不强。2016 年海南有半数市县（10 个）的 GDP 不足 100 亿元，没有一个县（市）能进入全国百强县排名。最后，东部地区和中部地区缺少地级市的辐射带动，制约了区域发展活力。省直管县提高了行政管辖效率，但也限制了地级市不能代管周边的县，难以发挥地级市资源整合和优化配置作用，削弱了大城市的地位和作用，影响区域增长极的培育。

2. 三沙市的腹地和空间不足

三沙市是海南省第 4 个地级市，辖西沙群岛、中沙群岛、南沙群岛的岛礁及其海域，具有维护中国南海权益，承担着南海保障基地的功能。然而，与其重要的经济和国防战略安全地位相比，三沙市现行的行政区划设置还不够合理。一方面，三沙市的陆地面积仅 20 多平方千米（含西南沙吹填陆地），空间载体狭小，人口规模不足，缺少发展腹地和拓宽空间。

3. 市县空间布局不合理

海口和三亚是我省南北两翼的区域增长极，但中心城市辐射带动作用没有得到充分发挥。首先，2016 年海口市的 GDP 为 1257.67 亿元，经济实力较强，但目前仅有 4 个市辖区，总面积为 3145.93 平方千米，全国范围内市辖区数量仅比拉萨（2 个）和银川（3 个）多，市辖区面积全国倒数第一，城市发展缺乏战略腹地，与海口市优越的区位条件和经济实力不相称。其次，三亚作为海南国际旅游岛建设的排头兵，市辖面积仅 1919 平方千米，在全国地级市中排名靠后，影响旅游产业的规划布局，尤其是三亚市在冬季旅游旺季时涌入大量的游客，瞬时极大增强人口密度,有限的城市空间增加了本地居民和游客在各种社会资源利用的冲突,不利于三亚市旅游产业可持续发展。

4. 管理幅度不均衡,人口和管辖规模大小不一

海南省市县规模差异较大,中部内陆山区县市人口密度普遍较小,经济实力较弱,沿海地区县市人口密度较大,经济实力也较强。琼中县、白沙县、保亭县和五指山市等4个内陆市县的人口密度不足150人/平方千米,GDP不足50亿元。其中,五指山市人口仅11万人,仅相当发达地区的一个乡镇规模。与此相反,文昌市和澄迈县的人口都超过60万人。政区规模和管理幅度大小不一,而机构设置和人员编制不加以分类指导、区别对待,就会造成行政资源的浪费,也不利于市县之间的平等竞争,尤其是增加人口规模较大的县市的行政管理难度。

5. 地级市的管理模式不统一,层级复杂

海南省共有4个地级市,但4个地级市有4种管理模式。海口市和一般的地级市一样,设立了市辖区,区下设乡镇、街道;三亚市设立了市辖区但没有乡镇;儋州市没有设市辖区,由市直管乡镇;三沙市不设区也不设乡镇。除海口市外,其他地级市不同程度地存在行政区划与管理体制改革不匹配的现象,表现为市政府与基层政府事项权限承接不到位,权责不对等,在执法、监管、规划和公共服务等方面权力不明确,责任界定不清晰,人员编制不足等问题。

6. 乡镇、街道基层行政区划设置不合理

随着新型城镇化进程的不断加快,县级政府驻地应逐步实现街道设置和城市化的行政管理体制。现海南的街道全部在海口市,其他城市没有设置街道,部分政府驻地的城关镇人口超过15万人还仅设置一个镇,乡镇规模极不平均,城市化进程偏慢,不利于城市化和精细化管理。

(二)对海南省优化行政区划设置的启示

1. 行政区划的设置应随着形势的变化进行适时的调整

行政区划是国家对行政区域的划分及其政权的设置,目的是便于中央统治和领导地方。国家拥有主权的地方必须有相应的行政区划设置,行政区划是国家和地方实施行政管理的前提和基础。行政区划的设置不是一成不变的,是随着形势的变化,管理的需要不断调整的。从海南的历史看,自海南岛隋朝时正式纳入中国版图,行政建制就在不断地调整变化,行政层级的细分,行政单元的增加，都与海南岛的开发程度、发展水平密切相关。当前，海南省正在按“多规合一”和“全岛一个大城市”的规划思路建设自由贸易试验区和探索建设中国特色自由贸易港，要全面深化改革开放，发挥海上丝绸之路战略支点的作用，现行的行政区划设置必须进行相应的调整，以适应高效、快捷、安全和精细化管理的需要。

2. 行政区划的设置要遵循历史的脉络

行政区划的设置必须尊重历史、讲究科学。从海南岛的建制沿革来看，行政管理的中心基本稳定，分区治理的格局逐渐清晰，政区的名称有一贯的传承。这些都是经过历史沉淀，也是社会认可的历史脉络。在区域协同发展的新形势下，将海南按照东、南、西、北、中的板块格局进行行政区划调整是与历史脉络相契合的。同时，经过历史沉淀下的古地名作为宝贵的文化遗产，也应在行政区划调整中加以保留。

3. 行政区划的设置要注重民族问题

海南的建制历史始终与民族问题有密切的联系，民族问题解决得好，海南就和平稳定。反之，则纷争不断。从历史上看，中央政权如果重视黎族同胞，采取安抚政策，促进汉黎的融合，海南就会和谐稳定。如果一味地征讨、强压，就会引起黎族的抗争，政区也不能保持长久的稳定。海南中部黎苗族聚集地区直至民国时期才建立完整的政区设置，中华人民共和国成立以后实施民族自治，才得到广大黎苗族的真心拥护，并促进了中部地区的发展。海南少数民族人口多，分布较广，全局性的行政区划调整必然会涉及民族地方，应当审慎稳妥进行。

4. 行政区划的设置要注重生态保护

良好的生态环境是海南的最大优势，位于海南中部五指山腹地的热带雨林地区是海南岛最核心的生态资源，是海南的生态绿心，重要的生态屏障。该区域山高林密，人口稀少，经济欠发达，行政建制设置较晚，管理粗放。由于该区域涉及多个市县，生态管理没有统一的机构，管理碎片化、交叉管理的矛盾比较突出。结合中部生态文明建设，需要对中部地区的行政区划进行调整，整合区域内的行政资源，实施有效的保护与管理，积极探索建立生态文明建设背景下新型城镇化的新模式。

综观海南的历史，海南岛行政建制历次的调整，加速了民族、语言、风俗、生产、生活方式的交汇融合,形成了海南特有的即包容、开放、平和的地域特征。海南的历史文脉,并未因建制调整而隔断,由于保护得当,至今仍得到很好的继承和延续。合理的建制调整和优化带动了海南的文明与进步,促进了经济社会的发展。

五、小　结

海南岛6000年前就有人类活动,黎族是海南岛的原住民,由于海南岛孤悬海外,远离大陆,西汉设郡才实现统治者对海南实际意义上的管辖。由于海南岛特殊的地理位置和环境条件,流放、避难、戍边、垦荒的人群不断涌入使海南逐渐变成了开放岛、移民岛。从历代建制沿革来看,海南岛的建制调整频繁,但按东西南北中的区域格局来划分的情况没有大的改变,管理中心的变动也不大。每次调整都加强了管理,增进了融合,促进了发展。近代在五指山腹地设州、设县,并给予民族优惠政策,改变了黎苗族的生产生活方式,极大地促进了该地区经济社会的发展。

"海南因改革而生,必将因改革而兴",海南建省办特区,承载着老一辈革命家的厚望。站在新时代、新的历史起点,海南更应担起改革先锋的历史担当。只要遵循历史的脉络,把握改革规律,勇于创新与突破,新一轮的全面深化改革一定会取得成功,为争当更具说服力的中国特色社会主义实践范例、谱写美丽中国海南篇章提供体制机制的保障。

(作者单位:海南省民政厅区划地名处)

雄安新区地名总体规划设想

张亚杰

如何做好雄安新区地名规划，既是一个理论创新问题，又是一个实践突破问题；既包括宏观法规政策方面的创新与实施，也包括微观专业技术层面的突破与推广，还包括具体项目落地方式及程序的创制。仅就新区地名规划本身而言，既有总体方面，如总体框架的构建、总体原则的制定等问题，也有个体方面，如现有街路重名问题的解决、现有个体地名文化价值的评估等问题。问题林林总总，涉及方方面面，需要我们俯下身来，扎扎实实地研究，客观冷静地推演，逐项逐个地解决。

2017 年 4 月 2 日，新华社播发了中共中央、国务院决定设立河北雄安新区的消息，作为河北省专业地名工作者，我们既欢欣鼓舞热血沸腾，又冷静面对理性谋划，就如何做好雄安新区地名规划问题进行了较为深入的探讨，撰写了《搞好雄安新区地名规划的关键问题》一文，在《中国地名》2017 年第 7 期发表，以期抛砖引玉引起国内同行的关注。该文在 2017 年民政部区划地名司委托中国地名学会举办的“地名：保护与发展”全国地名理论征文活动中获得二等奖，并受到雄安新区有关领导的肯定，达到了预期目的。

2018 年 4 月 14 日，河北雄安新区设立一周年之际，中共中央、国务院对《河北雄安新区规划纲要》做出批复，同意实施这一规划，雄安新区迎来了高标准建设开局的起步时刻。一个荷塘苇海、城绿交融、创新驱动、宜居宜业的现代化城市，在蓝图中依稀可见。根据规划纲要中公布的相关内容和细节，按照河北省民政厅领导的明确要求，笔者和区划地名处的同事，到雄安新区实地进行了现场考察和调研，之后进行了针对性的细致研究。认为：

（1）雄安新区的地名规划工作将伴随新区建设的始终，不可能一劳永逸，是一项长期的任务；

(2)雄安新区的地名规划，应由一个总规划和若干个子规划（专项规划）构成；

(3)要先编制总体规划，制定总体框架，规定总体要求和总体特色，然后根据城市建设情况和总体规划适时编制专项规划；

(4)目前已经公布的相关资料，基本满足了编制总体规划的条件，但尚未满足编制专项规划的要求；

(5)编制总体规划的时机已经基本成熟，现在应该尽快开展总体规划的制订工作，否则将会影响后续专项规划编制的正常开展；

(6)编制总体规划应该坚持粗线条、留有余地的原则，对专项规划编制仅提供框架，不规定细节；

(7)要保持总体规划的长期性和稳定性，子规划特色要与总体规划要求保持一致；

(8)地名规划应该特别注意前瞻性，要与日后的地名标志设置、地名智能化管理以及智慧城市等其他工作紧密结合。

现在面临的具体问题，是按照常规继续研究撰写论文，在专业人士为主的学术圈内讨论，还是立即着手起草编制《雄安新区地名总体规划》文本，在行政管理层面展开探索。笔者以为，两者应该同步进行。一方面，对地名规划中将要涉及的问题，方方面面的专家学者应该继续进行深入的研究，不断推出新的研究成果，通过百家争鸣达到求大同存小异，最大限度地统一认识，为编制总体规划提供坚实的理论支撑；另一方面，富有地名管理经验的领导和编制过地名规划的专家，应该开始草拟总体规划的文本工作，在具体编制过程中发现问题、提出问题、解决问题。根据以往的经验，草拟总体规划文本的工作，最好由若干人各自分头单独进行，待时机成熟，同时拿出几个文本进行比较对照，汇总提炼，去粗取精，去伪存真，比几个人共同执笔拿出一个文本草案让众人讨论提意见效果更好。如能有若干个文本陆续公开发表，让更多关注雄安新区地名规划的人士广泛参与讨论，甚至辨析争论，将极大地提升地名规划的总体水平。

依照上述思路，为了履行一位专业地名工作者的职责使命，笔者不揣浅陋，以《搞好雄安新区地名规划的关键问题》一文中的主要观点做支撑，充分吸收借鉴全国各地以往地名规划的精华，结合雄安新区实际，草拟了《雄安新区地名总体规划》，现公之于众，以期得到各位专家学者和广大读者的批评和帮助，为雄安新区建设建言献策。

雄安新区地名总体规划

一、指导思想

高举中国特色社会主义伟大旗帜，以习近平新时代中国特色社会主义思想和党的十九大精神为指针，认真落实中共中央、国务院对《河北雄安新区规划纲要》的批复精神，坚持世界眼光、国际标准、中国特色、高点定位、以人民为中心、保护弘扬中华优秀传统文化、延续历史文脉原则，以人为本，准确体现《雄安新区总体规划》理念，为全国各地地名规划树立样板。

二、总体要求

1. 地名体系的构建要适应城市空间发展的需要。

2. 个体地名的命名要体现城市布局结构发展定位和历史文化特征。

3. 各项地名规划要根据实际需求适时编制分步实施。

4. 专项地名规划要遵循地名总体规划要求进行编制。

5. 地名总体规划期限要与城市总体规划期限保持一致，一般为 20 年；专项地名规划期限，一般为 5 年。

三、规划目标

全面、完整、准确体现城市规划设计理念和特色，让地名成为画龙点睛之笔，提炼提升城市设计规划主题，用地名彰显蓝绿交织、清新明亮、水城共融、多组团集约紧凑发展的生态城市布局理念，形成科学实用、完整高效、特色鲜明的智能化新区地名网络系统。

四、规划范围

本次新区规划范围包括雄县、容城、安新三县行政辖区（含白洋淀水域），任丘市鄚州镇、苟各庄镇、七间房乡和高阳县龙化乡，规划面积 1770 平方千米。空间格局为南淀、中苑、北城，包括一主、五辅，若干特色小城镇和美丽乡村。

五、规划任务

1. 近期任务要编制七个地名规划，即一个《雄安新区地名总体规划》和《雄安新区中心区地名规划》《雄州地名规划》《容城地名规划》《安新地名规划》《寨里地名规划》《昝岗地名规划》六个子规划。重点是《雄安新区地名总体规划》和《雄安新区中心区地名规划》。

2. 中近期任务要编制南淀和中苑区域专项地名规划。

3. 未来任务要根据雄安新区建设需要,适时编制特定区域的专项地名规划。

六、规划依据

1.《河北雄安新区规划纲要》(中共中央、国务院,2018 年 4 月 14 日批复同意)。

2.《地名管理条例》(国务院国发〔1986〕11 号,1986 年 1 月 23 日实施)。

3.《地名管理条例实施细则》(民政部民行发〔1996〕17 号,1996 年 6 月 18 日实施)。

4.《河北省地名管理规定》(河北省人民政府令〔2010〕第 7 号,2011 年 1 月 1 日实施)。

5.《中华人民共和国通用语言文字法》(2000 年 10 月 31 日第九届全国人民代表大会常务委员会第十八次会议修订通过,2001 年 1 月 1 日起施行)。

6. 中华人民共和国国家标准——GB 17733—2008《地名　标志》(2008 年 8 月 1 日实施)。

7.《中国地名汉语拼音字母拼写规则(汉语地名部分)》(中国地名委员会、中国文字改革委员会、国家测绘局〔1984〕中地字第 17 号,1984 年 12 月 25 日实施)。

8.《北京市地名规划编制标准》(DB11/T 1362—2016,2017 年 2 月 1 日实施)。

七、总体原则

1. 层次分明、规范有序原则。

2. 中国特色、人民中心原则。

3. 世界眼光、国际标准原则。

4. 创新发展、引领潮流原则。

5. 弘扬传统、延续文脉原则。

6. 燕赵风情、乡土元素原则。

7. 反映职能、体现特色原则。

八、整体基调

1. 北城区域,实用多彩多元。

2. 中苑区域，有境清幽典雅。

3. 南淀区域，无痕浑然天成。

九、规划理念

1. 北城区域专项地名规划，重点反映实用多彩多元的基调。

(1)《雄安新区中心区地名规划》，重点体现中国特色、人民中心，世界眼光、国际标准，创新发展、引领潮流原则。

(2)《雄州地名规划》《容城地名规划》《安新地名规划》，重点体现弘扬传统、延续文脉原则。

(3)《昝岗地名规划》《寨里地名规划》，重点体现燕赵风情、乡土元素原则。

(4)若干特色小镇地名规划，重点体现创新发展、引领潮流和反映职能、体现特色原则。

(5)若干美丽乡村地名规划，重点体现反映职能、乡土元素原则。

2. 中苑区域专项地名规划，重点反映有境清幽典雅的基调。

3. 南淀区域专项地名规划，重点体现无痕浑然天成的基调。

十、聚落专名

1. 雄安新区中心区(起步区)专名为雄安;"五辅"区域专名使用雄州、容城、安新、寨里、昝岗等现有名称。

2. 若干特色小镇和美丽乡村的专名，本着延续历史、创新发展的理念确定，可以沿用现名，也可另起新名。

十一、聚落通名

1. 聚落通名严禁使用现行县、区、乡、镇等行政区划通名。

2."一主五辅"的聚落通名为"城"。

3. 特色小镇的聚落通名为"坊"。

4. 美丽乡村的聚落通名在常用农村聚落通名中选择。

十二、道路等级和通名

1."一主五辅"区域道路分为主干路、次干路、支路三个等级。

2. 特色小镇和美丽乡村道路分为次干路和支路两个等级。

3. 东西向主干路称大街，次干路称街;南北向主干路称大路，次干路称路。

4. 支路通名不表示方向，可依据周围环境和建筑风格选用巷、胡同、条、里、弄等通名。

5. 连接“一主五辅”和若干特色小镇及美丽乡村之间的公路称为道。

6. 道路名称要控制在6个字以内。

十三、其他类地名通名

聚落和道路以外的各类地名统称为其他类地名。

1. 其他类地名通名要名副其实、丰富多样。

2. 同类地名有多个通名时，要选择与周围环境和地名群基调一致的通名。

十四、地名文化保护

1.《河北雄安新区规划纲要》中出现的规划范围内的地名，原则上予以保留。

2. 对与规划区域有关的标志性历史地名、现实地名以及经典文学作品中的文学地名进行评估，建立《雄安新区重要地名保护名录》。

3. 列入保护名录中的地名，不得随意使用；使用时要进行综合评估，以充分发挥其独有的历史文化价值。

十五、标准地名及汉语拼音字母拼写

1. 政府批准使用的地名为标准地名。

2. 标准地名一般由专名和通名两部分组成。

3. 标准地名要使用规范汉字书写。

4. 标准地名的汉语拼音字母拼写，按国家或地方相关法规规定执行。

十六、规划编制及实施

1. 编制地名规划的主体责任是地方政府，由当地主管地名的职能部门组织实施。可采用政府购买服务的方式编制，也可组织相关专家学者自行编制。

2. 地名规划编制完成后，要组织专家进行初审，合格后向社会公示，广泛征求意见，反复论证修改，最终报请政府批准后才能实施。

十七、保持规划长期稳定

雄安新区设市后，本规划随之更名为《雄安市地名总体规划》，以保证地名规划的连续性。

附则：

1. 雄安新区地名规划可以突破现有行政法规和政策规定。

2. 严禁雄安新区主要地名与北京同类主要地名重名。

3. 目前新区内地名重名问题，依据“新让老、小让大”的原则，统筹论证，“一主五辅”区域内的一次性解决，其他的逐步解决。

4. 新区改市后其市辖区名称，既可采用现名，也可另起新名。

需要说明的五个问题如下：

第一，以往“总体原则”大多放在规划的前列，本规划文本将之调整到现在第七条的位置，是基于“指导思想、总体要求、规划目标”是政府提出的要求，必须遵照执行，偏重于主观意愿的范畴；“规划范围、规划任务、规划依据”是现实情况，偏重于客观存在的范畴；只有根据政府职能部门的明确要求结合新区具体客观现实情况，才能提出规划“总体原则”的逻辑关系考虑的。这样安排是否合适，敬请读者指导。

第二，第八条“整体基调”，是指地名规划在用字采词方面所呈现出的总体风格。这种总体风格是由城市设计规划理念和特色决定的。雄安新区的空间布局分为“北城、中苑、南淀”三个区域。北部是城区，充分利用其地势较高的特点，集中布局一个中心区和五个城市组团，各组团功能相对完整，空间疏密有度，组团之间由绿廊、水系和湿地隔离，其地名的采词应以实用为主，多元文化和谐共存，充分体现开放、包容、多样的大国胸怀；中部是过渡区，利用低洼地势，恢复历史上的大溵古淀，结合海绵城市建设，营造湿地与城市和谐共融的特色景观，将建设若干主题公园，其地名的采词应体现中华园林风范，典雅清幽，具有古典诗词的意境美和韵味美；南部是白洋淀，通过对安新县城和淀边村镇改造提升和减量发展，严控临淀建设，利用白洋淀生态资源和燕南长城遗址文化资源，塑造传承文化特色、展现生态景观、保障防洪安全的白洋淀滨水岸线，其地名的采词应体现天人合一，避免雕饰，追求淡墨无痕自然天成之美。

第三，第十条第一款，雄安新区中心区（起步区）的专名是用“雄安”或“中心”，还是另起新名，此事关系重大，亟待深入细致地探讨权衡决定。

第四，附则中的几个问题，有些能否直接写入总体规划的相关条款，尚需进行广泛深入的讨论，尤其是第一条“雄安新区地名规划可以突破现有行政法规和政策规定”，既需要认真细致地研究确定突破哪些和怎样突破，又需要国家相关主管部门的授权。将该条落到实处，还有许多具体问题亟待解决。

第五，附则中的第三条，如何解决新区内雄县、容城、安新三县现有地名重名问题(雄县和安新2县的5个镇1个乡现有7条富民路),以及具有丰富文化内涵的历史地名目前已经被使用,但其现在指代的地理实体与将来需要它指代的地理实体相比较要次要得多,形成高格低配、大材小用现象,这样的问题如何解决,需要列出清单,逐项逐个地研究。

总之,需要精准研究和逐一解决的问题很多,雄安新区地名总体规划的编制工作,以尽早启动为好。

本文参考文献

[1]河北雄安新区规划纲要. 中共中央、国务院2018年4月14日批复同意,新华社2018年4月21日全文发布.

[2]民政部区划地名司. 全国优秀地名规划选编. 2015.

[3]庞森权,刘静,田硕,等. 地名规划实证研究[M]. 北京:中国社会出版社,2017.

[4]宋久成. 地域文化视角下的地名规划:以新郑市地名规划为例[M]. 北京:中国社会出版社,2015.

[5]付长良,范晨芳,吴坚,等. 地名规划概论[M]. 北京:中国社会出版社,2011.

[6]谢前明. 地名规划原理[M]. 长沙:湖南地图出版社,2003.

(作者单位:河北省地名区划档案资料馆)

天命玄鸟　殷土芒芒

——殷墟甲骨文地名的研究方法及意义①

马保春

商代自汤立国至纣亡国,经历了约500多年的历史,其疆土空前广大。“天命玄鸟,降而生商,宅殷土芒芒。古帝命武汤,正域彼四方。方命厥后,奄有九有……邦畿千里,维民所止。肇域彼四海。四海来假,来假祁祁。”(载自《诗经·商颂·玄鸟》)。该诗句中所描写的就是辽阔的商代疆土及其影响。特别是在盘庚迁殷之后,经过武丁的经营,商代的疆土达到了鼎盛时期。如此广大的地域能被有效地置于商王朝的控制之下,势必需要一套存在于商代政治地理架构之下的、用当时文字命名的地名体系以便描述这一政治地理区域。而该系列地名也应该或必然在记录商王朝占卜系统的甲骨文中有所体现。现存甲骨文中的地名及地理资料是解析所谓“殷土芒芒”的第一手材料,可在一定程度上、点面结合地复原“殷土”的实际情况。因此,研究甲骨文地名是探究商代地理的重要途径之一。

对甲骨文的深入研究也是进一步挖掘殷墟文化遗产的一个重要内容。2006年7月13日,安阳殷墟被正式列入世界文化遗产名录。殷墟出土的甲骨文是殷墟文化遗产的核心内容之一。殷墟甲骨文地名的研究在丰富殷墟世界文化遗产内涵的同时,也让中国传统的古地名文化得到了充分的延展和深入。

一、甲骨文地名研究的现状及思考

国内外关于殷墟甲骨文地名的研究,开展较早,成果也较多。从单篇的考证

① 本文为国家社科基金重点项目(13AZS003)。

文章到专著多有所见。具体研究内容主要集中在甲骨文地名的确定、识字、分类和地望考证等方面。时间上可分为四个时期：初创期(20 世纪初至 20 年代)多用文献比勘法。探索期(20 世纪 30 年代至 50 年代中期)以探索新方法为主，郭沫若在《卜辞通纂》中提出了用干支系联、同版系联、异版系联等方法研究甲骨文地名。胡厚宣提出依据“命名之义”对甲骨文地名进行分类的方法，很有启发意义。发展期(20 世纪 50 年代后期至 90 年代)是使用上述各种方法开展研究的时期，同时还格外注重考古资料。本时期出现了较多的甲骨文地名论著和工具书。展望期(21 世纪以来)以宋镇豪主编，孙亚冰、林欢著《商代史》第十卷《商代地理与方国》为代表，综合运用了各种方法进行研究，并注意气候环境因素。需要说明的是，与地名相关的区域地理、政治地理结构及地理观念等内容不在本文的讨论之列。

从分类断代和环境变迁的角度出发，或可为甲骨文地名研究探索一条新的途径。前人多是依据传统的“五期分法”来确定甲骨文地名的时代，只简单归定期别，较少做更细程度的分类断代讨论，与“两系说”更为细致的组类划分及其断代紧密结合的研究不多。很少将甲骨文地名的研究成果用于检验分期断代的各种说法。较少关注“王卜辞”与“非王卜辞”所见地名之间的区别与联系。缺乏从环境变迁与地名学角度的研究。

过去的甲骨文地名研究较多地高估了甲骨文地名的恒定性。实际上，甲骨文地名，特别是人文类地名也是有变动性的。这种变动包括地名所在地空间的变动和地名名称的改易。具体而言，一种情况就是由于人群的迁徙，甲地的地名被带到了乙地，同时，甲地或仍然保持原有地名；另一种情况就是地名所代表的空间未变，但是由于该空间所居住的人群更换了，地名随之发生改变。揭示变动性的方法可依据环境变迁、政治地理架构、战争征伐等因素来探讨当时先民居住地的变化。因为地名是人为创造的，是人类活动的反映，人类活动的场所变了，地名也会随之改易。

在指出甲骨文地名变异性的同时，还需继续承认其所具有的连续性与稳定性，因为变异性总是伴随着连续性。连续性是在时间层面上的前后相继，族群稳定性和族属凝聚性的结合是这种连续性存在的内在原动力。连续性表现为同地连续和异地连续两种形式。前者在理论上使得甲骨文地名可以上延至早商，甚至夏代，下延到后代，达到前后贯通，这类甲骨文地名以自然类居多。后者使得同一地名的空间变化成为可能，如人群的迁徙，地名随之发生地理空间上的变化。

按照地名学的观点，某一人文地名一旦形成，其名称与所表示的地域具有较强的稳定性，这就是为什么一些甲骨文地名保留到现在的原因。不管甲骨卜辞的分期断代如何划定，"一系"还是"两系"，不同组类同名的人文地名很有可能是一致的。因此某一组类存在的几十年时间里不存在大量新出的或消失的地名。人文地名的这一特性反过来也可以帮助我们判断分类断代体系的合理性。

二、分类断代与环境变迁背景下甲骨文地名研究的新思路

环境变迁因素一定程度上影响着甲骨文地名的变化脉络，而甲骨文本身正确的分类断代为利用环境因素分析甲骨文地名变化提供了便捷。二者的巧妙结合是研究甲骨文地名的一条有效的途径。

有关甲骨文的分类与断代，目前学术界有传统的"五期说"和后来的"两系说"。鉴于此前甲骨文地名的研究，多是在"五期说"下展开的，所以可以尝试在"两系说"的分类断代体系下，来整理和研究殷墟甲骨文地名。"两系说"是指殷墟甲骨文分类断代方面的研究成果。所谓"两系"，就是说殷墟甲骨的发展不是一系的，而是可以划分为两大系统，即一个系统是小屯村北；另一个系统是小屯村中南。两个系统之间有一定的联系，但又有明显的区别，在出土地点、甲骨质料、修治方法、钻凿形态、卜辞格式及文字风格上都有差异。"村北系"起于"自组"，然后发展到"宾组"—"出组"—"何组"—"黄组"；"村中南系"亦起于"自组"，再经"历组"发展到"无名组"。在"五期说"系统中，有关甲骨文的各类问题，都被置于一个系统中讨论。这样所得出的结论可能就和将它们置于"两系说"系统中所得出的结论会有一些不同。因为时间层面上的前后分期体系和空间断面上的组类体系本身包含着不同的时空背景，时空背景发生变化了，研究的对象和结论就会相应变化。

在这一思路的指导下，探讨甲骨文地名将会有不一样的认识。按以前的研究，有一些可作地名的方国在武丁时代被征服，经祖庚、祖甲、廪辛、康丁后反叛，在第四期的武乙、文丁时期又征伐这些方国，有时征伐或延至第五期。如果我们

按照后来的研究将诸如自组、子组、午组和历组卜辞的时代相应提前，则这些方国叛服的先后关系会有所变化。例如，可作为地名的“危方”，见于传统“五期说”的一期、三期、四期、五期等。有学者研究指出，在一期时“危方”与商为敌，商王曾派人征伐，三期归附，以伯爵赐封，第四期又反叛，五期仍然与商为敌。[①] 如果以“两系说”来看，第四期记载“危方反叛”的卜辞被提前至一期或二期后，所谓第四期又反叛实际上还是第一期或第二期时的敌对状态，并不是又一次反叛。这种反叛归顺的关系会影响判断族群的迁徙和地名的改易。可见，正确的叛服关系，对于确定甲骨文地名的地望也很有帮助。

在分类与断代背景下讨论甲骨文地名，不仅要考虑到甲骨文本身的类组与分期问题，而且也涉及对商代诸考古学文化的识别与界定。晚商时期考古遗址的地理分布与甲骨文地名的位置是否一定要对应，我们通过理论的思考和有关地名的研究，认为大多数甲骨文地名需要考古学遗址的支撑，但不是所有的甲骨文地名都需要商代后期考古遗址的印证。这是因为：一方面，有些晚商遗址可能还未发现；另一方面，可能在甲骨文之前已有起源，或是异族的，那需要找到殷墟之前的考古遗址，这种遗址可以是早商的也可以是异族的。

地名不仅反映人文要素，同时也与自然环境及气候变迁不无关系。因此，在甲骨文地名的研究中，对与地名有关的地貌类型、地貌部位、海拔高度、植被状况、水文特征以及气候变迁等要素也要给予关注与思考。甲骨文地名的取字、取义，有一部分是和自然地貌环境有密切联系的。因此，可以根据部分甲骨地名的这一特性，借鉴商代气候环境的研究成果，结合现今的地貌状况、气候环境详加对比和分析。当然这一工作是在确定现今地貌和商代自然地貌在大的面貌上没有发生根本性改变的前提下进行的。比如，山河的展布形势、不同类型地貌的分布与格局、水文特征的总体大势等。这类地名如洹泉、小山、丘奠、兹丘、唐麓等。

甲骨文地名中，以自然地貌和气候环境为取字、取义依据的地名，也会受到环境变迁的影响而在卜辞中有不同的出现时间和频率。如气候变冷则往往伴随着干旱，殷墟时期中原地区暖湿，降雨丰沛，求雨卜辞就不会太多，而与求雨相关的地名也会少很多。到了晚商气候转为干冷，降雨减少，针对中原地区的求雨地名可能就会增加。这样的研究反过来也可检验环境变迁研究的成果，为中国早

① 钟柏生：《殷商卜辞地理论丛》，艺文印书馆，1989 年版，第 219—221 页。

期环境变迁的研究提供借鉴。

气候的变迁往往表现为气候带在维度方向的南北移动。对位于北半球的商王朝而言,当气候变得暖湿时,气候带整体北上,当气候转为干冷时,气候带整体南移。气候带的南北移动改变着这一地区温度、湿度和植被的变化,这些环境要素的变化又进一步影响着人类的各项活动。研究者可以根据目前已有的研究成果,判断当时的气候状况。如据竺可桢、张丕远、葛全胜等学者的相关研究,夏代至早商时期(4.0~3.5kaBP)中国气候还是全新世大暖期的延续,中商时期(3.5~3.3kaBP)出现了相对的寒冷时段,而到了殷墟晚商时期(3.3~3.1kaBP)气候又相对温暖,称为殷墟暖期,商末周初(3.1~3.0kaBP)中国气候发生突变,从此中国中原地区再未出现过温暖湿润的亚热带气候环境。依据这个气候冷暖变迁的轨迹,可以判读出,由于人类活动和居住环境的变化导致的地名变迁。

当晚商时期气候发生变化时,特别是两种气候带的交界地区,如温带与热带交界带,草原植被与农耕植被之间,可能会有较多的人群迁徙,这种迁徙会导致甲骨文地名的变化。例如,甲骨文地名“戉”(西戉、戉方),见于传统五期断代的第一、第三、第五期,日本甲骨学者岛邦男认为在山西省西北方,中国台湾甲骨学者钟柏生以为在山西南部。结合气候变迁的因素来看,很可能是温暖湿润的第一期武丁拓展疆土时北伐至今山西北部的戉方,并败之,或迁其民的一部分南下安置于山西南部,原地仍然有戉族人。到了第五期商末气候变得干冷后,地处北方农牧交错带附近的戉族南下寻求适宜的生活环境,或是受到更为偏北的土方等族南下的压迫,与殷王朝再次发生冲突,战争的胜败都有可能导致北方的戉族人再次南下。这实际上是在气候变迁和征伐战争的双重影响下,戉方的地名发生了地理上的变迁。因此应该变动地看待戉方及其地望。

三、新思路下甲骨文地名研究的主要内容、方法及其意义

(一)甲骨文地名研究的主要内容

本文重点关注“五期说”与“两系说”之间差异组类的甲骨文地名。如𠂤组、子组、午组、历组卜辞中的地名。对原先按“五期说”确定时代和地理位置的地名重新排组与系联。建立起另一套甲骨文地名的时间序列和空间关系。并由此判断此前与地名相关联的诸如征伐的时空、方国的叛服、人物的时代、祭祀的时空、

田猎的路线、气候的变化等研究内容结论的合理性与正确性，或者研究到底是在哪一套断代系统下地名的关联问题更容易解释，更加合理。

依据前人确定甲骨文地名的标准，从《甲骨文合集》《小屯南地甲骨》《英国所藏甲骨集》及《花园庄东地甲骨》等殷墟甲骨文著录及相关资料中全面搜集所见地名。并对所搜集的地名按不同的分类标准进行分类整理。如以人文与自然分类，按地名所指地域范围大小与形态的分类，按通名与专名分类，按甲骨文地名的词性可分为普通、专有、处所、方位地名，等等。

探讨甲骨文地名字的词法结构，并按不同结构分类整理。甲骨文地名以单字为多，但也有在单音节地名前后再加其他成分构成双音节或多音节地名的情况。其中单名是核心字，所加的方位字、形容字、区域字、职官字和数字等为修饰成分。如京北、邑南、河南、唐邑、唐麓、沁京、龙囿等，多音节地名如大邑商、北奠次、云奠河邑等。并从地名学的角度解读甲骨文地名取字、取义的内在规律和特点。

甲骨文地名地望的研究。一些甲骨文地名字是可识读的，或与传世文献以及其他古文字资料（如金文、陶文、玺印、货币、石刻、简帛等）所见地名有一定联系的，再结合田野考古资料和自然环境变迁要素进行考证，并绘制相应的甲骨文地名分布地图。

（二）甲骨文地名研究的方法

文献学的方法。就是用此方法从传世文献和出土古文字文献中汲取与甲骨文地名相关联的材料比勘分析。

甲骨学的方法。根据甲骨文分类断代的方法，将殷墟甲骨文所见地名按照“两系说”的框架重新归类分组，从而在时间轴上建立一套新的甲骨文地名发展演变系统，在空间断面上亦重构出地名分布的另一套地理格局。具体做法就是将所有的甲骨文地名按照“两系说”的组类体系逐个先站位后排队。另外在探讨甲骨文地名之间的关系时，还要用到干支系联、同版系联、异版系联、异版同辞同文系联等方法。

地理学的方法。这主要是自然地貌学和环境变迁的研究方法。部分甲骨文地名带有鲜明的自然地貌特征，比如反映山地、河流、高原、平原、盆地、峡谷、山麓、泉流、泽薮等不同地貌类型的甲骨文地名，就需要对晚商政权区域内的地貌进行细致的核查和对比，初步得出的地望是否具有某种地貌特征。另外，也要考虑到环境变迁对地名研究带来的影响,如求雨地名、农业地名等。

考古学的方法。所研究的甲骨文地名需要和田野考古遗址及其出土资料相联系的时候,研究者可采用考古类型学、地层学的方法识读和汲取相关资料,特别是对考古遗址的文化性质与时代的确定,都需要和甲骨文地名的时代相对应。需要注意的是,不能只关注殷墟时期的考古遗址,由于甲骨文地名并非殷墟时期才有,可能在殷墟以前已经出现,所以对殷墟以前的相关遗址也要给予关注。

(三)甲骨文地名研究的价值与意义

把甲骨文地名的研究置于"两系说"的组类划分及其断代的背景下,不仅给所研究的地名一个更为明确的时空界定,而且可以通过各组类之间的关系透视地名的变化。根据"王卜辞"与"非王卜辞"之间的区别与联系,探索晚商时期的政治地理架构和由此反映出来的家族形态与社会结构等问题。而地名本身在产生、发展、变化方面的特性也使得这种研究可从地理上检验"两系说",有分类断代的意义。

在不同的分类断代体系下探讨甲骨文地名,是甲骨文地理研究的有益尝试。李学勤先生曾把甲骨地理研究作为未来"甲骨学的七个课题"之一。本文在一定程度上复原出来的"芒芒殷土",可为甲骨文其他方面的研究提供地理空间参照系。同时,也可为商代晚期中国文化地理格局、政治地理架构、华夏民族融合、自然环境变迁等提供借鉴,从而对探索中华文明起源与早期发展有所启示。

甲骨文是安阳殷墟世界文化遗产的重要组成部分,甲骨文地名研究不仅是甲骨文自身研究的重要内容之一,同时也是拓展殷墟世界文化遗产内涵的重要方面,可以丰富殷墟世界遗产深邃的文化底蕴,提升它的国际竞争力。因此,甲骨文地名研究必将为进一步挖掘殷墟世界文化遗产的丰富内涵作出应有的贡献。

甲骨文地名是中国独有的古老地名之一,它是中国地名的根源。甲骨文地名研究对于探讨地名学源流至关重要,还可以使中国传统的古地名文化得以延续。联合国教科文组织和世界遗产委员会已经作出了历史地名可列为世界遗产的决定。目前,我国部分地名管理机构、研究单位及相关学者对于中国历史地名申报世界文化遗产非常重视,本文所做的基础研究可为相关部门及学者进一步的工作提供帮助,具有一定的社会文化价值。

(作者系首都师范大学历史学院教授)

且论地名志的编写

戚庆贺　李治修

第二次全国地名普查自2014年7月开展以来,到2017年底普查工作已近尾声。按照普查进度安排,目前各地正紧锣密鼓地开展普查成果转化工作。成都市金牛区严格按照国务院、四川省和成都市要求扎实开展地名普查工作。截至目前,该区已完成了地名普查档案归档工作,地名录、行政区划图已定稿付梓印刷。创新性项目地名二维码扫描查询系统、地名普查电子化档案管理系统也已形成并正式运行。在没有经验可资借鉴的情况下,该区率先启动了地名志的编写工作,且已经形成初稿。笔者作为《金牛区地名志》的编纂参与者,颇感在编写地名志过程中遇到的问题带有普遍性,故提出期望诸位专家及同人参考指正。

鉴于《地名志》在《地方志》大系统内,因此在论《地名志》的编写时,得首先从地方志的内涵与外延谈起,通过地方志来认识、把握地名志的写作。

《地方志》是依照一定体例综合记载地方自然、社会历史与现状的资料科学著述。其基本特征包含地方性、广泛性、资料性、连续性与真实性五个方面。其中资料性更是志书类的本质特征。丰富翔实的资料是编撰的保障和基础。编撰《地方志》目的是实现存史、资治、教化三大功能。

《地名志》是一个地域内(一般为县级行政区域单位)以地名普查资料为基础征集出版的地名资料书。它不仅具有法定的性质,更是加强地方地名管理和使用标准地名的重要依据;不仅要为当代提供资政辅治参考,也要为后世留下值得保存、提供借鉴的史料。

从《地名志》中的“志”与《地方志》中的“志”来看两者并无二致。就字面而论“志”就是对地名的“记载”“标志”。从《辞海》中取其相关要义有三点值得注意:(1)志,记事的书或文章。如地方志、墓志;标志、标记;(2)纪传体史书的组成部分。自班固《汉书》改《史记》八书为十志，专记天文地理，阴阳五行，以及政治经济制度，文艺经籍等以来，为历代传记体史书沿用；并有所变化。（3）地理方域志类史书书名，如《一统志》《通志》（省志）、府志、县志，以及都邑志、山水志等（以上着重号系引者所加）。

但是《地名志》的撰写既与《地方志》有关，又同从一个行政区划内脱胎而出的《地名录》有关，因此在思考、探索《地名志》的编写中，《地名录》与《地名志》的联系与区别也不容忽视。现试从《地方志》《地名志》与《地名录》的含义、区别及撰写提出浅见，希图在《地名志》的撰写中有所突破，有所创新，更上一层楼。据此，不避班斧，与同侪们相互砥砺切磋。

一、明确“志”与“录”的含义，突出《地名志》的编写特色

关于《地名志》与《地名录》中的“志”与“录”两个字容易解释，但操作起来写“志”与编“录”往往容易出现失体、夹缠、撞车。这类问题有时让人无所适从，有时让人把握不定。

这些问题的出现，有的是“志”“录”概念似是而非，虽知道文字说明，在具体实践中又会举棋不定。有的是收集到资料介乎“志”与“录”之间，究竟该作“志”的处理还是“录”的处理，感到模棱两可；有的资料在“志”与“录”中均应采用，但在文字表述上难以把握分寸；有的在文字表述上，既要突出“志”的特点，又要防止“文胜于质”，对此颇感犹豫彷徨……特别是《辞海》中对撰写“地理方域类史书”，提出“并有所变化”一说，在撰写中应该如何把握好“度”，体现出撰写的主动性、原则性与灵活性。既不能一以贯之地墨守成规，又要做到有所创新，把《地名志》的撰写提高到一个新的水平。这些都牵涉到方方面面，因此也大有必要进行认真探索。

但我们始终要明确，地方志是历史智慧的结晶，是维系中华民族血脉亲情的重要力量。编修地方志是中华民族的优秀文化传统，在当代《地名志》存史、育人、资治中，功能日益彰显。所以在编写过程中，应当自觉地为当代提供资政辅治参考，更要为后世留下堪存堪鉴的记述。要在撰写中体现出地方特色。

写出《地名志》的地方特色必须做到：（1）在编撰《地名录》搜集的资料基础上，从撰写“地名志”的角度，对这些资料加以考察，进行整理、加工、改造；（2）要

在撰写《地名志》中，有重点地进行调查访问，特别要注意考察本地的民风、民俗，人文历史中的民间传说、故事，以发掘现实中的意义和传统美德上的影响，在忠实于本源的基础上加以记叙，提高史实价值和对后世的留存、传承价值；(3)对写“志”的资料利用，在不影响基本事实的基础上，要以“直笔著信史，彰善引新风”为出发点，处理好“精华与糟粕”的扬弃存留。

二、把握“志”与“录”的同异，避免在撰写收录时混淆夹缠

要编写一部好的《地名志》其首要条件是，要弄清《地名录》与《地名志》二者间的关联。

无论是《地名志》还是《地名录》，就其文体而论，都属于应用文范畴。同时它们以地名为依据，互相存在于一个共同的统一体中。既然都是应用文，首屈一指的是其实践性。因而都建立在以地名为基础的立足点上，这就是《地名志》与《地名录》的关联之处。

但是按二者文体的客观要求而论，在编写上又有所区别。

《地名录》的编撰是针对客观存在的地名资料加以收录。必须是忠实的录入、有条理的归纳，同时要做到取舍适度，详略得当。观之清晰、简明、晓畅，有准确的指导性与实用性。而《地名志》的编写不仅讲求文字的庄重、朴美、简洁，同时也要求在文风上适度地融入议论、抒情、评价等表达方式。

目前在《地名志》与《地名录》的编写中，还存在着一些偏颇认识。有一种较普遍的观点是：编好《地名志》只不过是在《地名录》的基础上，增加一些内容材料而已；只要《地名录》一经完成，《地名志》的编写也就水到渠成了。

事实果真如此吗？

固然《地名录》完成之后，会给编写《地名志》带来一定的方便。比如《地名录》对地名资料的整理、编纂完成之后，就能为编写《地名志》提供原始资料，提供对地理、人文、历史的重要参照。但编纂《地名录》、编写《地名志》二者更是各尽其责、各司其职。

应当承认这样一个事实：编撰《地名录》的工作复杂烦冗，需要做大量的调查、录入工作。编写《地名志》则需要有眼光、有识见，有高屋建瓴的文笔。因此在编写《地名志》时，只有突出特色，才能保证《地名志》的编制质量。

但得强调一点:《地名志》与《地名录》虽有相互关联之处,但由于二者体例不同,编写要求亦有所不同。因而在编写中,应对相近的“志”与“录”作出准确的把握,避免出现失体、过界、撞车等通病。

同时在明确认识《地名志》与《地名录》体例要求的基础上,在写作的实践中,还得留意容易混淆掣肘的转捩点:什么是“录”,什么叫“志”必须在概念上搞清楚。这些尽管前面已经提及,鉴于存在着一些操作的疑难,再度做一些必要的阐释和举证:

在编写《地名录》和《地名志》中,对掌握的资料,应当首先思考:哪些是“志”“录”都得收录、撰写的;哪些只能入“录”,不必做“志”的记述;哪些“志”与“录”并用。对“志”与“录”需要同时采用的资料,在“志”中,在“录”中应当从体例出发,既不能越俎代庖,更不能“志、录”不分。

试以成都市金牛区管辖范围内一名胜永陵为例:

永陵在成都老百姓日常生活中叫王建墓。多年来成都人都将这处小土包误为司马相如的“抚琴台”,发掘后才发现此为前蜀王建的陵寝(后改称永陵)。前蜀亡后,后蜀孟昶(孟知祥)称帝。孟昶爱好文学,知音律,喜填词,亦算得风雅小皇帝。孟昶妃子花蕊夫人更是才女,善于宫词,可以说是才貌双全。由于孟昶有文学、音律的雅好,故在孟昶与花蕊夫人的倡导下,也推动了绯艳文学的兴起,其间更在文学史上形成了花间词派。

以上一段历史掌故,涵盖了几个层面的信息:抚琴台与司马相如、王建与抚琴台、前蜀王建与后蜀孟昶、孟昶与花蕊夫人、孟昶、花蕊夫人与花间词派……由地理名胜到陵墓开发到一段文学史……

这样的名胜古迹,在《地名志》《地名录》中都必须采写。但“志”与“录”不同的是,在《地名录》中只需简略收录这一处名胜古迹,只需记述从民间误传到发掘后的发现就成;但作为《地名志》则须从这一发现,重点地记述,简约、精准地写出发现永陵后历史文物、历史评价,特别是孟昶与花蕊夫人在文学史上对“花间词派”产生的影响等,就有记述、评价的必要(其中也当控制文字长短,做到惜墨如金)。为此在同一资料中,就必须体现出“录”与“志”之分:

(一)若是写《地名录》,这份原始材料,只需从《地名录》文体的录入需要,对“永陵”(王建墓)这一名胜古迹作一客观的简述则可。不需要对王建、孟昶及花蕊夫人事迹进一步引申。

(二)纳入《地名志》时,则要求对王建墓(永陵)的前后由来,从百姓口中流传的"抚琴台"说起,说到花蕊夫人与孟昶的故事,有必要对花间词派的形成作一简单的概述及文学上的概括评价。当然在文字上要做到详略得当、言简意赅,体现出"志"的特色。切不要在收录、撰写中出现"志""录"不分的现象。

三、摆脱"录"的思维模式,坚持对"志"大胆革新

在史迹、典录真实基础上,注重文辞,适当增加感情色彩,向名家手笔学习,突破"录"的束缚,努力发挥"志"的特长,这是编写"志"的一个努力方向。

《辞海》中对"志"一类辞书、典籍,有一句容易被忽视漏掉的话:"自班固《汉书》改《史记》八书为十志,专记天文地理,阴阳五行,以及政治经济制度,文艺经籍等以来,为历代传记体史书沿用;并自班固《汉书》改《史记》八书为十志,专记天文地理,阴阳五行,以及政治经济制度,文艺经籍等以来,为历代传记体史书沿用;并有所变化"。其中"有所变化"四个字应该当作"文眼"来看待。这也是在目前人们对编"志"还存在着保守偏见的态势下,为我们写好《地名志》留下的一把启开心灵的金钥匙。其实在"有所变化"中,自古以来就不断变化。正因为涉及方志之书,我们的先辈长于变化,巧于变化,才写出了无数传之后世而不衰的锦绣文章!

信手拈来,可以说是恒河沙数!

首屈一指的就是班固的《汉书·地理志》。在正史中专列《地理志》是从班固的《汉书·地理志》开始的,也是班固对后世的重大贡献。同时这也是编写中的重大突破。

在类似"有所变化"中,后世的变革也使《地名志》的写作从形式到内容都有了大胆的创造和革新。如从"志"发展分蘖出来的文体的碑、铭、诔、赋等。有的由人而形成,有的由事件而记载,有的由人文而传扬,有的由史实而感慨,有的由地理而派生,有的由自然而感悟。但大凡这类文体,追根溯源都出于纪念、追忆、标记、赞美、讴歌、留存出发。也都可囊括在广泛的"志"内;若是从生根立足考虑,也就是广义的《地名志》。而且往往因其言辞、情感上的出色,大都转化为以"志"出现的文学。在我们篇什浩繁的文章中,像这样"文"与"志"高度融合的

《地名志》在我们文学史上也可谓是汗牛充栋。

如竖立在北京天安门广场的人民英雄纪念碑，由开国领袖毛泽东主席题词，周恩来总理撰写。全文不过123字。文中以“三年、三十年、上溯到一千八百四十年”的三个时间段，用三个“永垂不朽”高度概括了中国人民的英雄们，“在人民解放战争和人民革命中，为了反对内外敌人，争取民族独立和人民自由幸福，牺牲的人民英雄们”进行了感情深厚，凝重、庄严的讴歌和祈颂。其简洁、精练的文字做到了无法添减的程度！

同样是铭文，在《柳子厚墓志铭》中，作者韩愈作为柳子厚（柳宗元）的知交，综合概括了柳宗元的家世、生平、交友、文章，着重论述其政绩和文学成就，称颂他勇于为人，急朋友之难的美德；同情他长期迁谪的坎坷遭遇。充分肯定了柳宗元文学上的卓越成就，并揭示出柳文愤世嫉俗之情及其现实意义。全文写得可谓是酣姿淋漓，顿挫沉郁。

墓志铭，是古代文体的一种，表示对死者的悼念和人格的颂赞。作为文体之一的墓志铭自有其体例。例如前需追述墓主先代，后需交代身后安厝及子女情况，这都是为名人写墓志时不可省略的笔墨。在写此类文章时，能积极利用体例，又不完全受其限制方为上乘。因此，清代文学评论家沈德潜对韩愈的《柳子厚墓志铭》赞叹说：“噫郁苍凉，墓志中千秋绝唱！”

国外也有这一文体，当然外国人自有他们的文化根基，但是由于民族个性上的差异，国外的墓志铭自然有其独到的风格。俄罗斯大诗人普希金也有自题的墓志铭：

这儿埋藏着普希金
他同年轻的缪斯嬉戏了一生
他没有什么创造
也没有立下什么功勋
然而，他的的确确是个好人

（注：此小诗系笔者据英文转译）

据传，普希金这带着揶揄口吻，以调侃方式，调皮、乐观地总结自己一生的铭文一出，立即风靡一时，成为诗人们自题墓志铭的风雅时尚。

对名胜地或风景区地名的撰写，同样可以写出精美的文字。如脍炙人口的柳宗元《永州八记》。《旧唐书·柳宗元传》说，柳宗元"下笔构思""精裁密致，璨若珠贝"。八篇游记，整体构思，一气贯通。通过对西山周围山水景致的描绘，袁家渴附近山水小景的刻画，最后向苍天发出"吾疑造物者之有无久矣"的质问。

八篇游记每篇多以不同方式与上篇相关联，前后呼应，环环紧扣，一气呵成，是不可分割的整体。

柳宗元的《永州八记》放在永州的《地名志》内，无疑也是"地名"上的精彩"志体"文字。但从文学的角度看，同样是充满游记韵味的佳作。可见"志"与"文"不仅可以相通，而且相辅相成。如果能把《地名志》的写作上升到这样一个水平上，那就有更高的流传价值。同样，这也在一定程度上，给我们提示撰写《地名志》的一个方向。

再如入选《古文观止》中唐李华的《吊古战场文》。作为一篇骈赋体铭文，文字流畅，情景交融，主题鲜明，寄意深切，议评得当，不愧为古今传诵的名篇。

此外，文辞、情感具有感染、号召力的这类文体，同样也可归入"志"的文体。

又如骆宾王的《讨武氏檄》本该属于"文告"，但千古流传之后，也具有了标志、记载文字的特点。再如刘禹锡的《陋室铭》、杜牧的《阿房宫赋》不仅是盛传不衰的稀古之文，同时也可视为隶属于《地名志》一类志书的范畴。更如明末的《徐霞客游记》记录观察到的各种现象、人文、地理、动植物等状况，等等，都可当作广义的《地方志》来看待。

由此可见：

1. 在《地名志》的文字中，并不排斥文学。有的《地名志》其实就是"志体"与文学的高度融合与统一。在我们的历史留存中，有好些"志"其实就是文学，有好些文章其实就是"志"。需强调的是，有的文学作品可以视为"志"，但写"志"是实用，文学是审美，二者不能取代。

2. 在《地名志》中选取写志的对象，应该更加宽泛，不能拘泥于《地名录》所提供的有限范围。在撰写《地名录》与《地名志》中，有一种观点认为：只要写成了《地名录》，写《地名志》时，就省事多了，似乎事半功倍。

我们不得不承认：编写《地名录》同时也为编写《地名志》创造了从中重点选择、思考整理资料的基础和条件。但《地名录》与《地名志》的出发点不同，表述、记载的对象不同,为当代及后世起到的作用不同,需要宣传、褒扬、记载的对象不同,在《地名录》所提供的资料之外,还有许多应当深入思考表达的对象。有的事件、人物、史实、山川、人文等,应当用现代的眼光烛照。一经转换角度,深入思考之后,在志中的记叙、抒写、评价也就有所不同。

特别值得着重强调的是,尽管《地名志》的写作不能像《地名录》那样,只要求文字上的干净、简洁、准确。在《地名志》中文字表达可更为活泛,更有文采。但“志”毕竟是从事实出发的文本,并非童话,同时也不容虚构,而且在文字上也要有所节制,要把握“志体”与“文学”的“度”,所谓“添一分则长,减一分则短”是也!

我们知道,《地名志》与《地名录》虽只差一字,其实是“差之毫厘,谬以千里”。但在撰写“录”与“志”中,重点是“录”,难点是“志”。因为有了《地名录》,就有了写《地名志》的依据和方向。但要写好《地名志》就得有较高的写“志”的全面、综合修养。因为“志”的文体本身有其文体自身的规定性。这儿不妨再次强调:如何写好地方志,必须明确一个重要观念:《地名录》是客观地记载、罗列;《地名志》是主客观统一下的文风、文气、文脉的追求。

编写《地名志》其文字不排除对表达内容适当采取评价、议论、抒情等基本文学元素。但在表述中应该做到有节制、有向度、有分寸,不能单向地追求文采,要防止“文胜于质”的华而不实倾向。总的说来要把握三个方面:

1. 不宜攀比,从本地出发,以小见大;

2. 不能割断历史,由此及彼地乱发挥;

3. 不做无根之萍,凭主观意愿做渲染。

总而言之,《地名志》的收录与撰写都是作为子孙后代的我们的一份责任。上溯要对祖宗尽职尽责,不仅要知道祖宗血脉,下承到子孙后代,要让他们了解这片热土上出现过的英雄人物、水土山川、历史人文以及发生过的重大事件。通过《地名志》一代一代地传承下去,融入乡土,化作一种人文精神,让子孙后代热爱这片土地,并以此继承、发扬传统,形成一种民族的高尚品格。

话说三千年的北京城

郗志群

北京城市发展的历史有三千多年，其间主要出现了三个都城级别的城址。一个是在房山区琉璃河乡董家林村的西周燕都，另一个是位于北京城区西南部的蓟城，后来发展成为唐幽州城、辽南京城和金中都城，这两个城应该都有三千多年的历史。第三个城就是元大都以及明清北京城，今天北京城区的核心区域就是从这个城发展过来的，距今有七百多年的历史。

由于北京建城历史悠久，特别是近一千年以来，北京成为辽、金、元、明、清五朝代的都城，城市的营建体现了中国古代城市规划的最高成就，被称为“地球表面上，人类最伟大的个体工程”。时至今日，尽管城墙、城门已很不完整，但保留的都城类型性遗迹、个体性遗迹还是比较丰富。房山区的董家林村，三千多年前的燕都古城遗迹仍在；广安门外的天宁寺塔，见证了一千年前辽南京城的沧桑；丰台区凤凰嘴村的土城遗址和玉林小区的水关遗址，体现了八百多年金中都城的气魄；元大都的城墙遗迹和西城区的妙应寺白塔，彰显了七百多年元大都城的辉煌。到明清北京城，留下了更为丰富的遗迹，宫殿如海的紫禁城，九坛八庙[①]的皇家祭坛，三山五园[②]的皇家园林，还有数不清的胡同、四合院。这些文化遗产不仅显现出北京历史文化的灿烂辉煌，同时也是中华文化典型的代表。

---

① 九坛八庙是北京皇家坛庙的总称。九坛指的是天坛、地坛、祈谷坛、朝日坛、夕月坛、太岁坛、先农坛、先蚕坛和社稷坛，是明清帝王进行各种祭祀活动的地方。八庙是指太庙、奉先殿、传心殿、寿皇殿、雍和宫、堂子、孔庙和历代帝王庙。

② 三山五园是北京西郊一带皇家行宫苑囿的总称。三山是指香山、玉泉山和万寿山。这三座山上分别有静宜园、静明园、颐和园，再加上附近的畅春园和圆明园，这就是所谓的五园。

一、从“先有潭柘寺，后有北京城”谈起

说到北京城的起源和发展，在民间有不少俗语民谚，最有名的一句话就是“先有潭柘寺，后有北京城”。其他的还有一些，比如“先有张家湾，后有北京城”，甚至有的说“先有莲花池，后有北京城”。“先有潭柘寺，后有北京城”这个民谚是从什么时候开始出现的呢？经查阅资料，它最早见于明末清初学者孙承泽的一部书——《天府广记》。书中记载的这句民谚为“先有潭柘，后有幽州，此寺之最古者也”。很显然，这个民谚的落脚点主要是说潭柘寺很古老，而幽州则指的是幽州城，不是现在流传的“北京城”。

潭柘寺是北京地区最早建立的寺庙，始建于西晋永嘉元年（307），到现在有1700多年的历史。而幽州城，狭义地讲，指的是唐朝时的北京城，如果要从这个角度来说，显然“先有潭柘，后有幽州”这个民谚是对的。但问题是，唐朝的幽州城并不是唐朝时才建造的，是在前面城的基础之上逐渐发展而来的，而在唐之前的这个城叫作什么城呢？就是下面要讲的蓟城。蓟城发展的历史很早，甚至可以推到三千多年以前，所以如果从幽州城的历史来看待这句民谚的话，又有不对的成分。

这句民谚到了清朝末年又有所变化，一本名为《燕京岁时记》的书里记载：“京师谚曰：‘先有潭柘，后有北京’，盖寺之最古者。”其中把“幽州”改为“北京”，这里面的北京应该是指元以来的北京城。元以来的北京城到现代只有七百多年的历史，如果以此定位的话，先有潭柘寺，后有北京城，也没有任何问题。但实际上这里所说的“北京城”是一个广义的概念，指的是从北京地区开始出现城算起，如果从这个角度来看待这句民谚的话，那显然又不准确，就像“话说三千年的北京城”题目一样，说的是北京已有三千多年的城市发展史。所以，有时候民间流传的一些谚语或传说可能跟历史的发展不太吻合，这需要我们从历史学的角度来分析和探讨。

历史上北京曾经诞生过三个城：西周燕都、蓟城、北京城。从北京地图看这三个城址都是位于永定河冲积扇平原上，而且越来越往北走，这些城址都不在永定河冲积扇平原的中心区域，是在边缘区域，主要原因就是在边缘高地上建城不容易被洪水冲毁，有利于人类在这里长期聚居繁衍。

二、西周燕都——董家林古城

西周燕都遗址位于房山区琉璃河乡董家林村，故又称董家林古城。这个古城址是从20世纪60年代开始考古发掘的，直到80年代基本完成。考古结论表明，它是西周燕国分封到北京地区建造的第一个都城，所以一般称之为燕国始封都城。董家林古城遗址包括几方面的内容：第一，残存城墙多，相对而言北城墙保留较多，东城墙的北段和西城墙的北段也有遗迹；第二，在城内发掘出宫殿区和祭祀区遗址，在城外发现了排水沟遗址；第三，在城外的东南区域的黄土坡村发现了大量的墓葬遗址，大约有300多座，级别分成高级、中级和平民。在高级别的墓葬中，发掘出不少陪葬品，种类有青铜器、玉器、漆器、陶器等。

尤其重要的是有些青铜器上铸刻着铭文，比如这对青铜器（图1）叫作克盉（hé）、克罍（léi），它们共同的特点是盖的内侧铸有内容相同的一篇铭文（图2），这个铭文记载的是当年周天子对太保说的一段话。太保指的是谁呢？就是召公奭，燕国就是他的封国。不过由于召公奭在西周中央政府里做太保，属于三公（周朝将太师、太傅和太保统称为“三公”）之一的重臣，所以不能亲自到燕地来当燕侯，于是周天子就说了这句话：“令克侯于匽。”这个“匽”古通“燕”，“侯于匽”则是一种名词当动词的用法，意思就是说派一个叫克的人到匽地来当匽侯。

(a)克盉

(b)克罍

图1

图 2

从铭文上可以得出这样一个结论，当年真正到燕地来当第一代燕侯的人是克。那么这个克跟召公奭是什么关系？根据《史记》等文献的记载，他应该就是召公奭的长子，他代替他的父亲到北京地区当燕国的国王。所以克盉、克罍这两件青铜器在研究燕国历史和确定董家林古城属性上是非常重要的物证。

除了青铜器之外，在城里的祭祀区还发现了甲骨文，比如有片甲骨上出现了“成周”二字。“成周”是一个很专有的名词，是指西周建立后在今天河南洛阳一带营建的另一个都城，一般称东都。而“成周”是由谁测量选址的呢？就是召公奭，所以在北京出土的甲骨上出现“成周”这个名词，似乎显现出与召公奭及其家族的一种内在联系。

此外，在墓葬区还发现了车马坑和非常精美的玉器、漆器、象牙梳子等，这些显然是高级别的贵族才能够拥有的陪葬品，特别是青铜器铭文中出现了“匽侯”称谓，说明当年燕侯生前是住在这个城里面的，既然燕侯住在这个城里，那它就是燕都。

这个城是什么时候建造的？史料上没有明确记载。但是燕国是在西周建立后不久就分封了，而西周建立的时间是有明确纪年的，即公元前 1046 年建立。以这个时间为起点，加上到现在，共三千多年。因此说北京建城的历史有三千年也应该不会有大的问题。这是通过考古学、历史学的研究得出的一个结论。

三、从蓟城到金中都

北京历史上除了董家林古城之外，其实三千多年以前还有一座古城，叫作蓟城。为什么会出现蓟城呢？因为西周建立以后，分封到今天北京地区的除了燕国外，还有一个诸侯国——蓟国。按照《史记》的记载是封“帝尧之后于蓟”，意思是说把中国上古的圣明之君——尧的后代分封在蓟，建立蓟国。同时也营建了蓟城。

蓟城是北京城区最早出现的一座城池，这座城在文献中是有记载的，比如北魏郦道元《水经注》就记道：“昔周武王封尧后于蓟，今城内西北隅有蓟丘，因丘以名邑也。”郦道元提到的“蓟丘”，学术界一般认为其位置在今白云观以西、会城门东南一带，当年是一座长满蓟草的小山包，营建城池时以此丘为标志，城建好后也就叫作蓟城了。按照郦道元的说法，蓟丘在城的西北角，由此也就大致确定蓟城的位置在今天北京城区西南广安门到和平门一带。在北京西二环的东侧有个滨河公园，其中有一座“蓟城纪念柱”（图3），上面写着“北京城区，肇始斯地，其时惟周，其名曰蓟”。这四句话是北京大学侯仁之老先生写的，意思是说今天北京城区最早是在这个地方起源的，当时是西周时期，这个城叫蓟城。所以从文献的记载可以推测，蓟城跟董家林的燕都大致是同时期营建的，也应该有三千多年的历史，但与董家林燕都不同的是，蓟城早期营建的历史只见于文献的记载，而没有考古资料印证。目前从考古发现只能印证到两千多年以前战国时期的蓟城，主要是中华人民共和国成立后在北京城市建设中，和平门到广安门这片区域曾发现大量战国到汉代古陶井的分布。陶井是生活设施，它的密集分布说明这里有大量的人口聚集，上千年之前，人口大量聚居的地方一定是城市。

蓟城建立后一直延续，从战国到秦汉，又经过魏晋南北朝隋唐直到辽金，发

图3　蓟城纪念柱

展了一千多年。在这个过程中有两点变化:第一,城名称发生了改变。唐朝以前叫蓟城,从唐开始叫幽州城,到辽代把这个城市作为陪都,于是改称南京,后长期叫燕京。到1153年,金朝把国都迁到燕京,名字改为中都。第二,城在不断改建。基本趋势就是四至①不断扩大,城内的设施也越来越密集。以金中都为例,城里面有很多的居民区,还有皇城和宫城,宫城里建了一系列的宫殿,形成一条南北的中轴线,这条中轴线跟明清北京的中轴线不在一个位置上,它位于西二环东侧的滨河公园上。金中都城的遗址现在还保留一些,比如南城墙的水关遗址(今位于南二环玉林小区的辽金城垣博物馆)。

蓟城从文献上说的三千多年到考古印证的两千多年,一直延续发展,到金中都时达到顶峰。但是金朝在北京统治只有60多年,1215年中都城被成吉思汗的蒙古大军攻下,并遭到严重破坏。半个世纪以后,忽必烈为了统一中国,选择定都北京。这时候中都城早已破败不堪,于是忽必烈决定新建一座大都城。

四、从大都城到北京城

大都城是在平地通过规划修建起的一座新城。为什么要重新建一个城,主要有两个原因:其一,中都城破败不堪,已无法再作为都城使用;其二,中都城所用的莲花池水系水源有限,不能满足一个大都城的用水需要。而在中都城的东北郊有一片很大的水域,当时叫海子,也就是今天积水潭、什刹海,这片水域的上源是高梁河水系,来水比较充沛。另外,北海的琼华岛是一个制高点,岛上原有金朝皇帝的行宫——大宁宫,在此处建城还有"镇压"住前朝的用意。所以琼华岛就成为大都城规划的中心点,以它为中心以及周边的水域而设计了大都城,北京的城址也由莲花河水系迁移到高梁河水系。

大都城是建在十分科学的基础之上的,首先进行详细的地形测量,然后制订总体规划。在房屋和街道建造之前,先埋设全城的下水道,再逐步按规划施工。至元四年(1267)正月,大都城正式兴工修建。主要工程分为宫殿、城池、河道三项。初期主要进行宫殿建筑,至元十一年(1274)大部分完工。然后修筑城垣,至元二十年(1283)基本建成大城。至元三十年(1293)最后完成通惠河工程。

大都有大城、皇城、宫城三重方城。最外是大城,是一座南北略长的城垣。

---

① 四至,指某块土地四周的界线。

《元史·地理志》记载“城方六十里”。经实际勘测,北城墙长6730米,东城墙长7590米,西墙长7600米,南墙长6680米,周长为28600米,折合为57.2里,与史书记载基本相合。大城四面共开有11座城门,南墙3个门,正中为丽正门,东为文明门,西为顺承门;东墙3个门,南为齐化门、中为崇仁门、北为光熙门;西墙3个门,南为平则门、中为和义门、北为肃清门;北墙2个门,东为安贞门、西为健德门。大都城墙是用夯土筑成,但城门处则砌了砖面。北京现在还保存着几段大都土城遗迹,从马甸到皇亭子一段残垣是北城墙遗址,2003年在此处建成元大都城垣遗址公园,供市民游览休闲。由皇亭子到政法大学一段南北走向的土垣是西城墙的一部分,土墙的西北角立有“蓟门烟树”碑。

皇城位于大城的南部正中,主要包括3组建筑,即太液池(今北海、中海)东岸的宫城和西岸的隆福宫、兴圣宫。宫城位于皇城东部,主要分为南北两组建筑,南面以大明殿为主体的建筑是前朝,北面以延春阁为主体的建筑是后寝。据《马可·波罗游记》记载,大都城的所有城垛都是白色的,特别是皇宫内的城垛和矮墙也是白色的,体现了蒙古族独有的民族审美观。从大都城平面规划来看,宫城的主要建筑位居南北中轴线上。中轴线南起丽正门,北至中心阁。太庙和社稷坛分别建在齐化门、平则门内。北面是繁华的商业区,只是衙署分布较散。大都城街道几乎都是东西南北向笔直的,相对的城门之间有9条干道相通。南北中轴线上的主干道宽28米,其余干道25米。干道两侧又等距离排列着许多街巷和胡同,一般胡同宽6~7米。总之,就像马可·波罗所描述的那样,整座大都城“划线整齐,有如棋盘”。大都城示意图如图4所示。

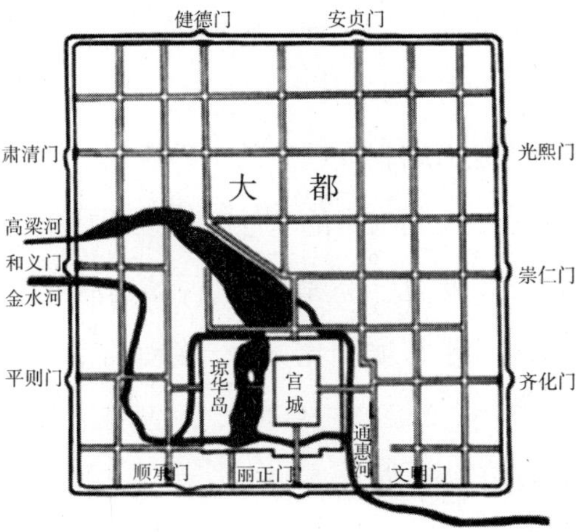

图4　大都城示意图

明朝北京城的主体是在元大都城基础上改造而成的，最终形成内城、皇城、宫城、外城四重方城。

内城是在大都城的大城基础上改建的，主要有两次：一是洪武元年（1368）八月，徐达率领明军攻陷大都城后，为防止元朝势力的反扑，明军将士及京城百姓迅速在大都北城墙向南约五里的地区筑起一道新的城墙。新城墙仍开两门，东面为安定门，西面为德胜门。这道新城墙就是明北京内城的北城墙，其位置在今北二环路。二是永乐十七年（1419），将内城的南城墙向南拓展二里。之前元大都的南城墙在今东西长安街一线，因永乐时期新修的皇城、宫城均向南扩建，还要将五府六部的中央衙署建在皇城前面，城南空间不够，于是内城的南城墙向南拓展到崇文门、前门、宣武门一线，由此，东、西城墙也同时向南延长（现存的西便门地区残城墙就是这一时期修建的西城墙南段）。修建后对城门名称做了调整，新拓展的南城墙城门保留原城门名称，仍称丽正门、文明门、顺承门；东城墙北面的崇仁门和西城墙北面的和义门因瓮城为直角，改称东直门和西直门。到正统四年（1439），明政府又将南城垣的 3 个门分别改称正阳门、崇文门、宣武门；将东城垣齐化门改称朝阳门，将西城垣平则门改称阜成门。这样北京内城九门名称在明正统年间得以最后确定下来。

皇城位于内城南部正中，是在元大都皇城的区域规划建设的，沿用了元皇城西墙，南墙、东墙、北墙都有所拓展。根据实测，皇城周长 18000 米，东西宽 2500 米，南北长 2750 米，西南角向内收缩，呈不规则的方形。皇城门历来说法不一，有四门说、六门说，还有七门说和八门说。八门说是指大明门（清称大清门，民国后称中华门）、长安左门、长安右门、天安门、端门、东安门、西安门、地安门。老北京有句关于城门的谚语，叫作“内九外七皇城四”，“皇城四”指的就是天安门、地安门、西安门、东安门，这是清朝乾隆以后的一种说法。

宫城即紫禁城，也是在元朝大内的基址上扩建而成的，宫阙建制则是以南京的宫殿为蓝图，同时也做了扩充。紫禁城东、西城墙基本与元代宫城东、西墙在一条线上，南、北城墙同元代宫城相比，向南移动约 500 米。紫禁城周长 3400 米，是规矩的长方形，其中南北城墙长 960 米，东西城墙长 760 米，墙均高 10 米。整座城池砖石都是特制的，而且是磨砖对缝垒砌。尤其是城墙地基，总共用了 15 层灰土砸坚，灰土用江米汁加石灰水搅拌，被称为“雪花浆”。然后，再用砖石与灰浆黏合在一起，使城墙地基坚如磐石。紫禁城开四门，正南居中为午门，也称“五凤楼”；正北居中为玄武门（清朝改称神武门）；东为东华门，西为西华门。紫禁城外有护城河环绕，俗称“筒子河”，总长3300米，河宽52米，深4米多。河水进口在西北角，源于北海之水。河水出水口在东南角，注入太庙内河道。在河的四周，砖石垒砌的河床均为房山开采的大条石。河沿上还用大城砖砌有矮墙，俗称“河墙”，作为护栏。设计简朴，却能映衬出紫禁城的壮丽。

外城则是到了明嘉靖年间才新修建的，主要原因是加强北京城防卫的需要。嘉靖二十九年（1550）秋八月，蒙古鞑靼部俺答汗率军南下，由古北口进入京畿，一支700人的先锋队直抵安定门外，引起京城朝野震动。这次事件发生在农历庚戌年，史称“庚戌之变”。庚戌之变后，兵部尚书聂豹等上书嘉靖皇帝，提出了具体修建外城的方案。这个方案是“相度京城外，四周宜筑外城约七十里”。设计中的外城城墙是土城，这样北墙可利用元大都土城墙，西南部分可利用辽金故城土城墙。如果这一方案实现，北京城将构成“回”字形。

嘉靖三十二年（1553）闰三月十九日，外城开工修筑。按预定方案，先修南面，然后修东面，再修北面和西面。到四月，嘉靖皇帝下谕令土墙一律用砖石包砌，这不但使工程量大大增加，而且费用也成倍增长。于是，嘉靖皇帝又下谕令，先筑南外城，完工后再量情决定。到年底，外城南部筑成，国库已经枯竭，工程只好结束。由此，北京内城和外城组合成“凸”字形。建成的外城城墙周长14409米，其中南城墙长7854米，东城墙长2800米，西城墙长2750米，北城墙分东、西两段，东段长510米，西段长495米。外城共开七座城门，南面三门，正中为永定门，东面是左安门，西面是右安门；东面正中一门，称广渠门；西面正中一门，称广宁门。在外城与内城连接处，各开一门，东边的称东便门，西边的称西便门。到清道光年间，因道光皇帝名字忌讳“宁”字，将广宁门改为“广安门”。

明代的这四重城垣都是用黄土夯筑成墙心，内外两侧包砌城砖而成。在内、外城16座城门之外，都加修瓮城和箭楼，墙隅筑有角楼，城外有护城河环绕，河上初架木桥，正统年间（1436—1449）内城护城河上一律改筑石桥。沟池修建得极为坚固，多重环绕，层层设防，目的在于保卫天子的安全和封建君主的统治。明北京城示意图如图5所示。

清代北京内外城垣没有进行大的修建工程，有所改建的是皇城和宫城。顺

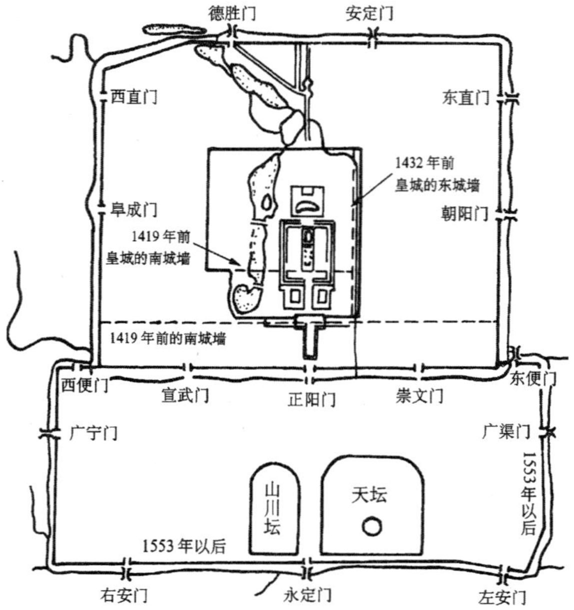

图5　明北京城示意图

治八年(1651)改建承天门,并且取“受命于天”“安邦治民”之意,改名天安门。重建后的天安门有城门五阙,楼高33.7米,东西宽9间,南北进深5间,以“九五”象征帝王之尊。乾隆十九年(1754)改皇城北门北安门为地安门;宫城北门玄武门为神武门。由于明末李自成起义军退出北京时放火焚烧了宫室,清定都北京后又一一重建,还增建了一些宫殿,并且有些改了名称。如明朝的皇极、中极、建极三殿依次改称为太和、中和、保和殿,改建后的太和殿面阔由9间扩大到11间,进深5间,殿高35.05米,是全国最大的木结构殿堂。

(作者系首都师范大学历史学院文化遗产学系主任、北京史学科带头人)

宁波地名演变史说

涂师平

宁波是一座现代化都市，以下这首写于1949年之前描述宁波繁华街巷地名的歌谣，承载着每一位老宁波人的悠悠记忆。

三江口，冰船来往忙。
半边街，鱼行米行十几家。
糖行街，南货北货批发庄。
钱行街，大同行，小同行，放账放到上海港。
进东门，店面整齐大又高。
银楼金店首饰庄，金银成色牌子老。
绸缎店，凌罗绸缎满店堂，京广洋货来路广。
崔衙街，书店多。
泉家湾，绣花店，新娘头面式样好。
钉打轿，叮当叮当打铁忙。
药行街，朝西望，红木家具做工巧，
桶钵漆器有声望。
三法卿，石牌坊，棺材店，好几爿，
杉木、楠木加沙枋。
朝东望，药店药行排两旁。
天主教，育婴堂，十个进去九个亡。
灵桥门，过江桥，江东也是好地方。
百丈街，通东乡，灰场过去是大校场，
航船埠头航船密密靠。

后塘街,牛骨行,螟夫鲞,销南洋。

木行路,南号北号气势壮,

雕龙石柱也勿少,大小木行福建帮。

回头再把江北岸唱一唱。

过江桥,首先看到天主堂,

大自鸣钟外国造,大英公馆海关旁。

沿江码头停货轮,来去上海顶便当。

一、历史文化底蕴厚重的国家文化名城

1986年12月8日,宁波被国务院公布为第二批国家历史文化名城。作为国家级历史文化名城,宁波具有以下几个方面的主要特征:河姆渡文化的发祥地;唐宋以来我国著名的对外贸易港口;浙东文化的渊薮之地;明清以来反侵略斗争的前沿。宁波不仅保存了大量能够体现名城历史风貌特征的历史街区和文物史迹,同时也以其独特的自然环境和城市格局,展示出港口城市、江南水乡的浓郁特色。

宁波位于中国大陆海岸线中段,地处中国大运河出海口地段。近年来,我国文物界确认中国陆上丝绸之路的起点由西安延伸至大运河古都洛阳,中国大运河的终点由杭州延伸至东方海上丝绸之路核心城市之一——宁波,宁波是中国大运河最南端的出海口,连接海上丝绸之路的起点,是两条文化线路的交会点。由此,人们找到了陆上丝绸之路—大运河,以及海上丝绸之路三条文化线路贯通的脉络和节点,宁波作为大运河出海口地段城市,具有独一无二的重要性。

宁波的历史要从7000年前的河姆渡文化说起。河姆渡文化是中国长江流域下游地区古老而多姿的新石器时代文化,因1973年第一次发现于宁波余姚河姆渡而命名。考古学文化名称一般以首次发现的典型遗址所在的小地名作为某某文化的命名。一个地方的考古发现如果能被命名为一种考古学文化,说明了这个地方在人类文明进程中具有独特的地位和重要的意义。河姆渡文化主要分布在杭州湾南岸的宁绍平原及舟山岛,经科学测定,它的年代为距今7000年至5300年。河姆渡文化遗址是新石器时代母系氏族公社时期的氏族聚落遗址,该文化与后来这一地区的良渚文化共同构成了越族先民史前文化的主要源头。河

姆渡遗址考古表明，黄河、长江流域的原始先民共同缔造了中华民族光辉灿烂的远古文化。

宁波先民逐水而居，逐步由小水迈向大水，宁波城市也经历了一个由河姆渡渡口边的原始社会部落，到小溪镇溪口边的古县城，到三江口边的古州城，再到如今国际港口边六区鼎立的现代都市的沧桑巨变。

渡口—溪口—江口—港口，宁波这座兼具江南水乡婉约风韵与海上丝绸之路开放气度的城市，其历史变迁画卷，时而涓涓细流，时而荡气回肠，时而波澜壮阔！

在这幅7000年长的历史画卷上，有举世瞩目的河姆渡文化和良渚文化；有治水英雄大禹后裔兴起"于越"民族的悠久传记；有越王勾践卧薪尝胆成就霸业的春秋风云。

传说秦始皇东巡观沧海并在宁波古鄮县逗留；汉武帝派遣横海将军率领海军从宁波句章古港出海平叛；被誉为"南朝第一帝"的宋武帝刘裕曾经在宁波地区靠镇压浙东农民起义而起家。

还有南宋开国皇帝宋高宗赵构躲避金兵追击逃到明州而发生的抗金战斗；明太祖朱元璋祈愿"海定则波宁"改明州府为宁波府的因缘；孙中山曾在这里发表演说；毛泽东、周恩来、邓小平老一辈伟人对宁波文化保护和经济建设的关怀……

宁波，中华文明起源地之一，多少帝王将相在这里龙腾虎跃；多少海内外人士在这里风云际会；多少文化瑰宝从这里走向世界。

宁波，是一部思想深邃的越民族史书，是一艘承接大运河和海上丝绸之路文明的东方神舟，更是一座历史厚重的国家历史文化名城。

二、带"水印"的地名

宁波地处江南，自古河网密布，如脉动的血管，滋养生息。宁波自古是一座水城，水的形态丰富，有海、河、江、湖、港、湾、溪等，形成了"三江六塘河，一湖居其中"的独具特色的三江口地区和"东出大洋、西连江淮、转运南北、港通天下"的城市特征。

宁波是一处深深打上"水印"的美丽水乡。在构成宁波市地名的"通名"中，直接或间接与水有关的就有：水、江、河、湖、海、泉、溪、潭、漕、涨、洼、池、岛、浦（埠）、渡、堤、堰、坝、碶、渠、港、塘。

如“漕”，为水道运粮，也指水运他物。《说文解字》对“漕”字这样解释：“漕，水转谷也。”转，就是运的意思。漕运，旧指我国历代王朝将征调的粮食利用水道运往京城或其他指定地点。宁波地名中，以“漕”为通名命名的有安漕、长漕、后周漕、徐家漕、大漕、杏样漕等20多处。而且它们都在一些重要河道两岸，无一例外。

“洼”，即小水坑，低矮的地方。有自然因素形成的，也有由于历代修建城墙、官府、庙宇等掘地取土、烧窑制瓦，形成连绵洼坑的。如徐家洼。

“浦”，在古代，“浦”与“步”“埠”相通，意为河流注入江海和码头、渡口。有唐柳宗元《永州铁炉步志》诗为证：“江之浒，凡舟可縻而上下者曰‘步’。”宁波位于中国海岸线中段，境内姚江、奉化江、甬江三江达海，故至今以“浦”（含埠、渡）字殿后的地名很多，慈溪的新浦、淞浦、择浦，余姚的陆浦、临海浦、河姆渡，奉化的南浦、白渡，宁海的回浦、龙浦，象山的石浦、鹤浦，镇海的澥浦、清水浦，北仑的霞浦、横浦，鄞州的铜盆浦、周家浦，江北的孔浦、城山渡，江东的大步街（原叫大埠头），海曙的段塘渡等都是。

以上这些不仅体现在通名中，专名中带有“水”的含义的地名也有很多。如秀水街、白水巷、横河街、带河巷等。

宁波还有一些特有的地名用字，反映了古代明州的水利建设。

一个是带“隘”字的地名，《现代汉语词典》等在对“隘”字作注音时都只有“ài”一音，并且释义为“狭窄”“险要的地方”。而宁波地名中的“隘”字念“gà”音，是宁波特有的地名方言用字（宁波人说水溢出来为“格出”）。宁波人把低矮的水坝叫作“隘”，这是一种古代的水利设施，水位低时可拦水，水位高时，多余的水可漫过堤坝，流入下河。其原理和作用与鄞江的它山堰相同。宁波俗话说“东乡十八隘”，说明宁波城东边有18处以“隘”字命名的地名，反映了古代宁波城的水利设施相当密集。经历了朝代的沿革，各地的地名也有很多发生了变化，这十八隘的确切名称说法不一，难以确定，沿用至今且比较有名的有“姚隘”“张隘”“邱隘”“高隘”“邬隘”等，每个“隘”都保一方乡亲。

除“隘”外，还有一个宁波特有的地名用字——“碶”。先前的《现代汉语词典》也不曾收录此字，只是近几年的版本才收录，释义为“（方）用石头砌的水闸”,也就是说这是个方言用字。这方言其实就是指宁波方言。与作为堤坝的“隘”不同的是,“碶”其实就是石砌的水闸,可闭可启以调节水量。旱时闭闸蓄水,涝时开启泄洪。宋文学家曾巩在《广德湖记》中这样说:“鄞人累石堙水,阙其间而扃以木,视水之小大而闭纵之,谓之碶。”意思是说:鄞人叠石堵水,留个缺口,封以木板,可根据水流大小任意启闭,这种设施称之为“碶”。值得注意的是,曾巩在文章中将“碶”与“鄞人”联系起来,可见“碶”是古代鄞县人所首创的。据记载,1949 年前鄞县有“碶”81 座,1949 年后兴修水利,大小之“碶”总计曾达 150 多座。而在宁波大地上,带有“碶”字的地名,虽经历史的变迁,至今仍有不少,如“石碶”“五乡碶”“云龙碶”“大碶”“新碶”等。了解这些与宁波相关的地名,在我们眼前仿佛展开了一幅幅古代宁波平原开发过程中水利建设的画卷。

(作者单位:中国水利博物馆宣传教育处)

宜城地名来源考

廖明志

“宜城”之名最早见于《汉书》：“宜城，故鄢，惠帝三年更名。”北魏郦道元《水经注·沔水注》记载道：“故鄢郢之旧都，秦以为县，汉惠帝三年，改曰宜城。”史籍记录并未说明宜城一名的由来。1982年版《宜城县地名志》附录中刊载有《“宜城”的由来及其含义浅释》（以下简称《由来》）一文。该文将出土于今宜城楚皇城的“汉夷邑君”印断为“夷邑”，将此印考定为西汉改“鄢”为“宜城”时的官印，并将此印刊印在1982年版《宜城县地名志》的封面上。在此书之后出版的《中国地名由来词典》《中国地名辞源》《第二次全国地名普查指导手册》《中华人民共和国政区大典·湖北省卷·襄阳市分卷》等书籍均对1982年版《宜城县地名志》中“由来”的论点加以引用。宜城的来源被表述为：“宜城，因境内蛮河（又名夷水）而得名。‘夷’‘宜’谐音，所以宜城即为‘夷水城’之意。”李福新先生在《楚学论丛》第三辑上发表专文对上述“夷邑”说、“夷水”说予以了否定。他认为“夷邑”说和“夷水”说“对科学地塑造宜城形象，正确地展示、宣传宜城形象造成了不应有的负面效应”。①

多位专家学者对“汉夷邑君”印做了较为详细的考证和梳理。说明这枚印对研究“宜城”地名的由来产生了相当大的影响。但这些考证和梳理仍有定性上的谬误和细节上的遗漏。

本文在参考多方资料的基础上，力求清晰定位“汉夷邑君”印的朝代归属，并简要论证宜城地名的由来。

---

① 李福新：《“宜城”地名由来浅释》，《楚学论丛》第三辑，2014年版，第95页。

一、"汉夷邑君"印并非"汉改鄢为宜城后的县印"，宜城也并非因鄢水、夷水而得名

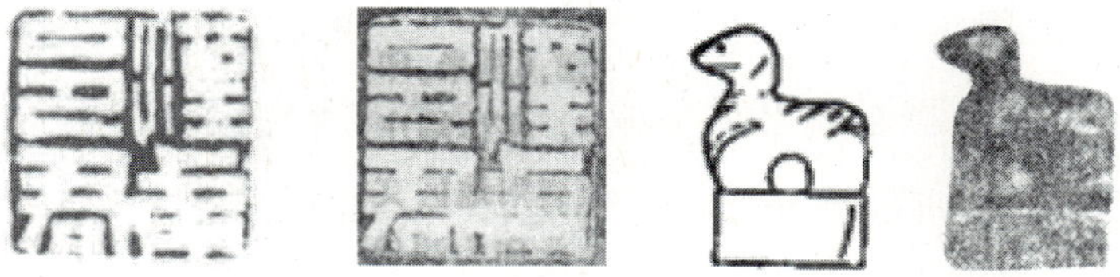

"汉夷邑君"印

上图①为"汉夷邑君"印兑。"汉夷邑君"印 1976 年出土于宜城皇城大队小皇城村东片村前的田地里，位于紫禁城西南角南 150 米处②。铜质，正方形，方座羊钮，通高 3.3 厘米（钮高 2.3 厘米）、边长 2.2 厘米。印文面的正中间有一深达 0.8 厘米的小孔，羊肚下有穿孔，可以系绳。印文为白文篆书"汉夷邑君"四个字，现收藏于湖北省博物馆。

（一）从书法艺术篆刻史这条纵轴线上看，"汉夷邑君"印与西汉早期的官印篆刻风格不合，此印与东汉早期官印篆刻风格一致

关于两汉时期印的印纽、尺寸、印材等方面的问题，李福新先生认为"汉夷邑君"印的时代和性质证明它不是"汉改鄢为宜城后的县印"。该印当属东汉晚期少数民族的封君印。其主要理由是：首先，据《后汉书·百官志》记载，"邑君"是东汉中央政府册封少数民族酋长的封号，"邑君"一词最早出现于东汉；其次，东汉印章中郡县官印首字不加"汉"字，只有给少数民族的封君印才在印文的前面加"汉"字，故此印不可能是西汉初"改鄢为宜城后的县印"；最后，"汉夷邑君"印纽是羊形纽，有旁证表明"汉夷邑君"印与"汉邑长印"的羊形纽为东汉时期封君印所特有的印纽形式③。

两汉时期的篆刻印章和隶书，是耸立在中国书法史上的两座高峰。它们为后世开创了"汉印"和"汉隶"范式。

从总体风格上讲，汉印以方正平实为大宗，缪篆入印，屈曲缜密，形神朴茂，端庄大方。虽然不同年代的印章规制和审美风尚呈现出不同的特点，但大体上来说，西汉婉转温厚，时见笔意；新莽印制独特，严谨温和；东汉以方为主，浑厚茂

---

① 戴山青著：《古玺汉印集萃》，南宁·广西美术出版社，2001 年版，第 348 页。

② 宜城县地名领导小组编：《湖北省宜城县地名志》，1982 年版，第 324 页。

③ 李福新：《"宜城"地名由来浅释》，《楚学论丛》第三辑，武汉·湖北人民出版社，2014 年版，第 95 页。

密;魏晋方截整饬,劲健有力;南北朝法度渐远,鲜活生趣。这在学术界已达成共识。

我们选取几组西汉官印与出土于宜城的“汉夷邑君”印加以比较。

1. 渭成令印(下图左)。渭成令印是西汉时期典型的县官印(西汉时期的官印已将秦代官印中间的明十字格化为暗十字留红)。此印笔画挺拔有力,刚中有柔,方圆兼备,方正中参以弧笔,印面生动之外增加了艺术趣味。与下图右侧的“汉夷邑君”印对比,此印在印风上与“汉夷邑君”印显然不属于同一时期。

渭成令印

汉夷邑君印

2. 高寝丞印(下图左),现藏上海博物馆。据《汉书 · 百官公卿表》记载,汉奉常属官有诸庙寝园令长丞。此印是汉高祖之寝丞封泥印,成印年代在汉高祖卒年(前193)或稍后。① 这个时间点与汉惠帝三年改鄢为宜城的公元前192年比较接近。但这枚“高寝丞”印与“汉夷邑君”印的风格相去甚远。

高寝丞印

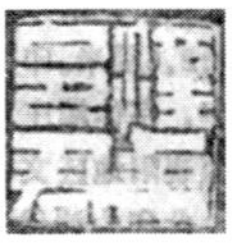
汉夷邑君印

3. 齐悼惠寝印、齐悼惠园印(下图左)。据《汉书 · 诸侯王表》记载,齐悼惠王刘肥卒于惠帝六年(前189),其寝、园印的颁制时间当距此不远②。此两印的风格也与“汉夷邑君”印风大不相同。

齐悼惠寝印

齐悼惠园印

汉夷邑君印

4. 孝惠寝丞印(下图左)。据《汉书 · 惠帝纪》记载:七年(前188),帝崩于未央宫。这一官方记载表明此印的下限年不会超过公元前189年③。此印的风格与“汉夷邑君”印也不同。

① 孙慰祖:《西汉官印、封泥分期考述》,载《上海博物馆集刊》1992年,第185页。
② 周明泰:《续封泥考略》,北京 · 京华书局,1928年版。
③ (清)陈介祺、吴式芬:《封泥考略》。

孝惠寝丞印

汉夷邑君印

史载西汉初年的汉官印形制及印文书法、构图风格虽然还没有完全形成规范，但从以上所列举的均属汉惠帝三年前后且有明确纪年的西汉官印、封泥印，这些印章的风格一致，已经形成了一定的规范，而“汉夷邑君”印与这些印章的风格则明显不同，因此“汉夷邑君”印与这些印章不属于同一个时期。

（二）我们选取部分史学界、金石印学界考定的属于东汉早期的官印，与出土于宜城的“汉夷邑君”印加以比较，可以看出“汉夷邑君”印应是东汉早期的官印

下图中的前三枚印属于东汉早期的官印，分别是雒阳令印、长安令印、穀成（谷城）令印。右下则是“汉夷邑君”印。①

东汉时期的官印总体呈现出堂正大气、法度严谨而内敛的风格。以东汉早期官印为代表的汉印印道宽厚凝重，沉稳安详而不失灵动；目视收放之间，计白当黑的红十字方正暗格气力充实；章法以平正为基本格局而有欹侧多变之势；印面整体粗重深厚而又无拥塞之感。

雒阳令印

长安令印

穀成令印

汉夷邑君印

上例图中前三枚印均为东汉早期官印，尤其是“雒阳令印”更是东汉特定背景下的产物。根据乾隆十年本《洛阳县志》记载，东汉光武帝时，因“汉火行忌水，故加隹则光武以后改也”。经查该县志，东汉前的西汉、东汉后的魏晋南北朝及以后各个朝代，都是用的三点水旁“洛”，唯独整个东汉时期用的是隹旁“雒”。光绪本《洛阳县志》记载亦同。这就是说，因东汉属火行，忌水，故在东汉初就已将“洛”的水旁改属火行的“隹”旁“雒”。

由此证明“雒阳令印”应是东汉光武帝时期的官印。出土于宜城的“汉夷邑君”印与“雒阳令印、长安令印、穀成（谷城）令印”这三枚东汉早期官印在印风上最相近。略显差异的是，前三方印浑厚中渗透出明快圆润的气息；而“汉夷邑君”

---

① 见《高清汉代官印印谱》。

印则圆转不足而方折稍过之。据此，笔者认定，“汉夷邑君”印与上例中的前三枚东汉早期官印属于同一历史时期。

（三）“汉夷邑君”印是汉朝册封聚居在今宜城境域内少数民族首领的邑君印

“邑君”之名在《汉书》《后汉书・百官志・四夷国典属国》里有明确记载。汉朝对少数民族的羁縻政策反映在汉官印“县令”与“邑君”上是有区别的。

1. 从出土的两汉时期的封君印中可以看出，全国各地均有类似于“汉夷邑君”结构的印，“汉夷邑君”印并非宜城独有。相关证据表明，“邑君”封号在西汉晚期已有记载。

“邑君”一词笔者最早见于《汉书・西南夷传》，时间在西汉后期汉成帝河平年间（前28—前25），该传记载了夜郎王“兴”与几十名“邑君”去见陈立的故事。陈立谴责数落他们，并趁机杀掉了夜郎王。随从夜郎王的邑君们说：“将军诛杀了不守法的无礼之人，为民除害，希望把夜郎王兴的头拿出去示众。”史书上的这段记载表明，西南夷有几十名“邑君”。这至少说明，在西汉后期汉成帝河平年间已经有“邑君”这一封君号了。

2. 从汉朝对少数民族的羁縻政策看县令与邑君的区别。

在吸取春秋战国时期王权衰微、诸侯坐大这一君弱臣强局面的历史教训的基础之上，汉承袭秦制后进一步巩固和完善了中央集权体制。“普天之下，莫非王土，率土之滨，莫非王臣”的集权理念贯穿于汉朝国家制度始终。在设郡县之外，针对民族间、地区间均存在差异的实际情况，汉朝不直接派遣官员对民族地区进行统治管理，而是实行一种特殊的“羁縻”政策。“羁”“縻”二字都有牵系之意，《汉官仪》记载道：“马云羁，牛云縻，言制四夷如牛马之受羁縻。”“羁”就是用军事和政治的压力加以控制，“縻”就是以经济和物质利益给予抚慰。羁縻制度既是中央王朝基于当时多民族之间发展不平衡的现实而实行的一种民族政策，也是对少数民族进行管理的特殊方式。以羁縻为支点形成的职官制度，就是羁縻职官制度。在实行羁縻政策的地区，各族原有的一些奴隶主、部落首领被封为邑君、邑长。这些人一方面保住了原有的在本族中的统治地位和权力，另一方面，又因受册封而听命于朝廷，成为朝廷在羁縻地区的代理人。日本学者谷口房男在《汉六朝时期的民族官印与民族关系》一文中也将出土于宜城的这枚“汉夷邑君”印列为邑君印。

对于这一点,我们也可以从秦汉史籍中找到羁縻职官制度的管理机构和官职称谓来印证。

秦代负责管理少数民族地区的是典客和典属国。《汉书·百官公卿表》载:“典客,秦官,掌诸归义蛮夷,有丞。”大意是:典客,秦朝官名,掌管各归顺的蛮夷,有副官。汉代改“典客”为“大鸿胪”,其官属有行人(又改大行)、译官、别火三令丞,及郡邸长丞,管理四夷各民族的朝贡和封号。在官吏构成上,汉朝采用双轨制。一方面,由朝廷委派太守、令、长,掌治郡县行政,有固定任期;另一方面,又任命当地部族首领为王、侯、邑君、邑长,具体管理本民族内部政务,其职可终身世袭。在职能上,部族首领解纳贡赋,不立征调。在职官隶属关系上,朝廷则对部族首领授以王、侯、君封号,使他们听命于朝廷,以达到以夷治夷的目的。后来的“土司制度”乃“羁縻制度”的延伸。此制度延续至20世纪初方才结束。

(四)“宜城”与“夷城”在上古时期的音韵、词义上均不能通假

下面就让我们来看看“宜城”与“夷城”在上古时期的音韵和词义。

王力说:“双声,指的是两个字的声母相同;叠韵,指的是两个字的韵母相同”;“上古的语音系统和现代的汉语系统不同”;“先秦的声母系统也是和现代汉语不一样的”。只有掌握了这些知识,“才不至于把上古的双声叠韵和现代的双声叠韵混为一谈”。汉代的“宜”与“夷”是否音韵通假,当然不可以用现代汉语的音韵来分析,所以就得依照秦汉时期的上古音来检查这两个字的声纽。《上古音手册》中的“宜”“夷”截图如下:

宜儀檥 —歌·疑·平
夷荑洟咦姨痍彝 —脂·喻·平

宜、夷音义对比表(此表为王孔庚老师制)

历史时期	字形 宜	字音	字义	字形 夷	字音	字义
远古 殷商	甲骨文  	远古字音不可考	象形字,陈放在罩子中的祭肉	甲骨文 	远古音不明	夷人尚武拼弓

续表

历史时期	字形 宜	字音	字义	字形 夷	字音	字义
上古 西周—秦汉	金  小篆  隶  简帛 	王力《同源字典》：宜义，同母叠韵。国际音标为［ai］。g是零声母，宜字读为ai，音爱。《上古音原》宜，也歌切，音yai。古宜字音接近“爱”	《说文解字》：宜，所尚也。义也，适宜、应该	金文  小篆  隶  简帛 	《同源字典》：夷，喻纽脂韵。国际音标为［ei］，汉语拼音为hei，接近普通话的“黑”。《上古音手册》：夷，脂喻平。即喻母［g］脂韵［ei］，也拼为［hei］，［g］为汉语拼音字母h的浊音，即声带要振动。所以发出黑音时声带要振动。《上古音系》：夷，夷脂切。上古夷水的音应读为黑水；现在的黑水指的是黑龙江	夷属大部，大加弓为夷。除指少数民族外，夷还有平、灭等义
中古 唐宋	楷 	《康熙字典》磨意韵，鱼羁切，音［j］，接近普通话jie解的音				
近代 元明清		［i］汉语拼音方案为yi				
现代						

从图中我们看到，上古音“宜”在歌部疑纽，“夷”在脂部喻纽，韵部“疑、喻”较近，但声纽“歌、脂”悬隔，不存在通假可能。

最早提出“夷邑当为汉代宜城的称谓”的是王仁湘先生①；黄盛璋先生更说“当时‘宜、夷’音同，又有少数民族聚居，故称为夷邑，犹刘备改汉夷道为宜都”②。可见“由来”一文引用了上述两位学者的论点。之后出版的《中国地名由来词典》《中国地名词源》等志书，将“宜城”的得名释为由蛮河的前称“夷水”之

① 楚皇城考古发掘队：《湖北宜城楚皇城勘查简报》，载《考古》1980年第2期，第134页。

② 黄盛璋：《关于湖北宜城楚皇城遗址及其相关问题》，《历史地理论集》，北京·人民出版社，1982年版，第428页。

夷谐音为“宜”而来，词义上将“汉夷邑君”中本应三、四字相连的“邑君”拆散，摘取印中第二、三字“夷邑”，用大量的篇幅论证“邑”等于“城”均是错误的。其错误在于：音韵上以上古音比附现代语音。既然夷、宜二字在上古语音时期（指周至秦汉时期）的读音不同，字义也不同，不能相通假。那么，“宜城”不能等于“夷城”，“夷城”也不能替代“宜城”。

（五）“汉夷邑君”印正确的句读应为：汉（国名）—夷（族名）—邑君（封号名）

东汉初，韩国廉斯人苏马諟等人到乐浪向光武帝进贡。光武帝封苏马諟为“汉廉斯邑君”（《后汉书·东夷传·三韩》）。此封号应断句为：汉—廉斯—邑君。从此封号的断句，我们判断汉代的封君印结构一般为：国名—族名—封号名。

国名：首字必是冠以颁发者的国名朝代名。如“汉、新（莽）、魏、晋”等国名。这个字里面包含有以德怀远和亲善怀柔之意。

族名：第二组字必是：夷、蛮、乌桓、倭奴、滇、越、匈奴、鲜卑、羌、胡、高句丽、叟、单、楚等族名。

封号名：最后是归义、率善、邑君、邑长、佰长、善氏仟长、夷王等封号名。

《由来》将“汉夷邑君”印文读为：“汉—夷邑—君”。与史籍记载不合。

综上所述，“宜城”的地名由来与“汉夷邑君”印毫无关系。

二、汉惠帝三年为什么要改鄢为宜城

关于鄢水，《左传·桓公·桓公十三年》记载道：“莫敖使徇于师曰：及鄢，乱次以济。遂无次，且不设备。”

假如汉惠帝改“鄢”为“宜城”是因水而得名的话，宜城县就该叫“鄢阴县”而不该叫宜城县，因为最初的宜城县城在蛮河南岸的北湖岗。汉惠帝改鄢为宜城时，鄢的名称还在，鄢水即今之蛮河，当时仍叫鄢水。鄢水改名夷水必在鄢之名称消失，今宜城境内有少数民族聚集，最早在“汉夷邑君”印产生之后，也就是在东汉光武帝时期，故鄢（楚皇城）成为少数民族的封君之地时，夷的地名始用于东汉时期的今宜城境内，城与水才同时以族“夷”为名。

一水三名的鄢水—夷水—蛮水，这三个名称在民国二十年（1931）吕式斌的《今县释名卷二·宜城》一书中有记载：

本鄀，为楚之别都，有鄀城汉惠帝改今名，有鄀水，一曰夷水，桓温父名彝，改曰蛮水。元和志曰，本汉邔县，宋立华山郡，后魏改为宜城，汉故宜城，在县南九里，今县兼有汉邔、鄀、宜城三县之地。

《今县释名卷二·宜城》对鄀水、蛮水有较为清晰的描述，先有鄀，次有鄀城，再有鄀水。蛮水是为避桓温父名彝而改。但对夷水的起始时间则语焉不详。如果要研究宜城得名是否与夷水有关，就得探寻鄀水何时改为夷水。“汉夷邑君”印或许给我们提供了一个解开夷水之始的上限时间段的参照。依据此印可推知最早与封邑君印的东汉早期同时，或是在封邑君之后，鄀水才改名为夷水。当鄀水改叫夷水时，“宜城”之名已存在233年左右了①。

宜城会因夷水而得名吗？若以城为参照点，襄阳的得名可能是一个很好的例子。汉水从襄阳段起就叫襄河，顺流而下至钟祥、仙桃、天门仍叫襄河。襄阳也是以水得名，襄阳城在襄河南岸，它也该叫襄阴才对呀！事实上，襄阳因襄水而得名。襄水就是发源于尹家集经襄阳南山最终蜿蜒至观音阁入汉的檀溪水。檀溪水就是三国时期刘备“马跃檀溪”故事中的襄阳城南的那条小河沟。此水因“怀山襄陵”而得名襄水。

这样，我们才能把命名的顺序理清：襄水—襄阳—襄河。鄀水（今蛮河）沿岸以地名命名的河段很多，如雷家河、安家河、石家河。既然城可因水而名，水也可因城而名。那么，鄀与鄀水，夷与夷水，是谁因谁而得名就得详细考证了。不能因为《襄阳府志》说鄀是因鄀水而名，就将此说奉为金科玉律。因为志书都是人写的，每个人因自身知识局限，都有可能犯错误。因此，志书也需要考证。有人认为鄀水之名来自郾子国。此说的错误之源是《括地志》。其后的万历《襄阳府志》记载道：“故宜城，县北三十里，汉置宜城县，即此。后山水冲崩，遂迁郾子国，迹存。”至清代志书如《襄阳府志》《宜城县志》《古今图书集成·第92册·职方典》等大都从此传抄，以讹传讹。故宜城即为汉宜城县，即为鄀都。又道“遂迁郾子国”。由此可见，这种观点所给出的方位是错乱的，前后自相矛盾。

说到汉制就必说秦。秦统一后，建立了一套以丞相为核心的中央官僚体制。西汉建立后，承袭秦制，虽略有改动，但在汉武帝以前的中央行政体制，基本上没

① 西汉惠帝三年（前192）—后汉光武帝建武十八年（42）。

有突破秦代模式。故有“汉承秦制”之说。

秦孝公十二年(前350)徙都咸阳,“并诸小乡聚,集为大县,县一令,四十一县”(《秦本纪》),这种大规模的置县活动是秦以县为基础实行耕战政策的开始。秦统一六国时共有36郡。清人姚鼐说:郡远而县近。县聚富庶,而郡荒陋,故以美恶易,而非郡与县相统属也。严耕望认为在春秋时期郡县互不统辖,至战国时代,列强竞争激烈,荒陋者日益开辟,军国向外拓展,边郡日益增大,于是郡之地位骤高,乃仿近地之制分置诸县以隶于郡,遂形成以郡统县之两级制。郡、县的设置是随着扩土开疆进行的,战国时期的郡、县作为地方行政机构,负有保境安民、抵御外敌进攻的责任,由此决定了郡、县重视军事上的建设,重视各自独立对敌防御的能力。秦朝对县的失控是秦帝国在起义军的冲击下基层政权迅速瓦解,从而导致其速亡的一个重要原因。①

“凡居民,量地以制邑,度地以居民。”(《礼记·王制》)秦汉县级政区幅员的一个基本原则是,县大率方百里,其民稠则减,稀则旷。就是以百里见方的面积作为县的幅员的基数,再以居民的数量作调节,人口稠密的地方的面积划得小些,人口稀少的地方,县的面积划得大些。②

秦始皇并吞六国时,把楚国的邔、鄢、都三邑分别设县,属于南郡管辖。这是《里耶秦简》《北大秦简》等文物发现之前有史籍记载并被学界普遍认同的观点。《清华楚简》与《北大秦简》都是从香港文物市场买到的,它纠正了历史记载的一些错误。如史书记载,秦军攻下鄢郢后,把鄢、邔、都分设三县,属南郡。

《北大秦简》却明确记载,鄢县(今宜城)以北只有邔乡,邔乡以北是邓县(现在的襄阳);鄢县以南只有都乡,都乡以南是销县(现在的荆门)。③《北大秦简》目前的断代年限为秦始皇三十一年至三十三年(前216—前214)。④

《里耶秦简》的简文中有“令若丞”“史若狱”,推论此时秦代若已置县,汉代属南郡。⑤《里耶秦简》的断代年限为秦始皇二十五年至秦二世二年(前222—前

① 张功:《秦朝郡县关系考论》,载《南都学坛》2005年第25卷,第2期。

② 周振鹤:《中国历代行政区划的变迁》,商务印书馆,1998年版,第74页。

③ 辛德勇:《北京大学藏秦水陆里程简册初步研究》,李学勤主编《出土文献》第4辑,上海·中西书局,2014年版。

④ 北京大学出土文献研究所:《北京大学藏秦简概述》,载《文物》2012年第6期,第65页;北京大学出土文献研究所编《北京大学藏秦代简牍书迹选粹》,北京·人民美术出版社,2016年版。

⑤ 庄小霞:《里耶秦简(壹)》所见秦代洞庭郡、南郡属县考修订稿,中国社会科学院历史研究所网。

208)。①

有学者根据《里耶秦简》8－911“□史若狱”与8－1377“□十四，捕未来”两枚简的书写风格一致，宽度、纹路相同，茬口亦能吻合，拼合后恰能复原“十”字（），二者当可缀合。缀合后释文作：“捕未来。十四□史若狱”（8－911＋8－1377）。

据简文“狱”“捕”等字来看，该简或与“讯狱”有关。②

杨宗兵先生认为《里耶秦简》之“守、丞、守丞”互见，可以认定其含义相同，意指“长官”；秦时县一级的长官“守”“丞”“守丞”即行“县令、长”之实，却无“县令、长”之名。③

黄海烈先生把《里耶秦简》、睡虎地秦墓竹简和传统文献进行比较研究了“令史”“丞、丞主”。认为《里耶秦简》中守丞，或为丞的另一别称，或为代理县丞。④

“传统文献是由秦的知识分子整理而成，书面色彩较浓。秦简是由当时的刀笔小吏写成。这才造成两种材料的不同。但恰恰是这种不同，使之具有互补性。”⑤

根据学界对喜在鄢的任职推定鄢为秦的县级建制一样，可否根据《里耶秦简》中“令若丞”“史若狱”的记载，推定当时的都为县级建制呢？

《北大秦简》中鄢县、邔乡、都乡的记载很宝贵，但只是历史时间点上的真实记录，不能依此断定整个秦代行政区划就没有变化。区域调整只在一日之时，依照当时的交通条件，政令传到县一级最多要数月之久。《里耶秦简》中“令若丞”“史若狱”“捕未来。十四□史若狱”（8－911＋8－1377）就是例证。且《里耶秦简》出土时间比《北大秦简》早上十年，各方学者对其研究也更深入一些。这也应引起我们的关注。

汉朝基本继承秦朝的制度。刘邦在位的12年间，规定设县标准是万户以上为大县，县官称县令，俸禄千石（dàn）至六百石。六千户的为小县，县官称长，年俸600石以下。根据张家山汉简记载，宜城县官的年俸800石，可知宜城当年有

① 姜慧：《“里耶秦简”（壹）纪年简小考》，载《淄博师专学报》2014年第2期。

② 谢坤：《读〈里耶秦简（壹）〉札记（四）》，2017年，武汉大学简帛研究中心。

③ 杨宗兵：《里耶秦简县“守、丞、守丞”同义说》，载《北方论丛》2004年第6期，第11页。

④ 黄海烈：《里耶秦简与地方官制》，载《北方论丛》2005年第6期，第8页。

⑤ 葛志毅：《读〈先秦都城复原研究〉》，载《中国史研究动态》1992年第11期。

八千户左右的居民。

《后汉书》里直到永平元年(58)才有都县的记载。可见汉惠帝三年改鄀为宜城时,它的辖地和户口必定部分并入了宜城。至于《汉书》中的“南郡十八县”既有宜城也有鄀,可能是《汉书》自身不足造成的。

其一,行政地理志这一体例本身有很大的缺陷。行政地理志将地理现象(比如水道、山脉等)这一跨区域的现实分系于各有关郡县之下分而述之,使地理现象失去了系统性和完整性。

其二,西汉政区的设置和废弃在二百年间时常发生。因此行政地理必须与特定的年代相联系。但《汉书》的行政地理恰恰是两份不同断代年限资料的混合。郡国一级的名目以元始二年初的版籍为据,而各郡国所属县邑却以成帝元延(永始四年,前13)和绥和(元延四年,前9年)间的情况为准。①

改鄀为宜城发生在公元前192年。这比《汉书》地理志所依据的时段早了160多年。所以,研究宜城设县的断代年限历史不能以《汉书》为凭据,而应以出土的《河堤简》和《张家山汉简》等西汉文物为原始凭证。

《香港中文大学文物馆藏简牍·河堤简》释文:

221#

宜成河堤,凡三百廿三里廿六步,积七十一万九千六百一十八【步】。

222#正面

·宜成堤凡三百廿三里六步,积七十一万九千六百一十【八步】。

·凡堤能治者六百廿一里二百卌步,积三百一十八万一千八百一十二步,□田一□二顷 五十七每(亩),百九十二步。

210#

若:乡河堤,凡廿十里百六十步,积六万四千五百卌五步。

211#

若乡□北堤,凡九里五十二步,积万八千六十二步,大半步,畸多,实六十二步,大半步。

① 周振鹤著:《汉书地理志汇释》,合肥·安徽教育出版社,2006年版。

学界将《河堤简》断代为汉高祖七年(前200年)左右的文物①。《河堤简》中的“宜成”即是今湖北省境内的宜城。从春秋至先秦两汉时期的文字中,成、城两字互通,这从出土的大量楚简、秦汉简中得以证明。《河堤简》只记有“箬(若)乡”的河堤长度,没有记载鄀县的相关信息。

1983年出土的张家山汉简《二年律令·秩律》所列官秩记载,宜城县令秩八百石。县令中有“宜成”,原注为济南郡之宜城。周振鹤认为此“宜成”当为南郡之宜城②。此简的时代为吕后二年(前186)。这表明至少在吕后二年时,宜城县仍隶属中央政府管辖③。

宜城属南郡,位于沔水(今汉水)旁,自然有河堤。“若乡”或与鄀有关。《汉书·地理志》云:“若,楚昭王畏吴自郢徙此。”王先谦《补注》引《水经注》曰:“沔水自宜城县来,迳鄀县”;引《一统志》云:“(若)故城今宜城县东南。”史籍记载,鄀曾是县级行政区。

张家山汉简《二年律令·秩律》所列南郡属县与《汉书·地理志》相合的有江陵、巫、州陵、秭归、临沮、夷道,并无鄀县。由此或可推知,西汉早期未设鄀县,只有若乡,且位于沔水旁④。由此可知,至公元前186年的张家山汉简的秩律中没有鄀县的记载。

根据目前出土的秦汉竹简及相关史籍记载推定,绘制了汉惠帝三年改鄢为宜城前后的疆域变化示意图,见左图。

本图是依据《河堤简》里记载的汉宜城县河堤南北纵长323里(约相当于今天的133千米)而来的。因为《河堤简》记录到邔乡河堤,根据《北大秦简》记载秦有宜城县、邔乡、鄀乡。霸王山以下的汉水河堤都应属于宜城县。原辖区(现在的欧庙、王集、小河)都归

① 彭浩:《“河堤简”校读》,载《考古》2005年第11期。

② 周振鹤:《二年律令·秩律的历史地理意义》。

③ 李学勤:《张家山汉简研究的几个问题》,载《郑州大学学报》(哲学社会科学版)2002年第3期。

④ 彭浩:《“河堤简”校读》,载《考古》2005年第11期,第74页。

宜城。沿汉水右岸而下,260 多里的宜城河堤要到丰乐河以下才出宜城县境。所以宜城县东南界当在丰乐河,西南界在刘猴集以南(《南漳县志》)。汉宜城县的一部分为原都乡辖地。汉宜城县东从丰乐河的河堤防护区起(不是县境边界,起码是这样),西到宜城西山。古罗国位于宜城西山,罗川城的遗址在南漳安家集附近,所以宜城西界当为刘猴—安集向北一线,与古临沮县相邻。汉宜城县的面积比鄢县大了一倍多,户口才达到八千户(四万人左右),勉强接近一个大县万户的标准。

行政区划的改变导致行政中心(县城)位置的改变。新宜城县城设在北湖岗,其地“背负小尖山,面带蛮河”①。请看下图:(由北向南,拍摄于 2016 年夏)

石梁山照片,图左边是石梁山,主峰左边是宜城,占石梁山的 1/3。右边 2/3 属南漳。石梁山与村庄之间的山是跑马山,山下是朱市山河四组的民房。右侧是小尖山,小尖山下是北湖岗。小尖山就是猫耳山。猫耳山形如猫耳,与石梁山对峙。山上有石垒的寨墙,寨门有巨石矗立,名叫猫耳石。

石梁山远景形势照片,拍摄于宜城市朱市社区新庙村四组

面临蛮河,至今地理未变。

地名北湖岗,古时沮水(现在的蛮河南漳河段)与古沶(音一)水(现在的碑

① 《同治宜城县志·卷下·方舆志》。

河)、安家河交汇口以下直到朱家咀(朱市)的鄢水两岸由于地势低矮形成古代的北湖。北湖后来淤积为现在的符淌、王洲、魏家庄子等村落。北湖岗就在北湖南岸,即现在的山河村的申家湾、彭家湾、陈家巷子一带。

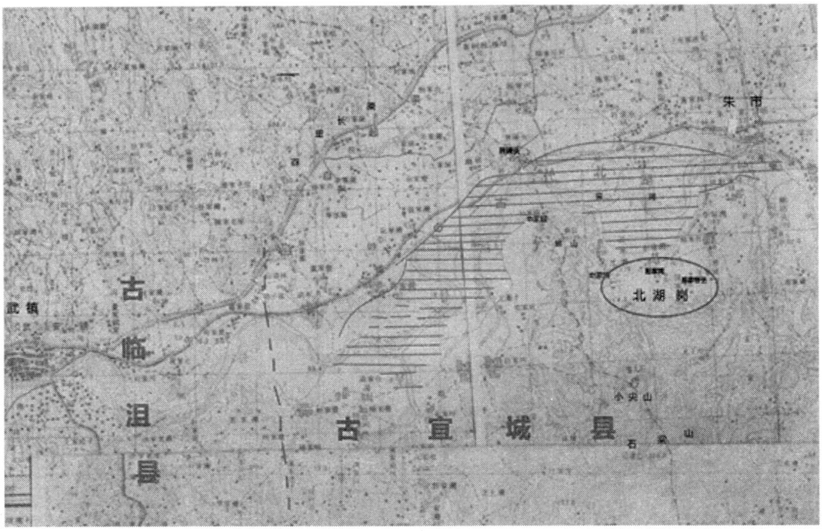

本文的结论:连续的战乱,使鄢郢的城市隳坏,田园荒芜、人口锐减。鄢郢必须扩大疆界才能达到一个县应具有的户口标准。因此,汉朝政府以鄢县原有的疆域为基础,并入鄀的部分疆土(经两件出土文物互相印证,直接证实);邔的有河堤的黎丘(出土文物间接证实)建立了宜城县。由于疆域扩大,宜城县的新县城迁到北湖岗。县域的扩大和县城的迁移导致县名的更改。新县城因风物适宜而定名为宜城。“宜”是因义而取,不是因音而得,更不是因水而名。“宜”字的使用既是从实际出发的结果,也没有违背嘉愿美名的传统习惯。确定县域户口标准并依据户口调整县域大小是西汉立国后恢复国民经济的必要行政措施。经过几代人的努力,宜城的人口规模直到文景之世才达到县域人口水平。

对于鄢、鄀、邔的起源及考证,以及楚昭王北迁至鄀的考证不在本文范围之内,故本文不展开讨论。对于秦与西汉惠帝三年改鄢为宜城这段时期邔、鄀是否一直是乡或是设过县,还有待进一步的出土文献和文物来佐证。因为秦置郡与县的问题,学界至今并未完全达成共识。“由于史籍记载简疏,历来探讨秦郡问题的学者,虽然都是以考据的形式来表述研究的结论,但其实际的研究工作,往往需要更多地依赖逻辑推理以填补史料的缺环。每个人的思考,都难免会存在局限和疏误。”①加之“西汉政区的设置和废弃在二百年间时常发生”②。在准确纪年记载公元前192年(汉惠帝三年)宜城地名来源的文物出土和史籍资料发现前,正如辛德勇先生所言,我们的论点都是基于现有资料上的推理,学界目前对秦汉简记载内容不是高度一致,研究中所产生的观点更是不同,恰恰说明当时区划是有变动的,应当予以充分重视。“厘清秦郡的真实面貌,还将为汉郡的研究,重新确立一个起始平面,更准确地复原汉郡的演变历程。”③也将会把我们宜城地名的来源的研究向前推进一步。从严谨的角度看,我们不能“为赋新词强说愁”。从学术探讨的角度上,我们可以依赖于现有资料基础之上的逻辑推理,以待将来发现的新证据去证实结论的正确与否。

在撰写本文的过程中,武汉大学古文字学教授肖圣中先生、南开大学语言学博士胡伟先生和我恩师王孔庚先生在百忙中给予指导,宜城市博物馆李福新先生亲自提出修改意见。还有许多同志均给予大力支持,在此,谨表谢忱!对本文存在的问题,敬请方家不吝赐教。

(本文摘自李福新、周义庆主编《千年古县:宜城论文集》,
中国社会出版社,2018年版)

---

① 辛德勇:《秦汉政区与边界地理研究》,北京·中华书局,2009年版。
② 周振鹤著:《汉书地理志汇释》,合肥·安徽教育出版社,2006年版。
③ 辛德勇:《秦汉政区与边界地理研究》,北京·中华书局,2009年版。

武冈地名源流考

彭雪开

关于“武冈”地名来源,《水经注·资水》记载:“县左右二冈对峙,重阻齐秀,间可二里,旧传后汉代五溪蛮,蛮保此冈,故曰武冈。”《元和郡县图志·武冈县》载:“吴宝鼎元年改为武冈县,因武冈为名。”《大明一统志》云:东汉代五溪蛮,与民同保此山,故又名同保山。

武冈地望,具指何处?《清史稿·地理》云:“武冈州,府西南二百八十里,西北有武冈山,是州以名。”《读史方舆纪要》载:“(武)冈接武陵郡界,因名。”清道光《宝庆府志·沿革》云:“今武冈西二十里有都梁山,北五里有同保山,即武冈山。”今考武冈山位于县城北2.5千米的新东乡。山不高,呈圆锥状,有小熔岩。[①] 海拔495米。由此观之,武冈山地望,皆从《水经注》,武冈县得名源于武冈山,这是对的。

武冈,得名于何时?依《水经注》记载,得名约在后汉代五溪蛮之时。这值得商榷。

一是地下出土文物确证,武冈行政区划得名在西汉,并非后汉(东汉)。1958年长沙县出土一汉墓,其中发现名为“武冈长印”的文物,是一个边长为2.2厘米的正方形官印。经专家考订:此印为西汉文帝、景帝时期(前179—前143)之物。1981年的《湖南省志》记载:“长沙近郊出土有西汉‘武冈长印’石印一枚。汉大县称‘令’,小县称‘长’。”长沙马王堆出土文物中,亦有“武冈长印”。这就确证武冈置县,至少在西汉初。中华人民共和国成立后的《武冈县志·大事记》亦认同此说。[②] 2015年《湖南省行政区划大典·武冈市》记载:“汉文帝元年(前

① 裴淮昌:《湖南古今地名辞典》,长沙·湖南出版社,1993年版,第214页。
② 武冈县志编纂委员会编:《武冈县志》,北京·中华书局,1997年版,第3页。

179)，置武冈县，属长沙郡。”[①]

二是《后汉书 · 南蛮西南夷列传》《水经注 · 沅水》等典籍均有记载：今湖南湘西、怀化及邵阳部分地域，皆为五溪蛮(武陵蛮)所据。后汉对“五溪蛮”累有征伐，均以失败告终。[②]《水经注 · 资水》谓：“旧传后汉伐五溪蛮”，何人所为，难以稽考。不过，《后汉书 · 孝桓帝》载：元嘉元年“秋七月，武陵蛮反”。明嘉靖《武冈州志》载：东汉桓帝元嘉元年(151)，武陵(今常德)人詹山，率五溪蛮约4000 人，攻陷都梁县城(今武冈头堂乡七里村余家岭)，擒县令，朝廷急派大将窦应明率军讨伐，并于今武冈城区渠水北岸距老县城 5 里处筑新城，防御义军，詹山率“五溪蛮”退守都梁山，后名“新城”处为武冈山。这次朝廷征伐“五溪蛮”，确有其事。但言武冈山得名于此时，应是沿袭《水经注》“旧传”之说，则难以确信。

武冈，因战事得名。武，在甲骨文中，有从止从戈之状。于省吾《释武》云：“武从戈，从止，本义为征伐示威。”《玉篇 · 止部》载：“武，力也。”《孙子 · 行军》曰：“故令之以文，齐之以武。”古今文中，有多种释义，其本义则指军事、武力。冈，《书 · 殷征》释：“火炎崐冈，玉石俱焚。”《诗 · 周南 · 卷耳》云：“陟彼高冈，我马玄黄。”《释名 · 释山》载：“山脊曰冈。”古今文中有多种释义，其本义指小山、山梁。武冈释义，与《水经注 · 资水》释义甚合，故武冈为兵争之地，可以定论。

武冈得名，始于何时？实难稽考。然而，也非无迹可循。得名于战国中期，楚拓南疆之际，实有可能。

一是得名于秦蜀郡守张若伐楚时，可能性不大。据《睡虎地秦墓竹简 · 编年纪》载：楚顷襄王十九年(前 280)，白起攻取赵国光狼城(今山西省高平市西)后，挥师南下攻楚，取楚北境邓城(今湖北襄阳西北)，楚被迫割上庸(今湖北竹溪县东南)及汉水之北与秦，秦赦罪人徙南阳，控制占领区。楚顷襄王二十年(前279)至二十一年(前 278)，秦兵分两路强攻楚，公元前 278 年，一路由白起率军攻楚之郢都及周边地区，《史记 · 楚世家》记载：“楚襄王兵散，遂不复战，东北保于陈城。”[③]秦白起取郢置南郡。公元前 279 年，另一路由张若率水陆军东下，攻占楚巫郡(治今重庆市巫县)及江南之地黔中郡(治今湖南沅陵县城西二十里)。

---

① 湖南省民政厅：《湖南行政区划大典》，长沙 · 湖南地图出版社，2015 年版，第 517 页。

② (南朝 · 宋)范晔：《后汉书》，北京 · 中华书局，1999 年版，第 563—564 页。

③ (汉)司马迁：《史记》，北京 · 中华书局，1999 年版，第 1417 页。

在楚春申君黄歇调停下，秦楚暂时结盟休战。公元前276年，楚顷襄王集东部兵力（东越兵）10万，向西攻取秦占领的沿江（长江）15座城池，重划为郡县，抗击强秦。杨宽在其著作《战国史》中认为："江旁十五邑，是指巴东一带临江一带。"[①]魏昌《楚国史》亦认同。[②] 与《史记·楚世家》记载甚合。由此可见秦攻楚郢置南郡，攻楚巫郡、黔中郡，置秦巫中郡及黔中郡，战事主要涉及楚境江汉腹地及楚境沿长江两岸。其时，武冈一带未发生大的战事。历代武冈县志，亦有同载。

二是武冈得名秦伐楚置黔中郡或洞庭郡后，亦乏依据。《华阳国志·蜀志》记：秦武王三年（前308），秦"司马错率巴、蜀众十万，大舶船万艘，米六百万斛，浮江伐楚，取商於之地，为黔中郡"。[③]《后汉书·南蛮传》载："吴起相悼王，南并蛮越，遂有洞庭，苍梧。"2003年湖南龙山县《里耶秦简》中有"洞庭郡、苍梧郡"的记载。秦袭楚制。秦取楚洞庭郡、苍梧郡时，于秦始皇二十五年置洞庭郡、苍梧郡。秦始皇二十五年，因秦置两郡后，楚人多叛之。秦分黔中郡地及"湘川"（今湘江流域）地域置长沙郡，从此洞庭郡消失。《史记·楚世家》载：楚王负刍五年（前223），"秦将王翦、蒙武遂破楚国，虏楚王负刍，灭楚名为郡云"。《史记集解》中，孙检曰："秦虏楚王负刍，灭云楚名，以楚地为三郡。"[④]即秦于楚地置苍梧郡、黔中郡、长沙郡。出土地下文物证实，秦"以楚地为三郡"时，今武冈一带并无战事。1974年，广西桂林平乐县银山岭墓地4号墓出土铜戈一件，内正面横刻"江""魚"二字。据专家考证："江"指古江州，即今重庆市渝中区；"魚"指古巴国魚复，为古庸国县邑，即今重庆市奉节县治处。两字均为张若伐楚之后所刻。字为秦篆，属战国晚期秦戈。中华人民共和国成立后所撰写的《武冈县志·文物古迹》记载：县境内无秦皇发现，仅一处"云山古迹"石刻（在今武冈市南5000米）。这也佐证，秦代武冈一带无大的战事。武冈得名于此时，亦乏依据。

三是武冈作为军事政区地名，得名约在战国中末之交。其一，武冈地域历属楚地。《明一统志》云："武冈州，春秋战国皆为楚巫黔中地。秦为长沙郡。汉为

---

① 杨宽：《战国史》，上海·上海人民出版社，1999年版，第403—404页。

② 魏昌：《楚国史》，武汉·武汉出版社，1996年版，第278页。

③ （东晋）常璩，著，任乃强，校注：《华阳国志校补图注》，上海·上海古籍出版社，1987年版，第128页。

④ （汉）司马迁：《史记》，北京·中华书局，1999年版，第1419页。

都梁,夫夷二县地,属零陵郡。”清康熙《武冈州志·地理志》载:“武冈本禹贡荆州之域,春秋战国为楚黔巫中地。”1949年以后所编的《邵阳县志》《城步县志》《新宁县志》《绥宁县志》皆言与武冈市相邻,春秋战国时属楚巫黔中地。其二,《国语·郑语》曰:“楚蚡冒(前757—前741)于是乎始启濮。”《史记·楚世家》记:楚武王三十七年(前704)“于是始开濮地而有之”。濮地,其时也包括今湖南常德及湘西北部分地域。据湖南地下文物考古发掘证实,商周至春秋中期,广泛分布着越族。春秋中期以后,楚文化才逐渐取代了越文化。春秋中晚期,今益阳、湘乡、株洲等地,出现了越、楚器物交混随葬现象。[①]《淮南子·兵略训》载:楚国“南卷沅湘,北绕颍泗,西包巴蜀……”《史记·秦本纪》曰:“楚自汉中,南有巴、黔中……”约在楚宣王八年(前362),楚乘秦魏大战,择机略巴蜀汉中,旋以枳东(今重庆市涪陵一带)长江河谷置巫郡,治今巫县;以长江之南盐泉区,置黔中郡,郡治今湖南沅陵县城西二十里。[②] 后秦沿袭楚制,亦有以上四郡。其三,吴起变法时,武冈得名,极有可能。春秋中末期至战国中晚期,楚国实际上全面掌控今湖南全境。于战国中晚之交,其时一支楚军,溯沅水、资水、湘水而入今武冈市境,与世居此地的“五溪蛮”,发生激烈争战。其时“五溪蛮”应包括三苗人后裔,苗、瑶及古越人后裔,侗、僚等少数民族。他们世居此地,遭楚军攻占,惨烈血战,保此蛮冈。“五溪蛮”败退后,此地被楚人占领,后置城邑成大聚落,命名为“武冈”,意为用武力争占的山冈。至《水经注·资水》中,才释其义,被后人传诵。

四是武冈境内地下文物发掘,亦佐证武冈得名于战国时期。1949年编写的《武冈县志·文物存留》记载:境内1993年有库存战国文物共8件,其中铜剑、铜戈、铜矛占4件,其余为农具铜铲1件,乐器铜铃3件。铜铃,可能是楚人随军敬神的礼器,常作祭祀用。有关史料记载,20世纪五六十年代,武冈山附近,发现不少战国时兵器,有刀、剑、戟、矛、镞等。这可能是楚人与“五溪蛮”争战此地的结果。秦大举攻楚,发生在公元前280年至公元前276年之间,然而,以上情况说明,属楚巫、黔中郡的武冈境域,竟无大的战争,也无秦争战此地的地下文物出土。这表明,秦楚在此境内,未发生激烈冲突。《史记·吴起列传》载:“南平百

---

① 益阳市文物管理处:《湖南桃江腰子仑春秋墓》,《考古学报》,2003年第4期。
② (东晋)常璩,著,任乃强,校注:《华阳国志校补图注》,上海·上海古籍出版社,1987年版,第13页。

越,北并陈、蔡”时,今湖南才有较多楚文物出土,且多武器。由此推断,武冈得名当在楚“南平百越”之时,即楚悼王“吴起变法”之时。自此后,成为著名的地域地名。楚国于此是否设县,无考,但置军邑无疑。秦代于此是否设县,亦无考。至西汉汉文帝元年(前179),始置武冈县,县治位于今武冈市新东乡七里桥一带。

都梁。《汉书·地理志》载:武帝元鼎六年(前111)置零陵郡,辖10县,其中有“都梁”侯国、都梁县之载,[①]汉武帝元朔五年(前124),封长沙王子刘遂为都梁国敬侯,侯治在今县城七里桥。武帝元鼎六年置都梁县,亦以侯国名名之。

都梁,何以为名?南朝宋盛弘之《荆州记》云:“都梁县西有小山,山上水极清浅,其中悉生兰草,绿叶紫茎,芳风藻谷。俗谓兰为都梁,即以县为名也。”在古今文中,都,多指城邑之意;梁,多指堤坝之意。显然这里的都梁,是药草名。何谓都梁?春秋战国之交《夏小正》有“蓄兰。为沐浴也”。都梁亦名泽兰,始载于战国至西汉时的《神农本草经》:“泽兰,一名虎兰,一名龙枣。味苦,微温,无毒。”泽兰可治乳妇恶病。《本草纲目》称:泽兰“为妇人要药”,因生于诸大泽旁,故名泽兰。但《诗经》中无载“都梁”之名。可见,俗称都梁(泽兰)之药草,得名当在秦汉之交时。

秦汉之交时,武冈地域已被楚人、汉人占据,世居当地的“五溪蛮”苗、瑶、侗等少数民族,多退守都梁山一带。因山上悉生泽兰,故俗称“都梁”。《武冈州乡土志》云:“道(光)、咸(丰)以后,吏治废弛,水火、盗贼、兵戈、饥馑、痢疾辄岁不止。”清晚期尚且如此,远在秦汉时,这一带应是人烟稀少,荒凉贫苦之地。《元和郡县志》载:“武冈西二十里有都梁山,北五里有同保山,即武冈山。”其时因食物匮乏,缺衣少药,人口渐少,为繁育族群人口,妇女生病时,多采“都梁”治病,遂成远近名山。西汉初始封都梁侯时,当以此山名之。

都梁侯之封是在汉武帝颁布“推恩令”的政治背景下进行的。元朔五年(前124),长沙定王子刘遂,被封为都梁侯。至西汉元鼎六年(前111),以都梁侯国地域置都梁县,侯址与县邑,同治于今县城郊新东乡七里桥。西汉初始元年(8),历132年侯国除,仍存都梁县。直至三国吴宝鼎元年(266),又复名武冈县,治今市城区。又分原都梁县地置建兴县,都梁县,治今隆回县桃洪镇;建兴县,治今洞

---

① (汉)班固:《汉书》,北京·中华书局,1999年版,第1280页。

口县高沙镇文丰村附近。

武刚。“东晋改武冈县为武刚县。”[①]刚,古文中有坚强之意。在甲骨文中,字形像人持刀断网之状,为音形字。《易·说卦》曰:“兑,其于地也,为刚卤。”《书·皋陶谟》载:“刚而塞。”《说文解字》释:“刚,强也,断也。”在古今文中有多种释义,其本义指刚强。今谓之强劲有力。武刚,意为武力刚强。

武刚,何以得名?应与东晋奠基者王导为政密切关联。《晋书》载:西晋末有“八王之乱”,之后天下纷争。王导与琅琊王司马睿友好,便倾心支持。永嘉元年(307)九月,司马睿都督扬州军事,听从司马王导建议,移镇建邺(后改建康,今江苏南京市)。永嘉末年(312),王导官至宁远将军,拒绝朝廷征召。次年时任丞相的司马睿改封晋王。西晋建兴五年(317)十二月,晋愍帝被弑死,司马睿在建康即帝位,改年号“建武”,旋改为大兴(318)。王导因功封骠骑大将军,仪同三司,封武冈侯。之后,王导执宰相之位,协助元帝司马睿,建立江南政权。太宁元年(323),又奉命平定王敦叛乱。同年(323)十一月,因王敦之乱,元帝忧愤而死。[②] 太子司马绍继位。王导因功封太保,领司徒。咸和元年(326)后,王导又助成帝司马衍,击败石勒,平定苏峻之乱。咸康五年(339),王导逝世,享年64岁,谥文献公。王导配室曹氏,生6子,其四子王协,《晋书·列传第三十五·王协》:“协字敬祖,元帝抚军参军,袭爵武冈侯,早卒,无子,以弟劭子谧为嗣。”[③]因王导生前曾封武冈侯,后均以武功文治而功成,故其子王协在元帝建武元年(317),因袭武冈侯不久,王导改武冈为武刚县。一是避其父封爵之讳,二是以祈愿儿子王协武运昌国,故有此举。

梁简文帝大宝元年(550),因避梁简文帝萧纲之讳,改武刚为武强县,治所位于今武冈市区东北新东乡七里桥,属邵陵郡。辖境当今武冈、洞口、城步等县地。[④]

武强。强,古今文中多有刚强之意。银雀山《孙子兵法·客主人分》云:“甲坚兵利不得以为强。”《韩非子·安危》载:“安危在是非,不在于强弱。”《字汇·弓部》曰:“强,壮也。”武强,意为武力刚强。《梁书·卷四·简文帝》云:“太宗简

---

① 《中华人民共和国地名词典·湖南省》,北京·商务印书馆,1992年版,第148页。

② (唐)房玄龄等撰:《晋书·卷六》,北京·中华书局,1999年版,第91—100页。

③ (唐)房玄龄等撰:《晋书·卷六》,北京·中华书局,1999年版,第157—160页。

④ 裴淮昌:《湖南古今地名辞典》,长沙·湖南出版社,1993年版,第209页。

文皇帝讳纲，字世缵。”“太宗幼而敏睿，识悟过人……篇章辞赋，操笔立成。”史书记载：他用兵能拓地千里，好文学，善纳士。“实有人君之懿。”但他生逢乱世，好“梦符”“善言玄理”，在位仅两年，终被侯景部下王伟、彭俊所害。

避讳，始于周，行于秦，汉以后继之，盛于隋唐，密于两宋，明代后前弛后紧，清代日趋严酷，民国才废此恶行。南北朝“符瑞”“避讳”之事甚于前朝。《宋书·卷二十七》中专列“符瑞”三篇，因避讳而改县名者，更是累见。如《宋书·州郡志》载：“富阳令，汉旧县……晋简文郑太后讳‘春’，孝武改曰富阳。”因避太后讳而改县名，足见东晋避讳盛行。南北朝宋时，避讳仍盛行。据地名学者华林甫教授对《宋书·州郡志》的研究，郡县改名最多者为避讳地名，共 7 郡、县，其中郡 3 县 4。[①]

南朝陈，建兴县并入都梁县，都梁县及武强县，仍属邵陵郡。隋文帝开皇十年(590)，并夫夷、武冈、都梁三县入邵阳县，县治邵陵故址，属长沙郡。[②]

武攸。武攸得名，当与南朝梁萧铣割据长江中游有关。《湖南古今地名辞典·武冈县》载：“武攸县，《隋书》载，大业十三年(公元 617 年)罗川令萧铣据巴陵立梁国。萧铣析邵阳县置武攸县，属长沙郡。唐武德四年(公元 621 年)更名为武冈县。”1949 年后所编的《武冈县志·大事记》载：“隋文帝开皇三年(583)，都梁、建兴二县并入邵阳县，大业间置武攸县。”事实上《隋书·地理志》载：长沙郡，统长沙、衡山、益阳、邵阳四县。其注曰：邵阳“旧置邵陵郡。平陈，郡废，并扶夷、都梁二县入焉。”可见隋平陈(589)，都梁(武冈)县已并入邵阳县。《隋书·卷四·炀帝下》载：隋大业十三年(617)“丙申，罗令萧铣以县反，鄱阳人董景珍以郡反，迎铣于罗县，号为梁王，攻陷旁郡”。萧铣称梁王后，割据今邵阳一带。次年称帝，迁都江陵，割据长江中游，有兵 40 万。《新唐书列传第十二·萧铣》记载：武德三年(620)镇守长沙的大司马董景珍之弟欲作乱，事泄被诛。景珍惧而欲降唐高祖，铣遣张绣攻景珍，景珍溃败，被部将所杀。铣因忌张绣骄功，杀之。于是大臣旧将皆疑惧，后多叛铣。唐武德四年(621)高祖遣大将李靖，率巴蜀之兵顺江而下，庐江王瑗，黔州刺史田世康，皆合兵攻铣。铣统辖地将领，遇唐兵献城而降。为挽败势，铣于今邵阳置建州。约在此时，萧铣分邵阳县置武攸县，复

① 华林甫：《中国地名学源流》，长沙·湖南人民出版社，2002 年版，第 110 页。
② 邵阳县志编纂委员会编：《邵阳县志·沿革》，北京·社会科学文献出版社，1993 年版，第 37 页。

建兴县，有充分依据。建州辖武攸、邵陵、建兴三县。

建，《说文解字》释："建，立朝律也。"萧铣置建州，当以此意，以图东山再起。攸，在甲骨文中，字形如数条溪河曲行远逝之状，当为河流专名。湖南攸县，即以攸溪（攸水）而得县名。据《说文解字》释："攸，行水也。"段玉裁注："按：当作'行水攸攸也。'"攸，古文通悠远绵长之意。武攸，意为武运长久悠远。当是指以武立国之意。事实上，萧铣置武攸县后，当年降唐，被唐高祖"诏斩"。《旧唐书·地理志》载："邵州，隋长沙郡之邵阳县。武德四年，平萧铣，置南梁州，领邵陵、建兴、武冈三县。七年，省建兴入武冈，省邵陵并邵阳。"[①]这也证明了隋平陈后已撤邵陵郡，萧铣是分邵阳县置武攸县。高祖"平萧铣"后，改建州置南梁州，改邵阳为邵陵县，该志又记武冈"武德四年，分邵阳复置"。《新唐书·地理志五》亦有同载。北宋崇宁五年（1106）武冈县为武冈军，迁治于今县城。

由上所述，汉文帝三年（前177）置武冈县，至汉武帝元朔五年（前124），封长沙定王子刘遂为都梁侯国，县治、侯治在武冈市新东乡七里桥。汉武帝元鼎六年（前111），武冈县改称都梁县，以侯国名为名，属零陵郡。三国吴宝鼎元年（266），又复名武冈，属邵陵郡。此后，武冈改称武刚、武强、武攸。唐武德四年（621）又复武冈县。皆以"武"字当头，足见武冈地望古久悠远。其历朝改名，皆有主因，蕴含丰富的历史文化资源，不可不察。隋唐之后，区划数改，县域亦更，县治随迁，归属随区划而定。不过北宋初，县治迁入今址，[②]遂成千年古城不易。

（作者单位：湖南工业大学，湘东历史文化研究所）

---

① （后晋）刘昫等编纂：《旧唐书·地理志》，北京·中华书局，1999年版，第111页。

② 武冈县志编纂委员会编：《武冈县志》，北京·中华书局，1997年版，第47—48页。

国外地名命名、更名的原则与规范

董　珂　郭晓琳　程道平

一、联合国对地名含义的规定

世界各国都十分重视对地名含义的规定，严禁带有各种歧视性质、贬义含义的字词出现在地名中。同时，对阻止地名的商业化也作出了规定。

2012 年第十届联合国地名标准化会议提出，要阻止地名商业化，认为地名商业化的做法“把受影响的地方和名字变成了商品，这可能会促进更换当地长期使用的地名，并威胁到国家地理术语的完整性”。该决议依照联合国教育、科学及文化组织于 2003 年 10 月 17 日通过的《保护非物质文化遗产公约》的规定，确认地名是非物质文化遗产的一部分，《执行〈保护非物质文化遗产公约〉实施指示》提出，“商业活动不应威胁非物质文化遗产的存续性，还应特别注意避免商业滥用，并确保商业用途不会扭曲非物质文化遗产对有关社区的意义和目的”。世界各地一些地名当局也已经制定相关标准，限制或禁止这种商业性地名。

二、各国对地名命名的具体原则

（一）双重命名原则

由于各国民族组成不同，语言习惯存在差异，要使当地人与外地人都能明白地名的含义，既加强国家统一管理又体现对当地语言文化的尊重，就要遵循使用双重命名原则，用国家官方语言和地区土著语言共同确定地区名称。在世界各国，双重命名也成为命名特殊地区地名的一种原则被确定下来。

澳大利亚各州和地区多使用双重命名，以此来体现对长期存在的不同文化和语言群体地名的认可。在维多利亚州，通过命名同时认可两种文化，以两个不同的名称，构成一个双重名称的两部分，通常一个部分来自非原住民语言，另一部分来自澳大利亚原住民语言。

新西兰广泛使用双名或别名命名，包括一个毛利语名称和一个非毛利语名称。一般而言，原毛利语名称应放在前面，后跟正斜杠，然后是非毛利语名称。双名或别名同样代表了新西兰的历史和文化。双名和别名命名承认某些社区的原毛利语名称和非毛利语名称的平等性和特殊重要性。这种重要性既可以是历史的，也可以是文化的。双名和别名命名规定了新西兰的两种官方书面语言。需要注意的是，一个名称不一定或甚至通常不是另一个名称的翻译。双名和别名命名可以克服大规模替换可能造成的某些问题，如身份的丧失和混乱，特别是在紧急情况下。对于书面形式的双名命名，需要两个名称同时显示；对于别名命名，可以说是一个名称或所有名称。随着时间的流逝，原毛利语名称可能每天都会获得认可和使用，并最终取代非毛利语名称。

澳大利亚地名委员会双名命名描述准则鼓励使用斜线两侧的空间。地名的文化和历史层面非常重要，甚至比过去命名时的现实考虑更为重要。西班牙语是所有自治大区的官方语言，但无论是加泰罗尼亚和巴利阿里群岛还是加利西亚，都明确规定他们所有的地名必须使用相应的加泰罗尼亚语或加利西亚语作为官方名称。在瓦伦西亚自治大区、巴斯克和纳瓦拉自治大区，因多数居民只讲卡斯蒂利亚语一种语言，因此规定其地名可以根据相应语言的使用情况使用双语言名称或单语言名称。在阿斯图里亚斯同样规定使用巴勃莱语和卡斯蒂利亚语的双语言形式。

（二）地名不重名原则

地名不重名和双重命名并不矛盾，地名不重名是指在一个时期，一种语言中，对一个地理实体，只能有一个正式名称，这是一项国际性原则，由联合国第一届地名标准化会议（1967 年）通过，也称为地名的单一性原则，在接受这一原则时，应确保在其管辖范围内，没有地理实体在同一时期，在任何一种语言中使用一个以上的正式名称。当存在多种语言时，可在每一种语言中确定一个正式名称，也即上面所提到的双重命名。

在澳大利亚，一个地名被指定前，需要进行核实该名称是否未被其他州或领地使用。如果在某州或某领地之内确实存在重名，相关部门应尝试为其中一个地名或两个地名找到可以被接受的替代名称。如果一个州内或领地内有重名，相关部门应相互联系以图达成一个可接受的解决方案。

美国地名委员会为美国本土、其领土范围内以及海外领地中的地理实体确定了一个官方名称、拼写及其应用，保证一个地理实体一个名称。加拿大地名命名也坚持单一性原则，即在一个时期，在一种语言中，对一个地理实体，只认可一个正式名称。

新西兰地名法律要求要避免重名，特别是在可能造成混乱的地方，因为应急服务系统机构需要迅速、准确地识别位置。委员会不支持人口密集区出现重名。但是，只要在邻近地区没有重名，可以使用描述性术语。描述性术语不是地名，而是地图上的标注，用于说明不带自身名称和特点符号的地理元素，例如仓库、煤矿等。

（三）地名可接受原则

地名作为地区的标志，地区对外交流的代号，要求其必须坚持可接受原则。世界各国都对地名的可接受性作出明确规定，要求不得具有歧视、贬义等含义，有些国家甚至对地名读音的悦耳性也提出要求。2012 年第十届联合国地名标准化会议对阻止地名商业化作出了规范。

澳大利亚要求地名不得具有歧视性，地名不得对种族、民族、宗族、残疾、性取向或性别造成伤害，一般不使用商业企业、品牌名称以及非营利组织命名。但是如果某企业或组织在相当长的时间内与该地区有关联，且非常受公众的尊重，也可以作为例外。在美国，严格禁止正式地名中含有种族歧视、少数民族歧视、性别歧视、宗教歧视的词语。加拿大也不会考虑具有贬义或可能被理解为广告或商业企业产品的地名。

新西兰对地名可接受性原则提出具体的要求，下列类型的名称应避免使用：

（1）品位低俗或容易造成冒犯行为的名称；

（2）在种族、性别、教义、政治立场等方面具有歧视性或贬义性的名称；

（3）以商品或制造商、机构或组织命名的名称。

（四）通用术语使用原则

在世界各国地名中，通用术语的使用都占有很大比重，成为各国地名命名的一个共有原则。这类地名一般是由通用术语和专业术语组成。通用术语说明地理元素单位的种类、性质，专门术语则是一种特定化的自有名称。通用术语构成了一般词义，具有源头的词法含义。随着时间的推移，这个含义有可能已经与实际不符，但是有一些代表的含义仍有意义，特别是涉及山脉和水文现象的地名。

（1）澳大利亚。在澳大利亚，通用术语是地名的一部分，用于指示地名的类型。例如，浅口（Shallow Inlet）中的"口"（Inlet），小沙漠（Little Desert）中的"沙漠"（Desert），桑迪角（Sandy Point）中的"角"（Point），其中，"Inlet""Desert""Point"是通用术语。适当的通用术语通常应构成地理、地物名称的一部分，但并不是所有名称中都包含通用术语，比如格兰扁山脉（The Grampians）。

（2）加拿大。加拿大地名通常包括具体元素和通用元素。新批准的地名中的通用词汇应符合特征的性质。其在名称中的地位根据声音的和谐性和用途确定。通用词汇由相关地名管理机构以英语、法语或土著语记录。通常，在法语中，通用词汇在具体词汇前；英语中，通用词汇通常在具体词汇后。

（3）美国。美国地名往往源于口语并受其影响，大多数地名为双语法命名，即由两部分组成，分别表示专用和通用的含义：Middleton（middle town），Coal Hollow 或 Sierra Nevada。通用部分表示名称所指的地点、地物或地区的类别，而专用部分则特指地名地点、地物或地区，独一无二，名称的通用部分往往是单词的地形术语，如河、山、湾、峰、台或湖；专用部分可能包括一个或多个单词，如 Grosse Roche，Jenny Lind 和 Casale Campo di Carne。

很多国家对通用名称都作了标准化的规定，以道路名称为例，国外很多国家根据道路的宽度、长度、途经地区景观等不同，对道路进行标准化命名。这样既加强了国家对全国道路的管理，更方便了公众的出行。例如，西班牙道路明确细化为罗马式公路、长距离（GR）道路和短距离（PR）道路、游牧路线、绿色道路、自行车道等。

这些道路一般都保持它们的传统通名：camino（道路）、senda（小路）、sendero（小径）、portillo（峡谷）、pasada（通过之处）、trocha（小道）等，以及它们在各种语言和方言中的对等词。

如果道路的起点和终点所在的居民实体绘制在地图上的同一页面，则不标注 caminos（道路）字样。另外，没有必要必须标注道路起点和终点的居民区的全名，除非这样有可能造成与另一个名称相似实体的混淆。

前置词连接通名和专名,虽然“Camino de”比“Camino a”的形式更为常用,但二者都是正确的形式。

标注所有能够被识别的游牧路线,尤其是那些皇家道路。道路信息来源于对这些路线拥有行政权的自治区。

传统上,通过游牧路线,把大批动物迁移到放牧区域,根据其宽度大小有以下名称:公路(宽度不超过 75 米)、牧道(宽度不超过 37.5 米)、小径(宽度不超过 20 米)和峡谷(宽度较小)。也有其他一些名称,例如,羊群小径、畜群的道路、放牧小道、放牧小径、牧道、支线、直属王室的道路,以及双语言自治区其他官方语言中的相应名称。

GR 和 PR,即供人们远足的长距离和短距离道路,根据西班牙登山运动联合会(FEDME)或地区和自治区相应联合会的名册进行标注。根据以下特征进行分类:GR,即长距离道路,其信号系统为白色和红色,根据其距离长短,需要一个日程以上来完成远足;PR,即短距离道路,其信号系统为白色和黄色,根据其距离长短,可以在一个日程之内完成远足。例如,GR-8、PR-12,分别指明了长距离道路和短距离道路,以及各道路所属编号。

绿色道路是供人们休闲和旅游的路线。一般情况下,由一些废弃的旧铁路线整修而成,个别情况下由运河沿岸过去用于靠纤绳拖船的道路整修而成。它的信号系统具有一种标准化标识,只能使用在绿色道路上。

自行车道是自行车专用通道,一般位于城市内或与高速公路(各种车辆使用)平行。如果地图说明中没有包含它的符号,则需进行标注。

(五)纪念性名称使用原则

为了纪念对地区发展作出重大贡献的人物或对地区发展产生重大影响的事件,各国都有用人物或事件名称命名地名的现象,且相当普遍,这种名称称为纪念性名称。各国对纪念性名称命名地名的要求都较为严格,一般规定人物必须已离世一段时间,或者事件已经过去一段时间,才有可能将其命名为地名。

加拿大地名命名中,会考虑为国家、本省或地区发展作出重大贡献的人物,或对国家、本省、地区发展产生重大意义的事件作为本地地名。但是只会考虑至少已经去世两年的人物姓名和至少发生在 10 年以前的事件作为纪念性名称。

美国允许以去世 5 年以上的人名命名地名,且此人必须与该地地理实体具有直接和长期的联系。国内或国际著名人士的名称都可以作为纪念性地名,即使其与该地理实体没有直接联系。

在新西兰,一个人在世期间,不得用该人名给地物、地点或皇家保护区命名。如果使用已故人士的名字,一般应使用姓或主要祖先的名字。提议审议前最少应有两年的过渡期。

(六)民主性原则

国外一些国家十分注重地名命名的民主性,命名和更名过程中要召开听证会,听取相关群众意见,并对命名、更名结果进行公示,以此来保证公众的知情权、民主参与权,这样也有利于地名命名、更名结果的推行。

美国地名命名和更名过程十分注重发挥公民民主性,注重征求公众意见。一方面,命名过程注重社会参与。地名委员会在开展审核评估时,十分注重听取当地地名管理部门、联邦和所在州有关部门、地方政府及公众的意见。在新地名命名过程中,要召开听证会听取相关群众意见。另一方面,地名更名注重听取社会意见。美国对地名更名非常慎重,除少数特定情况外,国内地名一般不予更名,更名申请须经过州地名委员会、联邦和州及部落有关部门、当地政府、其他机构及公众的共同评估。

在澳大利亚,对于命名、更名和改变边界的提议,需要向两类公众团体征询意见:一是直接相关社区,包括受提议直接影响的地区周边的居民、纳税人和企业;二是扩大社区,包括来该地访问的团体,在此地区有利益或服务的政府或非政府组织。作为最低要求,如果命名、更名或改变的边界提议将影响当前地址,命名机构必须书面联系直接相关社区。如提议不影响当前地址,命名机构必须在当地全州发行的报纸上发布广告,征询公众意见。

(七)符合公众利益原则

地名命名、更名要符合公众利益。要考虑地物、聚居地或道路命名、更名或改变边界对广大居民带来的长期后果和影响。改变现有地名或边界不仅影响现在的社区居民,还将影响未来的居民、企业、业主和访客。改变聚居地和道路的现有地名和边界会影响应急响应区划分、土地所有权和地址。只有能够表明其对社区的长期利益超过私人或公司利益,或超过其短期效果时,才会进行更名。

地名命名、更名不得妨碍公共安全。地名和边界不得危害公共安全和应急响应操作的安全性，或导致交通、通信和邮政服务的混乱。许多应急响应服务和其他公共服务是按聚居地边界或道路延伸长度划分的，命名或更名时必须确保不会给操作带来负面影响。

三、各国对地名更名的规定

世界各国对更名都十分慎重，除非涉及粗俗、贬义、歧视含义或出现重名现象，一般情况下不予变更地名。确实有必要更名的，更名的法律条件及程序也十分复杂。

美国地名委员会不鼓励地名的更名。除了发现贬义地名和重名现象外，一般不允许更名。所有更名提案将由美国地名委员会与州立地名主管机构、联邦相关机构、其他权威机构以及公众一同合作评估。加拿大规定，当地公众长期使用的地名一般不能更名。俄罗斯规定，除了重名、恢复历史地名等情况外，一般不允许更名。爱沙尼亚规定，只有重名、容易误导的地名，具有粗俗或贬损含义的地名，与本国的历史与文化相悖的地名才应该更名。

在以色列，地名委员会批准的地名只有委员会本身或法院方可改变。以色列地名委员会是总理办公室的一部分，其成员系根据专业而非政治因素任命的；只有常务秘书是政府官员；其决定（不含街道和街区名称）具有法律约束力和官方地位。该委员会下设三个小组委员会。地名须先经有关小组委员会批准，再提交政府地名委员会全体会议审议，政府地名委员会每年召开大约三次全体会议。全体会议批准并以会议记录的形式公布一个地名，就授予了该地名官方地位，一般不会更改。

各国地名命名的原则基本上大同小异，主要涉及双语命名、重名、通名、人名、无歧视可接受等几个方面。对于更名，多数国家比较严格，地名一经形成就不会轻易更改。

（本文摘自董珂、郭晓琳、程道平著《地名服务概论》，
中国社会出版社，2018 年版）

略谈“白俄罗斯”的中文译名

刘 伉

东欧国家白俄罗斯，曾经是苏联15个加盟共和国中的一员，而且还是相当重要的一员。1991年8月25日，白俄罗斯正式独立。过去，有人曾认为，因为白俄罗斯的名字在俄语中写作 Белоруссия，所以单纯从字面看，所谓“白俄罗斯”，显然是“白”俄罗斯的意思。依此类推，“白俄罗斯人”就是“白”俄罗斯人，因而当然是俄罗斯人的一支了。

其实这是一种误解，因而也是一种误译。“白俄罗斯”不是“白”俄罗斯；“白俄罗斯人”不是“白”俄罗斯人。

把白俄罗斯的国名和白俄罗斯的族名译成这个样子，是对俄语所谓的 Белоруссия 一词的结构、来历的误解造成的误译，因此，有必要就此作一番地名语源上的疏通和澄清。

首先，应该谈谈“白俄罗斯”这个译名最早的由来。这个问题说清楚了，别的问题便迎刃而解。按“白俄罗斯”一词最早是国人根据英语词 Belorussia 译过来的，但俄语中并没有和它对应的本源词。上面提到的旧白俄罗斯加盟共和国的俄语名中的 Белорусский，是由 Белорусь 删去尾音上的软音符 ь，再附加形容词后缀 - ский 构成的。但如据英语的写法回溯，俄语词仿佛是由 Бело + руссия 构成。因为只有这样，英语才能转写为 Belorussia 这个模样。实际上并不是这么一回事，俄语中没有 Белоруссия 一词，有的只是 Белорусь。这是个历史地名，为另一个历史地名 Белая Русь 的缩合，二者都是“白罗斯”之意（Белая，即白的意思；Русь，译为罗斯）。有关的俄国历史情况，过去外界知之甚少，对这两个历史地名更十分生疏，而对 Россия（俄罗斯）和 Русский（俄罗斯的）两词，倒比较熟悉，加之词形极其近似，因此，人们把它理解和翻译为“白俄罗斯”，就顺理成章，再自然不过了。

正因为从根本上昧于名称的由来，对“白俄罗斯”的含义，必然议论纷纷，其说不一。有的说法有些道理，有的就未免牵强附会。比如，国外有人把“白俄罗斯”一名与“大俄罗斯”（Великороссия）和“小俄罗斯”（Малороссия，俄罗斯人过去对乌克兰人的一种称呼）联系起来，相提并论，认为是与这两个地名“成龙配套”的。殊不知这是很大的误解。因为被误译为“白俄罗斯”的这个词，既然从历史上看，应该译为“白罗斯”，而同样从历史上看，所谓“大俄罗斯”与“小俄罗斯”两个地名的出现，属于18世纪以后的事；而“白罗斯”一名，最晚在14世纪，即已见诸东斯拉夫古文献。有人揣测，它的实际产生年代还要往前推（起码上推到13世纪）。由此可见，“大俄罗斯”和“小俄罗斯”两个地名的问世，比“白俄罗斯”即“白罗斯”一名晚得多，至少晚400～500年。

其次，从“俄罗斯人”和“白俄罗斯人”两词在俄语中的词形也可以得到反证。俄罗斯人写作 русские，白俄罗斯人写作 Белорусы（注意，不是 Белорусский）。其间，蕴含着历史演变的轨迹：后者的词形比前者古老。还需指明，Белорусы 用于历史意义时，应译为白罗斯人；用于现代意义，本来也应该同样译为白罗斯人，译为白俄罗斯人是一种失误；而 русские 就只能译为俄罗斯人，而不能译成罗斯人。所以，真正与“白罗斯”一名对应而互相联系的，是另外两个同样古老的名称：黑罗斯（Черная Русь）和红罗斯（Червонная Русь）。黑罗斯是13—14世纪时涅曼（Неман）河上游及其附近地区（相当今白俄罗斯西部、立陶宛和拉脱维亚东部）的名称。黑罗斯、白罗斯的界线当时分得不大清楚，但总归是封建主们管辖的两个不同的区域。为什么以“白”相称，国外学者提出过多种解释。有人认为，是与“黑罗斯”相区别而叫起来的。为什么以色泽相称，迄今仍是个难解之谜。有人说因为白罗斯人头发浅黄，眼睛淡灰，又喜穿白色长袍，故而称为“白”。有人认为，白色意味“自由的”。因为这支人群摆脱金帐汗国[①]的羁绊，得以自由行动，故而以此自称，意思就是“自由自在的罗斯人”。这种说法也有漏洞，因为按这种见解，那么先后摆脱金帐汗国控制的尚有黑罗斯、诺夫哥罗德和斯摩棱斯克，是否应该都称为“白罗斯”？还有人认为，所谓白、黑和红，都是根据方向命名的，居东者为黑罗斯，居西者为白罗斯。有人从自然地理实体上

① 金帐汗国，即由成吉思汗长子术赤及其后裔建立的钦察汗国的又一名称。

找根据，以为他们居住的地区有一条叫别拉亚的河流（维斯瓦河右岸支流，纳雷夫河上源之一），俄语原名 Белая，原义为白色的，当地的罗斯人以此自称，意为“住在白河两岸的罗斯人”。还有的学者从人种学上找原因，说白罗斯的“白”含有血统“纯粹”的意思，白罗斯人者，即“纯罗斯人”也。诸如此类，异说纷呈，不一而足。

对白俄罗斯得名的解释之所以这样五花八门，主要原因除了上文开头所说的缺乏应有的历史－语言知识外，还因没有足够而靠得住的文献可稽，这样势必引起人们各种猜测和假设。但认真探索进去，还是能理出个头绪，找到答案的。

不管怎么说，这个问题应分为三个层次。

第一，“白俄罗斯”是否是“白”俄罗斯？上文已经从历史和词源两方面分析，虽然简略，但却已明确：“白俄罗斯”不是“白”俄罗斯。从而“白俄罗斯人”不是“白”俄罗斯人。把 Белоруссия 译为“白俄罗斯”，把 Белорусы 译为“白俄罗斯人”都是一种误译。

第二，俄国历史上，罗斯有色泽之分；俄罗斯则只有大小之分，没有色泽之分。既然没有色泽之分，也就没有“白”与“不白”的问题，因此，不存在和白罗斯“配对”的问题。

第三，所译的“白俄罗斯”既然是“白罗斯”（不是“白俄罗斯”），“白俄罗斯人”既然是“白罗斯人”（不是“白俄罗斯人”），他们建立的国家，就应该相应地译为“白罗斯”（不是“白俄罗斯”）。

说到这里，还必须谈一谈问题的另外一个重要方面——语言。语言是一个民族的重要特征，白罗斯人有自己的语言——白罗斯语，也就是一向被误称（译）的白俄罗斯语。它不同于俄罗斯语（尽管属于同一语族）。上面提到的、引用的，全是俄语词，包括白罗斯的族名，等等。如用白罗斯语，他们现在的国名全称应该是 Республика Беларусь（俄语与此同），罗马字母转写为 Respublika Belarusʹ。用一个词（专名）表示，就是 Беларусь，罗马字母转写词形 Belarus。请注意看，无论是全称还是专名，都找不到“俄罗斯”（Россия）字样。

最后，对于“白俄罗斯”的实际含义解读，再说明两点：

第一，本文的主旨，在于从几个方面论证“白俄罗斯”一名的实际、真实含义。“白俄罗斯”还是“白罗斯”，是有关国家名称的中译名如何处理的问题，从根本上说是一个学术问题，不涉及政治，也毋庸往政治上联系。

第二，根据以上正本清源的论述，笔者认为，这个国家名称的中译名应予更正，将白俄罗斯改称为白罗斯，国名全称的中译名，应从白俄罗斯共和国改称为白罗斯共和国；与之相应，白俄罗斯人应改称为白罗斯人，白俄罗斯族应改称为白罗斯族，白俄罗斯语应改称为白罗斯语，白俄罗斯文应改称为白罗斯文，等等。

（作者系原中科院地理所研究员）

英国航海家詹姆斯·库克与地名

刘 静

詹姆斯·库克(James Cook,1728—1779),英国著名的探险家、航海家和制图学家。库克是人类航海史上最伟大的航海家之一,如果以探险地数量为标准的话,他的发现是绝无仅有的。为了表彰他的功绩,英国皇家学会向他颁发刻有“最狂热的海洋研究者”的金质奖章。在世界地图上,标注有很多以他的名字命名的地方,如库克海峡、库克镇,以及大量的岛屿、山脉和海湾等。

库克这一生的重大发现主要集中在太平洋,他是世界航海史上第一位系统地考察了太平洋的航海家,从南极的冰山到阿拉斯加,从澳大利亚到夏威夷都留下了他的足迹。

1728 年 10 月 27 日,库克出生于英格兰约克郡马顿,在家中排行老二,父亲是苏格兰农场工人,母亲是当地人。1762 年 12 月 21 日,库克迎娶伊丽莎白·贝兹(Elizabeth Batts,1742—1835)为妻,婚后共育有 6 名子女。然而,库克的子女不是早夭,就是没有后代,所以他死后也没有传下直系后裔。

一、库克的三次重大探险历程

青年时期,詹姆斯·库克曾在运煤船上工作,后来在英国皇家海军服役(1756—1763)。在海军服役期间,库克曾奉命对北美的圣劳伦斯河、纽芬兰的一部分地区进行过很多沿岸勘测工作,正是在这些艰苦的工作中铸造了他顽强的意志和坚韧的秉性。库克绘制了很多地区的海岸线图,并对北美大陆东海岸很多地区做了精细的考察,这些出色的成绩使他获得了卓越的海图绘制家的声誉。

库克成长的年代,正是西方探险高潮迭起的时期。1767 年,发现塔希提岛的

航海家詹姆斯·库克肖像

沃利斯探险队宣称，他们曾在太平洋上的落日余晖中瞥见南边大陆的群山。接着，英国探险家亚历山大·达尔林普尔很快便计算出这个大陆的人口为5000万。这一发现震动了整个欧洲。因为很早以来，甚至远在古希腊时期，所谓南方大陆问题便一直是学者们长期讨论的焦点。有一种理论认为：北半球大陆较多，由此从平衡地球重量的角度来看，南半球也应有一块大的陆地。另一种理论则更进一步地发挥了这个猜想，认为在以南极为中心的地区，还有一块更大的土地。而当时一些人则认为：所谓的南方大陆，就是当时已经发现的澳大利亚、塔斯马尼亚与新西兰的综合体。

英国政府对沃利斯探险队的这一发现表示了极大的兴趣，为了赶在别国之前抢先发现和占领这块大陆，扩大英帝国之版图，英国政府选派库克出海远航，寻找这个带有神奇色彩的南方大陆。

（一）库克的第一次探险航行（1768—1771）

1768年8月25日，库克作为"努力号"船长，乘坐"努力号"从英国启航，开始了他人生中重要的第一次探险航行。这艘船重达386吨，是曾经在北海上使用过4年的运煤船。"努力号"通过普利茅斯海湾和英吉利海峡驶向大西洋，在马德拉群岛稍作停泊后，随即驶向南美洲，穿过合恩角，最后抵达塔希提岛。

库克一行抵达塔希提岛时，正是1769年的夏季。这里阳光强烈，万里晴空，马塔维海湾水平如镜，这正是进行科学勘测的黄金时节。一天，天空中出现了极为难得的金星凌日，整个探险队沸腾起来，队员们都竞相去观看这一罕见的天象；岸上一群英国科学家正簇拥着两台临时天文望远镜进行天文观测，以计算日地距离；而一些海军官员也上来帮着移动望远镜。但是，此时的船长库克关心的却是另外一件事情——在此次勘测的临行之前，皇家海军部曾指示他，在完成这次天文观测后，要去执行一项更为重要的使命：继续向南航行到南纬40°，找到那块沃利斯上校所发现的南方大陆，如此次航行中未能发现该大陆，需继续向西搜索。

1769年7月13日，科学家们终于结束了对金星的观测。随即，库克立即下

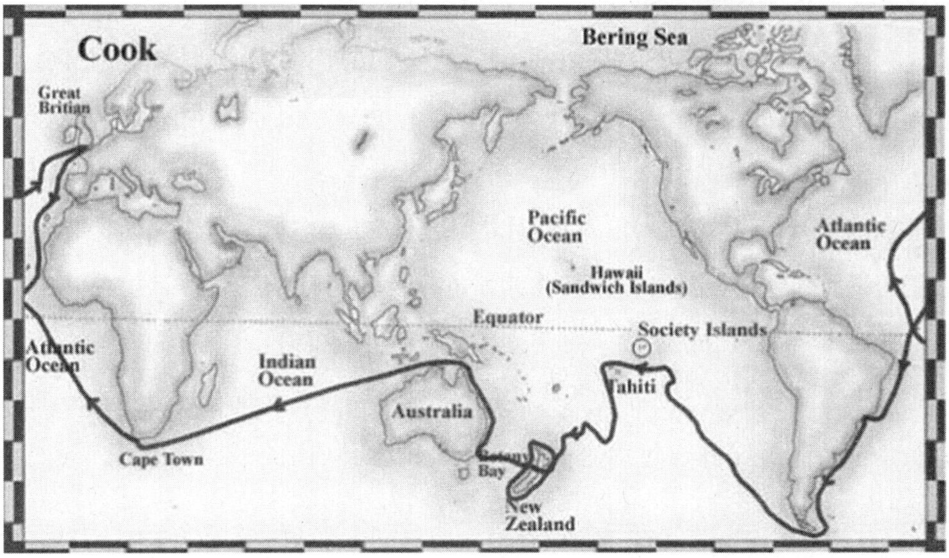

第一次远征航线图

达起航令，且向南驶去。他们花了一个月时间通过了一群岛屿，这些岛屿之间水面狭窄，“努力号”不得不绕来绕去，致使第一次远征花费了一个多月的时间。库克将这一群岛命名为“社会群岛”。尽管绕过了“社会群岛”，然而期待中的南方大陆依然踪影全无。“努力号”船上有个僧侣，对这一带海域很熟悉，但问起南方大陆时，他依然是一无所知。8 月上旬一过，天气开始变冷了，“努力号”继续向南航行。但是“努力号”越过了南纬 40°，依然未发现南方大陆的踪影。这时天气越来越坏，海上风浪也愈来愈大，如果继续南行，后果不堪设想。于是，库克下令改为向西航行。又过了一个月，探险队看到洋面上漂浮着海草和木头，海鸟也成群地在天空中飞翔，显然他们前面即将出现一片陆地。库克根据地理位置很快判断出，这就是荷兰探险家在一个世纪前发现的“新西兰”。

10 月 7 日，库克一行终于看到了被森林覆盖的群山，这里显然是一个很大的岛。是否这里便是所谓南方大陆的边缘部分，库克自己也搞不清楚，他决定先到岛上考察。10 月 11 日，库克和船员们几经周折，终于设法上了岸。但上岸之后，他们大失所望，这里没有任何一样他们所需要的东西可供应，更没有什么新鲜蔬菜。因此，库克把这次登陆的地方叫作“贫穷湾”。

岛上有一种土著居民叫毛利人。他们身材高大、体格结实、头发卷曲、肤色棕红。跳舞时，毛利人挥舞着手中的武器，歪扭着嘴巴，伸出舌头，翻着白眼，有规律地从左边跳到右边。有时用粗哑的声音伴唱，意在相互打气，并恐吓敌人。

毛利人这种坚韧、勇敢和率直的性格吸引了库克，他注意到，这种毛利人与塔希提人有很多文化和体形上的相似性。甚至，他们的许多观念和风俗都相同。而且，最令人吃惊的是，他们的语言也有诸多类似之处。因此，库克确信，毛利人和塔希提人都属于同一民族。

直至今天，毛利人的真正发源地仍然是个谜。大多数考古学家认为，毛利人真正的发源地在塔希提北面的马克萨斯群岛。他们很早就在那里生存繁衍，后来乘坐独木舟来到了新西兰。而人种学家则认为，这种土著来自东南亚或印度。还有些考古学家提出了一个更为大胆的设想，这种毛利人真正的祖先在亚洲，他们在几千年前由亚洲通过白令陆桥到达美洲，再从南美的西北海岸来到了新西兰。

库克在该岛上考察了几天后，他发现，这里不大可能是南方大陆的延伸部分，遂决定继续南行。这样，“努力号”又一次驶过了南纬 40°。然而，仍未发现南方大陆。于是，库克下令改为向北航行，最后驶到了新西兰的北角。在新西兰北角，探险队稍作休整和补足淡水后继续前进，并于 12 月下旬绕过了北角。

海上天气开始变坏，狂风大作，巨浪滔天，船行十分困难。“努力号”在波浪中不断地剧烈抖动着前进，终于抵达了新西兰的西海岸。为了绘制好这一地区的海岸线图，库克不管风浪如何险恶，仍然迎着风浪向南探索。他坚持按自己测量的结果来绘制每一英里的海岸线。随着“努力号”的前进，地图上的新西兰外形渐渐地呈现出越来越不像是一片大陆的形态，而更像是一个弯刀状的岛屿。此时，“努力号”则是按照逆时针的方向，围绕着这个岛屿航行。

1770 年 1 月 14 日，“努力号”掉头向东，完成了一个圆形的航线。库克忽然发现了一个很宽很深的海峡，并有一片碧绿多山的陆地在向南边延伸。这显然表明，新西兰不是单一的岛，而是两个岛。但因“努力号”的部分帆具坏了，船速随之也慢了下来。库克只好下令将“努力号”开进一个被他命名为“夏洛特皇后湾”的小港内停泊整修。

在夏洛特皇后湾休整了几天后，“努力号”又扬帆向东，穿过了一个狭长的大海峡，这个海峡就是现在的“库克海峡”。“努力号”朝南按顺时针方向绕新西兰的其余部分继续航行。库克想弄清新西兰的确切形状，结果他完成了一个 8 字形的海岸航行线。1770 年 3 月底，库克再次回到了夏洛特皇后湾，随后他画出了第一张清晰的“新西兰群岛”图。这张图线条明朗，极为准确，为后来许多航海家所称道。

对于此次航行，库克感到极为失望，因为他始终未找到南方大陆。他开始怀疑这个南方大陆的存在性。他想向东继续航行，从南太平洋回英国，以证实这个长期纷争不休的南方大陆纯属乌有。但是，当时南半球的冬季即将降临，手下的海员也希望尽快返航回家。库克权衡再三，还是决定返航。在返航途中，库克又有了一个新的想法，他想先去澳大利亚看看这块陆地的情况，因为当时还没有一个欧洲人看到过澳大利亚的东海岸。而且他确信，他们将很快遇到“澳大利亚”这一未经测绘制图的大陆。

19 天之后，海平线上隐约露出了陆地的阴影。船员们顿时激动起来，因为他们又来到了一块新的大陆。为了找到一个好的海湾停泊“努力号”船，库克下令继续沿澳大利亚海岸向北航行。他们欣喜地看到陆上翠色喜人，显然这个新大陆是一块富饶的土地，而并不像荷兰人所说的那样荒凉。1770 年 4 月 28 日，探险队终于找到了一个风平浪静的海湾，“努力号”便在这里停泊下来。他们在这里发现了许多鲫鱼，库克便给它取名为“鲫鱼湾”，后来又更名为“植物湾”，因为在这里他们采集了大量的植物标本。

在“植物湾”，库克每天在海岸上升起英国国旗。为了纪念“努力号”第一次抵达“澳大利亚”大陆，他把这天的日期刻在了一棵橡胶树上。在沿澳大利亚东海岸的航行中，库克认真地描绘了海岸线图。在海岸线图中，他已经明显地注意到了悉尼这个优良港湾，可是由于时间太紧，他来不及仔细考察，便匆匆而过了。

到了 5 月下旬，“努力号”进入了太平洋上最大的暗礁区——“大堡礁”。这里的暗礁星罗棋布，随处可见浅滩和刀山似的珊瑚群；这个暗礁区沿着澳大利亚东北部的“昆士兰”热带海岸延伸了 1000 多英里。“努力号”进入这片暗礁区后，其厄运就在所难免了。不久，“努力号”在一个巨大的珊瑚礁上搁浅了。经过一番努力，“努力号”终于在一个河口湾靠岸。库克见这个河口湾绿草成茵，野兽成群，河中游鱼历历可观，于是下令就地休整。他们在这里过得很愉快，白天上岸打猎，下海捕鱼；晚上便享受这山珍海味。这里的植物种类繁多，他们采集了很多标本；而且也发现了许多珍奇的动物，如大海蛎、袋鼠等。

在这个河口湾，探险队整整度过了 7 个星期。8 月 6 日，“努力号”整修完毕，又开始出海航行了。终于在1770年8月21日，探险队抵达了澳大利亚的北端“约克角”。库克高超的船海技术在这里得到了出色的发挥。约克角已很接近东南亚了，库克决定由这里通过托里斯海峡到东印度群岛去。他们很快便抵达了荷属港口巴达维亚（即今之雅加达）。库克下令再次整修“努力号”，“努力号”经过两年多的远航，损坏颇多。更为严重的是，船员们很不适应这里潮热的气候，一场瘟疫在船员中流行起来，一下子便死去了73人。库克悲痛不已，只好返航回国。

1771年7月13日，“努力号”经过了3年的远航终于回到了英国。在这次航海中，他们给世界地图增加了5000余英里的海岸线，这个成绩是辉煌的。

（二）库克的第二次探险航行（1772—1775）

库克的第二次航行目的，是再次确认南方大陆的存在，这次他带了两艘船——“决心号”和“探险号”，准备在塔希提岛和新西兰建立两个基地。

探险队于1772年7月11日离开普利茅斯，沿途经马德拉群岛和开普敦的航线航行。在非洲南部洋面的搜寻发现了一些冰山。其中一些冰山方圆有2英里，高60英尺。当船队驶进南极海域75英里（约110千米）时，由于冰块的阻碍不得不放弃对这一地区的搜索。后来，“决心号”和“探险号”由于大雾而走散，分头向新西兰行进。“决心号”于1773年3月23日到达“达斯基湾（Dusky Sound）”，并在次月与“探险号”会合。

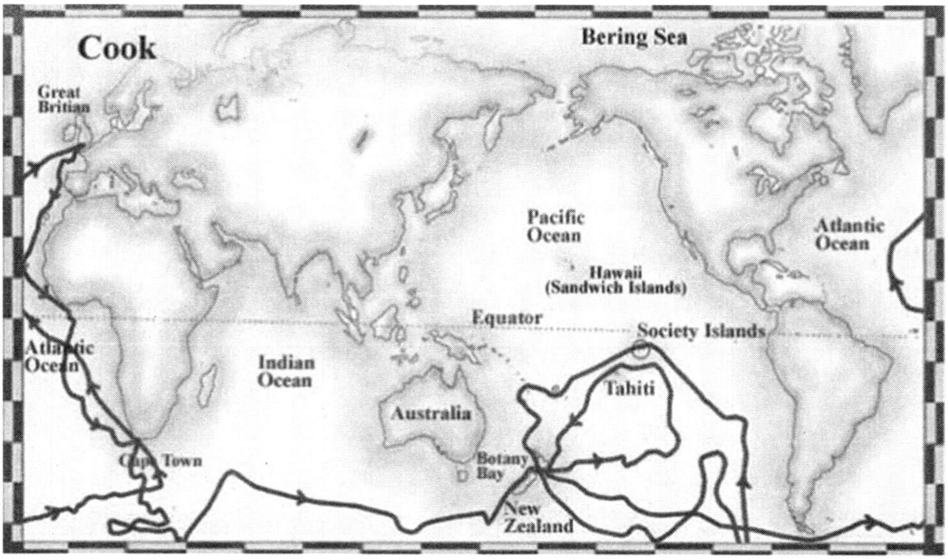

第二次远征航线图

库克一行从新西兰继续向东寻找南方大陆。然后向北驶向塔希提岛。船只抵达塔希提岛时，他们的新鲜食品已经吃尽，“探险号”船员们感染了坏血病（维生素 C 缺乏病）。由于塔希提岛的新鲜食品也极度匮乏，库克只得改变航行去“社会群岛”，为返回新西兰做充分准备。然而，两艘船再次失去了联系。之后，库克让托比亚斯·弗尔诺（Tobias Furneaux）指挥“探险号”返航回国，而他则率领“决心号”再次南行。

1774 年 1 月，库克到达了有史以来人类到过的地球最南端——南纬 71°10′。之后，他又一次环游南太平洋，留迹复活节岛、塔希提岛、新赫布里群岛和新喀里多尼亚，然后再次返回新西兰。“决心号”于 1775 年 7 月 30 日返航，经开普敦抵达英国的普利茅斯。

（三）库克的第三次探险航行（1776—1780）

库克的最后一次航行目的，是去搜寻传说中的向西通往亚洲的西北航道。

第二次航行之后，库克以海军上校军衔领取年金，退居格林尼治医院。他就这样一边闲居，一边着手写他的探险回忆录。但这种悠闲的生活并不符合他一个伟大探险家的秉性，很快库克就感受到，这种生活的单调和郁闷。

1776 年 2 月，库克被选为英国皇家学会会员，随后又参加了一些科学讨论会，但他始终对这种风平浪静的生活感到厌倦。海军部的一些官员了解到这一情况后，又派给他一项新任务，让他领导一次寻觅西北航道的探险。

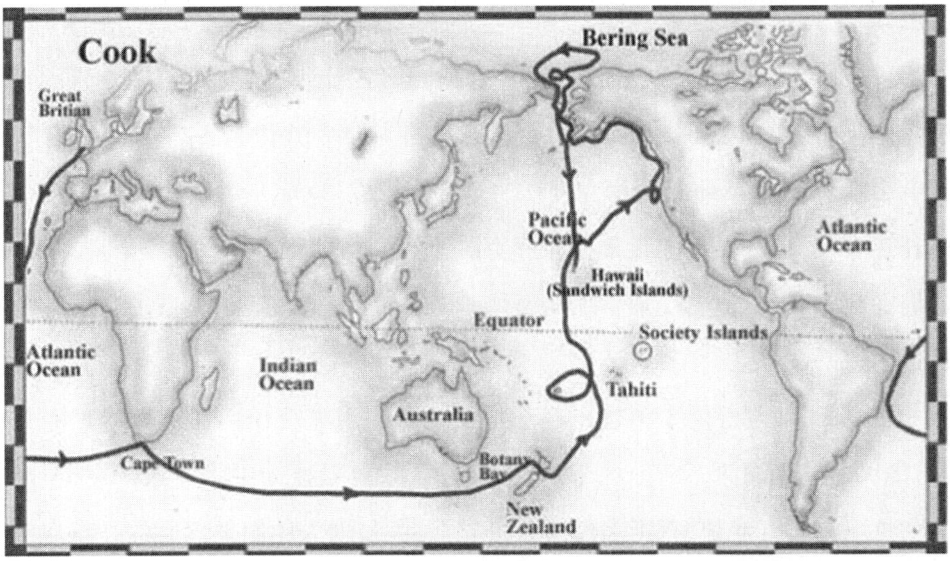

第三次远征航线图

所谓西北航道，就是指北大西洋和太平洋之间的神秘航道，它同所谓南方大陆一样，长期以来也一直是个未解之谜。库克欣然接受了这一任务，并很快做了周密、细致的准备工作。他准备了通常的航海仪器，还带了一本爱斯基摩语词典；他乘坐的船仍然是那艘为他屡建奇功的旧船“决心号”；此外，另一艘重298吨的“探险号”则由查尔斯·克拉克船长指挥。这是库克的第三次探险航行，也是他最后一次航海，于1776年7月12日从英格兰起航。

1776年12月，“决心号”和“探险号”先后抵达了开普敦。在这里作了短时间的休整后，两只船折向东南方向横越印度洋，驶向夏洛特皇后湾。中间，经过了塔斯马尼亚岛，库克在那里留下了一批猪供饲养繁殖，很快使这个地方的猪饲养业发展起来。在夏洛特皇后湾，库克做足周密的计划和大量的准备工作后，于1775年2月25日离开夏洛特皇后湾，穿过库克海峡，向东北方向驶去，经过友谊群岛抵达塔希提岛。之后，又继续北上，寻找美国西北海岸的新阿尔比恩。

1778年1月18日，“决心号”和“探险号”抵达了美丽的夏威夷群岛。这里离北美大陆较远，白人还未曾问津于此，库克和他的探险队成了到达这里的第一批白人。在夏威夷停留几天后，“决心号”和“探险号”继续北上，并很快接近了阿拉斯加。当时正值北半球冬季，寒风凛冽刺骨，海上也时时出现风暴，有时也大雾漫天，这给航海造成了很多困难。尽管如此，库克仍坚持北上，穿过白令海峡，进入北极区。但天气越来越恶劣，最后，两只探险船被北冰洋上的巨大浮冰所阻，库克只好下令返航，驶回夏威夷，待明年夏天再去寻找这条西北航道。

1779年1月17日，“决心号”和“探险号”又回到了夏威夷的基拉凯卡湾。库克再一次登上了夏威夷的土地，这时意想不到的事情发生了：当地人正在庆祝马卡希基节日（Makahiki），库克被认为是神明拉农（Lono），他们受到了夏威夷人的狂热欢迎，夏威夷人把红布披在库克胸上，把椰子汁涂满了他的全身，并在他的周围载歌载舞，他们受到了顶礼膜拜。同时，夏威夷人还把大量的猪肉和蔬菜送给了探险队。

这之后，戏剧性的事情接二连三地发生了。当库克他们在这里修理船只期间，岛民的礼物源源不断地送来。由于语言不通，阻止很可能导致冲突，于是库克匆忙下令离开此地，否则岛民将变得异常贫困，因为他们把仅有的一点东西都送给了探险队。

可是刚起航不久，海上便起了大风，有一根桅杆被海风吹折了。库克又只好下令重回基拉凯卡湾进行修理。可一回到岛上，他们便发现情况有了很大的变化。岛上的土著不但不来欢迎他们，而且还用敌意的眼光看着他们：原来是因为一位船员去世，土著们了解到库克并非神明，之前虔诚狂热的信仰遭到沉重的打击，转成为愤怒。为了安全起见，库克没有让船员们马上登陆。可是，土著们居然开始偷盗他们的东西。1 月 13 日夜间，“探险号”上唯一的一只小艇也让土著给偷走了。库克大怒，第二天便带领一批海员冲上岸去，想抓夏威夷王为人质，换回小艇。这一下激怒了土著，他们在河滩上集结起来，以石块和棍棒作为武器向库克他们扑来。情况十分危急，库克开枪打死了一个土著，试图压住土著的攻击。但对方仍然是杀气腾腾。船上的探险队员也拿出枪来助战，为了不扩大事态，库克回头向船员喊话，命令停止射击。正在这时，一个土著忽然冲到他的背后，用长刀深深地戳进了他的背部，库克顿时跌落到水里，鲜血染红了他身边的海水。夏威夷人和探险队员们都为这突如其来的变化惊呆了。据说，共有 4 名水手和 17 名夏威夷人在这次混战中丧生。

库克死后，船员们强忍悲痛，继续他的未竟之业，再次北上白令海峡，进入北冰洋。后来，探险队取道好望角回到了英国。库克的死讯传到英国时，举国上下沉浸在一片悲痛之中。库克，这位杰出的探险家以他辉煌的业绩永垂青史。

詹姆斯·库克

詹姆斯·库克死后，他身后留下的记载着每日行程的航海日志，为人们提供了大量的精确、真实的航海信息。库克的航海实践，大大丰富了人们的海洋地理知识，同时也加深了人们对海洋和发生在海洋中多种自然现象的认识。他是继哥伦布之后，在海洋地理方面拥有奠基性发现的航海家。同时，库克还向人们证实，在远程航海中，水手们并非注定就是坏血病魔的牺牲品。在长时期的远航实践中，库克总结出了通过改善船员的饮食，包括增加水果和蔬菜等方法，来预防由于长期航行导致船员缺乏维生素 C 等营养出现的坏血病——这是库克在航海医学上的重大贡献。

二、以探险家命名的地名

(一)福斯特斯水道(Forsters Passage)

福斯特斯水道(59°15′S,26°50′W)位于南桑威奇群岛中南图勒岛与布里斯托尔岛之间。1775年,由库克率领的英国探险队以探险队博物学家约翰·R.福斯特的姓氏命名为“福斯特湾”,因为在这个位置它看起来很像一个海湾。1820年,由别林斯高晋率领的俄国探险队确定该湾是一条水道。其地理实体等级分类代码为9。

(二)克拉克礁岛(Clerke Rocks)

克拉克礁岛(55°01′S,34°41′W)是一组位于南乔治亚岛东南部的岩石岛屿,从东到西延伸5英里(8千米)。该岛屿属于英国在南乔治亚岛与南桑威奇群岛上的海外领土,同时阿根廷也宣称其为火地岛省的一部分。该岛在1775年由詹姆斯·库克船长带领的英国探险队发现,并由库克首先发现该岩石岛,且以“努力号”船上的一位军官的名字命名其为“克拉克礁岛”。其地理实体等级分类代码为5。

(三)罗金厄姆湾(Rockingham Bay)

罗金厄姆湾(18°08′42″S,146°04′50″E)位于澳大利亚北昆士兰。该海湾通向珊瑚海,珊瑚海是南太平洋的一部分。埃德蒙·肯尼迪国家公园与罗金厄姆湾毗邻,其南部是卡德威尔镇。古尔德岛是罗金厄姆湾上的一个小岛,其南部是较大的欣钦布鲁克岛。罗金厄姆湾是詹姆斯·库克在1770年命名的澳大利亚地名之一。该海湾对于埃德蒙·肯尼迪在1848年发现约克角半岛起到了至关重要的作用。他带领的一支12人的队伍在此湾登陆,并开始了向北的旅程。在途中,肯尼迪将8名队员留在了韦茅斯湾,决定在返程的时候接上他们。然而,在此次不幸的旅途中,包括肯尼迪在内的所有队员只有一个人生还,留下的8名队员也只剩下了2名队员活了下来。其地理实体等级分类代码为3。

(四)蒙塔古岛(Montagu Island)

蒙塔古岛(58°25′S,26°20′W)长9海里,宽5海里,位于南桑威奇群岛的桑德斯岛和布里斯托尔岛之间。1775年由库克率领的英国南极探险队发现,并由库克以桑威奇第四伯爵、海军大臣约翰·蒙塔古的姓氏命名。该岛上最早完成的登陆，是挪威探险家、猎海豹队员卡尔·安东·拉森于1908年完成的。其地理实体等级分类代码为5。

（五）乔治角（George Cape）

乔治角（54°17′S，36°15′W）位于南乔治亚岛北岸的巴夫角东南东5.5海里处。1775年，由库克率领的英国南极探险队发现，并由库克以英国国王乔治三世的名字命名。其地理实体等级分类代码为8。

（六）文迪凯申岛（Vindication Island）

文迪凯申岛（57°04′S，26°46′W）长1海里，位于南桑威奇群岛的坎德尔默斯岛西南2海里。1775年，由詹姆斯·库克船长发现，他向英国政府报道说，这是两座坎德尔默斯岛中的一座。有人认为，坎德尔默斯群岛包括三座岛屿，或者本岛只是单独的一座岛屿，这种多年来的报道使库克早期的描述黯然失色。然而，1930年"发现Ⅱ"号船上的考察队员又进行了一次考察，证实了库克的报告，因此建议如此命名之（Vindication意为"证明"）。其地理实体等级分类代码为5。

三、为纪念库克而命名的地名

（一）库克冰川（Cook Glacier）

库克冰川（54°27′S，36°11′W）呈北东方向流入南乔治亚岛北海岸的圣安德鲁斯湾。由以"毛奇港"为基地的国际极地年考察队德国小组以詹姆斯·库克船长的姓氏命名。其地理实体等级分类代码为12。

（二）库克海峡（Cook Strait）

库克海峡（41°13′46″S，174°28′59″E）位于新西兰北岛和南岛之间。它在西北端连接着塔斯曼海，东南部与太平洋连通，并且紧挨着首都惠灵顿。在最窄的部位有22千米（14英里）宽，被认为是世界上最危险、最不可预测的海域之一。该海峡为纪念在1770年第一个航行经过此处的欧洲指挥官詹姆斯·库克而以其姓氏命名。其地理实体等级分类代码为9。

（三）库克山（Cook Mountains）

库克山（79°25′00″S，158°00′00″E）是以马洛克冰川和达尔文冰川为界的群山，其部分由英国国家南极探险队从罗斯冰架首次发现，其他部分由横穿南极联合考察队（1956—1958）新西兰分队绘图。全山由美国地质勘探局根据精密测地仪测量和海军航空照片(1959—1963)绘制全图,并由新西兰南极地名委员会以詹姆斯·库克船长的姓氏命名。其地理实体等级分类代码为2b。

(四)库克湾(Cook Bay)

库克湾(54°03′00″S,37°08′00″W)是一个不规则湾,在克鲁角和布莱克角之间的入口处,宽3海里,然后逐渐变窄成两个西向的小海湾,即南乔治亚岛北海岸的莱特豪斯湾和奥拉夫王子港。由考察队员于1926—1930年期间制图,并由他们以1775年曾考察南乔治亚岛并在其附近地区登陆的詹姆斯·库克船长的姓氏命名。詹姆斯·库克是首个探索库克湾的欧洲人,他在1778年寻找西北通道时发现该海湾。海湾在1794年由当年服务库克的乔治·温哥华(George Vancouver)命名,而特纳甘湾则由威廉·布莱(William Bligh)命名。布莱是库克在第三次寻找西北通道航行的领航员。在到达库克湾后,布莱认为克尼克湾和特纳甘湾只是河流的河口,而非西北通道的开端。库克遂派遣布莱沿克尼克湾航行,布莱很快便报告说,克尼克湾只是一条通行的河流。随后,第二组人被派往探索特纳甘湾,但结果发现该海湾也只是可以通行的一条河流,故而该海湾因此得名(在英语中,"Turn again"意为"再回首")。早期的地图把"特纳甘湾"标作"特纳甘河"。其地理实体等级分类代码为3。

(作者单位:民政部地名研究所)

澳大利亚南极局地名委员会关于南极地名的职责范围与指南

田　硕

一、宗　旨

澳大利亚南极局(AAD)地名委员会为澳大利亚南极局内部委员会,其宗旨是:

(1)根据澳大利亚南极地名政策(参见附录1),审议澳大利亚南极领地(AAT)①、赫德岛和麦克唐纳群岛(HIMI)②领地新名称提案③或地貌名称变更提案;

(2)与《南极条约》④其他缔约国同等级委员会共同协商澳大利亚南极领地的地貌名称问题(必要时);

(3)与澳大利亚其他命名委员会或组织进行协商(必要时);

(4)向澳大利亚南极局执行委员会推荐新的或修改后的名称以获得认可(提交给澳大利亚南极局主任审批之前);

(5)向澳大利亚南极局提供已批准名称的地理和历史细节,用于地图、图表、数据库和科学报告等出版物。

---

① 《澳大利亚南极领地法》(1954年)对澳大利亚南极领地的定义为:"……南极海域中的部分领土,包括除阿德利兰(Adelie Land,位于南纬60°以南,东经160°和东经45°之间)之外的所有岛屿和地区。"

② 赫德岛和麦克唐纳群岛领地的定义参见《赫德岛和麦克唐纳群岛法》(1953年)附录,即"赫德岛和麦克唐纳群岛包括南纬52°30′和53°30′以及东经72°和74°30′之间的所有岛屿和岩礁"。

③ 包括其他国家公布的名称采纳提案。

④ 详见 http://www.ats.aq/e/ats.htm。

二、权威性

澳大利亚南极局地名委员会管辖的地域范围为澳大利亚南极领地、赫德岛和麦克唐纳群岛以及海岸线以外的澳大利亚领海。① 领海以外的区域属于澳大利亚水道测量局的职能。②

澳大利亚南极局地名委员会可对地貌命名提出建议,但建议是否被采纳则由澳大利亚南极局主任决定。

麦夸里岛(Macquarie Island)的名称可由澳大利亚南极局地名委员会审议后,再递交给塔斯马尼亚命名委员会(NBT)进行审议。塔斯马尼亚命名委员会的管辖权包括麦夸里岛沿海及内海的命名。

内海、外海、海底和海洋地貌的名称,可由澳大利亚南极局地名委员会审议后再递交给澳大利亚水道测量局(AHS)进行审议。

三、职　责

澳大利亚南极局地名委员会对澳大利亚南极局执行委员会负责。

四、成员职责

成员需争取获得更好的治理实践,包括具有:实际的或可能发生的利益冲突;良好的分析技能和客观的判断力;能毫无保留地发表意见;深入问题的核心进行探究。

成员需在委员会开会之前先行审查名称提案和支持信息,争取在提案递交审议之前有充足的时间发现问题或澄清问题。

五、成员资格

澳大利亚南极局地名委员会由澳大利亚南极局执行委员会邀请相关人士组

① 澳大利亚水道测量局的《船员手册》对“领海”的解释:“自领海基线起宽度不超过 12 海里的水域。澳大利亚的主权可延伸到领海、海底及底土以及上方的领空。澳大利亚按照国际习惯法和联合国海洋法公约的规定行使主权。”

② 根据政府间测绘委员会第 R00/11/06 号决议。参见澳大利亚 2012 年政府间测绘委员会(ICSM)关于水体、海底和沿海水文及海洋地貌的命名原则。

成。该被邀请成员可为澳大利亚南极局的长期职员,其在地名委员会的任职时间为3年。

在作出上述任命时,澳大利亚南极局执行委员会需考虑候选人的以下一种或多种资质和经验:南极探险、地理、历史、测量、语言学或科学知识。[①]

澳大利亚南极局执行委员会负责任命该地名委员会主席。

澳大利亚南极局地名委员会的成员人数需为3~5位(注:地名委员会成员人数为奇数时,投票时委员会主席无须行使决定票权利)。

地名委员会由以下组织或机构中的代表构成:

(1)领土、环境和条约处(TET)(主任或授权代表);

(2)运营与物流(主任或授权代表);

(3)澳大利亚南极数据中心(AADC)(命名/地理资讯系统专家);

(4)研究馆(馆员);

(5)澳大利亚南极局科学部(科学家);

(6)环境部(独立的、非澳大利亚南极局职员)。

领地、环境和条约处会为地名委员会提供一名秘书(以提供日常事务支持)。地名委员会秘书在委员会程序中无投票权。

六、运营指南

澳大利亚南极局地名委员会根据环境部治理和委员会指南(在治理内部网站设立)运营。[②]

澳大利亚南极局地名委员会根据澳大利亚南极地名政策[③](参见附录1)运营,接受标准格式文件(参见附录2)。南极地名提案表格可从澳大利亚南极局网站下载,或从澳大利亚南极局地名委员会秘书处获取。可通过向澳大利亚南极局地名委员会秘书提交填写好的表格作出名称提议。

---

① 在1952年委员会的原有资质上发展而来。

② http://intranet.environment.gov.au/PoliciesandGuidelines/Drafts/Draft%20Committees%20-%20Operational%20Guidelines.docx。

③ 由澳大利亚南极局网站维持,相关政策可从该网站查询:http://www.antarctica.gov.au/law-and-treaty/australian-antarctic-names-and-medal-committee/antarctic-place-names/procedures。

澳大利亚南极局地名委员会还将就《统一地名使用指南》[①]的原则进行审议，这些原则由澳大利亚地名委员会(CGNA)就拟议地名经审议编写。

七、会 议

澳大利亚南极局地名委员会需每年至少召开一次会议。若有要求，该委员会可能会在不止一个场合中召开会议。澳大利亚南极局地名委员会主席负责召集会议，确保审议材料在会前已经分发，以及确保澳大利亚南极局地名委员会的建议能够传达至澳大利亚南极局执行委员会处。

3 名成员到场即构成法定人数。澳大利亚南极局地名委员会的决议由多数人投票表决通过。若支持和反对某一决议的人数相等，则地名委员会主席可投出决定性的一票。

澳大利亚南极局地名委员会可依据到会成员通过的决议，指派其认为有助于审议的任何人参加任何会议，但该等被指派人士无投票权。

(一)秘书的职责

秘书负责接收提交的所有提案，并就澳大利亚南极数据中心(AADC)或澳大利亚南极局研究馆员提出的任何行动进行协调。秘书需在澳大利亚南极局地名委员会会议开始前，汇编相关信息并分发给澳大利亚南极局地名委员会成员以为审议之用。此外，秘书还需准备会议议程、准备和分发会议记录以及做好会议安排。

(二)澳大利亚南极数据中心员工的职责

澳大利亚南极数据中心员工负责就拟议名称的技术方面进行报告，例如：位置，已知信息的精确度，在《澳大利亚南极地名录》及其他地名录中的状态，是否符合相关命名惯例和准则，以及是否适合被命名地貌。此外，澳大利亚南极数据中心员工还负责为会议提供基准图。

(三)澳大利亚南极局研究馆员的职责

澳大利亚南极局研究馆员负责调查名称提案，包括对根据人名命名地貌的情形开展历史调查。

---

① http://www.icsm.gov.au/cgna/consistent_place_names_guidelines.pdf.

八、议程和文件

澳大利亚南极局地名委员会拥有常设议程项目和标准报告框架，该等常设议程项目和标准报告框架由秘书负责管理。[①]

九、报　告

澳大利亚南极局地名委员会的审议意见将呈交给澳大利亚南极局执行委员会，交澳大利亚南极局主任审批和签署。除以下人员之外，不得将被指定为“仅供官方使用”的会议记录提供给他人：

(1)澳大利亚南极局执行委员会和部门执行委员会；

(2)澳大利亚南极局地名委员会成员；

(3)为澳大利亚南极局地名委员会提供秘书服务的澳大利亚南极局员工。

在递交澳大利亚南极局主任审批及得到官方承认之前，澳大利亚南极局地名委员会接受审议的名称，需获得澳大利亚南极局执行委员会的批准。除了将批准单展示于在线的《澳大利亚南极地名录》中之外，澳大利亚南极数据中心还会将其转发并导入南极研究科学委员会的《南极综合地名录》中。

秘书负责对澳大利亚南极局地名委员会维护所有会议文件、信件、会议记录等。

十、持续改进

澳大利亚南极局地名委员会将依据治理指南中规定的程序开展自我评估。[②]职权范围和工作实践初步审查需于地名委员会首次会议召开两年后展开，之后的审查则视情况展开。

---

① 会议记录模板：http://intranet. environment. gov. au/forms-templates/Departmental%20Templates/Committee%20and%20board%20minutes%20template. dotm。

议程模板：http://intranet. environment. gov. au/forms-templates/Departmental%20Templates/Committee%20and%20board%20agenda%20template. dotm。

② http://intranet. environment. gov. au/PoliciesandGuidelines/Documents/Governance%20in%20Practice. docx.

附录1:澳大利亚南极地名政策

以下政策就南极地名处理、地名提案审议以及与澳大利亚南极局及其命名委员会相关的命名机构和有关部门相互作用提供了指南。

一、现有名称

澳大利亚国家南极考察队(ANARE)在莫森(Mawson)建立第一个大陆站时,英国、法国、美国、德国、澳大利亚、挪威和俄罗斯已经在澳大利亚南极领地开展了一定程度的考察。因此,多个国家可能对同一地貌重复进行了命名,还有一些地貌的名称非澳大利亚名称,但已经得到了广泛使用,例如,温德米尔群岛(Windmill Islands)、温森斯湾(Vincennes Bay),以及其他一些出现在Hansen Atlas和美国海军跳高行动(US Navy's Operation Highjump)中的名称。

一般来说,澳大利亚的立场是接受地貌的第一个名称。这一立场在今天依然适用。例如,若某一座山已经有了一个中国名称,则适用特征较少的澳大利亚名称不太可能会通过审批。

若已有外国地名,则音译为英文后存档。对于澳大利亚来说,在尽量遵守通用地名惯例(包括本政策以及澳大利亚地名委员会《统一地名使用指南》中明确规定的地名)的同时,应具体审议起源于外国的地名,适当考虑可能与澳大利亚采纳该名称等相关的操作或历史因素。

二、命名程序

任何人均有权提议新的地名。提出新名称提案时,首先需要填写南极地名提案表格,然后再通过电子邮箱(PlaceNames@ antarctica. gov. au)或信函提交给澳大利亚南极局地名委员会秘书,来信地址为:

秘书(Secretary)

澳大利亚南极局地名委员会(AAD Names Committee)

领地、环境和条约处(Territories,Environment and Treaties Section)

澳大利亚南极局(Australian Antarctic Division)

海峡大街203号(203 Channel Hwy)

金斯顿(Kingston TAS 7050)

关于某一地貌是否已经被命名,秘书会向澳大利亚南极数据中心寻求意见。

此外，秘书还负责协调提案调查，例如，若拟议名称依据人名确定，则秘书需对该人的历史进行调查。经与澳大利亚南极局研究馆馆员协商之后，秘书会对调查结果进行汇总，并在澳大利亚南极局地名委员会召开年度会议之前，分发给澳大利亚南极局地名委员会的各位成员进行审议。若会议批准了新名称，则经澳大利亚南极局主任作最终审批之前，秘书需首先将相关文件送交澳大利亚南极局执行委员会进行审批。

任何人及组织不能为未命名地貌取名，除非经过了澳大利亚南极局地名委员会审议，且得到了澳大利亚南极局执行委员会的认可和澳大利亚南极局主任的批准。应通过描述该地貌相邻知名地貌的做法来对其进行区分，在地图、图表和报告中援引该地貌（地理实体，包括位置参考）时，也应采取同样的方法。

三、命名提案审议标准

一般来说，澳大利亚南极局地名委员会依据以下标准对地名提案进行审议：

· 发现优先权；

· 考虑地貌之前名称的公开情况；

· 地貌的重要性；

· 地貌的位置（绝对位置及相对位置）；

· 拟议名称的适用性；

· 拟议名称的恰当性，特别是拟议名称的谐音和优雅性（听觉和视觉上的效果）。

四、地貌的分类

就分配地名而言，南极的地貌可分为三大类：

（一）一级地貌

· 地区或地带；

· 地，如伊丽莎白公主地（Princess Elizabeth Land）；

· 海岸，如英格丽德·克里斯泰森海岸（Ingrid Christensen Coast）；

· 海，如戴维斯海（Davis Sea）；

· 大型高原，如肯特高原（Kent Plateau）；

· 连绵山脉，如查尔斯王子山脉（Prince Charles Mountains）；

· 大型海底深海、山脊、高原；

- 冰架，如沙克尔顿冰架（Shackleton Ice Shelf）；
- 大型冰川，如兰伯特冰川（Lambert Glacier）。

（二）二级地貌

- 半岛，如布罗德半岛（Broad Peninsula）；
- 小型山脉，如莫森陡崖（Mawson Escarpment）；
- 突出的单峰，如亨德森山（Mt Henderson）；
- 小型冰川，如索斯达尔冰川（Sørsdal Glacier）；
- 突出的海角，如达恩利角（Cape Darnley）；
- 岛，如安克雷奇岛（Anchorage Island）；
- 深壑，如爱德华八世海湾（Edward VIII Gulf）；
- 大型海湾，如普里兹湾（Prydz Bay）；
- 海峡或通道海港，如马蹄港（Horseshoe Harbour）；
- 广阔的海底暗礁、险滩或浅滩，如皮特森浅滩（Petersen Bank）；
- 广阔的冰下山脉和峡谷。

（三）三级地貌

- 小型山地和丘陵，如塔布克峭壁（Tarbuck Crag）；
- 冰原岛峰，如豪普特冰原岛峰群（Haupt Nunataks）；
- 悬崖，如布拉斯特里崖（Blustery Cliffs）；
- 小型海滨地貌，如沃克博特岩礁（Walkabout Rocks）；
- 半岛和小岬，如扎勃特角（Zappert Point）；
- 半岛小型海湾和小型峡谷，如纽康湾（Newcombe Bay）；
- 泊地；
- 小型山脊和山谷，如特拉耶尔岭（Trajer Ridge）；
- 地貌各部分；
- 海底暗礁、险滩以及小范围浅滩；
- 露营地点及仓库（非自然地貌，不一定永久存在）。

五、适当的名称类型

在选择可能的非人名类型的地名时，首先应该考虑避免什么。由于可能会被误认为是一般性的描述，因此应避免使用描述性（形状或颜色）的名称，如玄武岩塔礁(Basalt Pinnacle)、宽谷(Broad Valley)等。选择地名时应避免复制或与现有地名有关系(即在现有地名前加“新”或“小”构成新的地名)。

其次,还应避免使用宠物和商业产品名称、两个通用术语的名称,如峭壁岩(Crag Rock),以及品位明显不良的名称。

在上述保留的基础上,可以考虑以下建议:

· 用地貌的位置作名称,如科纳峰(Corner Peak);

· 用动物作名称,如象岛(Elephant Island);

· 用鸟类作名称,如海角海燕岛(Pintado Island);

· 用植物作名称,如地衣湖(Lichen Lake);

· 描述性地貌名称,如北门和南门(North and South Portal)、观景台(Lookout table);

· 地质名称,如海蚀平原(Marine Plain);

· 化石名称,如鸭嘴湖(Laternula Lake);

· 描述发现时的心情的名称,如失望角(Cape Disappointment);

· 纪念发现之日的名称,如坎德尔马斯群岛(Candelemas Islands);

· 澳大利亚名称,如联邦湾(Commonwealth Bay);

· 澳大利亚土著名称;

· 用附近区域的科学或野外作业类型作名称,如经纬仪山(Theodolite Hill);

· 用当地情况作名称,如奇幻岛(Deception Island);

· 用神话名字作名称,如库克罗普斯山(Mount Cyclops)、赛伯乐斯角(Cape Cerberus);

· 用船舶名字作名称,如发现屿(Discovery Inlet)、萨拉谷(Thala Valley);

· 创意小组起的名字,如 Scylla 和 Charybdis 冰川;

· 应用某一主题作为名称,如某一事件的周年纪念。

六、描述性和非描述性名称

为某一地貌命名时,应优先考虑描述性名称,而非人名。

关于不使用生者(除非是在国际社会中享有很高地位的人士)姓名一事,《南极条约》各方达成了广泛共识。与之类似的是,澳大拉西亚地名委员会(除澳大利亚南极领地以及赫德岛和麦克唐纳群岛领地外，全权负责澳大利亚和新西兰两国之间地名命名的协调工作）认为："若要使用人名命名某地理地貌，则该等被纪念人士须对上述地貌所在区域或国家作出过巨大贡献，且仅能在该等人士去世后使用其姓名。从性质上来讲，生者的姓名会受到党派看法及社会判断和接受变化的制约。只有在特殊情况下才能使用生者的姓名命名地貌。"

需要注意的是，澳大利亚南极局地名委员会通常仅对三级地貌考虑使用人名命名，且需有令人信服的理由。被提名人士须对拟议澳大利亚南极计划作出过巨大贡献，且提名者有责任建立相关的联系。

七、使用人名命名地貌指南

（一）一级地貌

· 在南极洲或在赫德岛和麦克唐纳群岛有重大发现的人士，包括有该等重大发现的勘探队队长和船长（目前此类命名方法不太可能用到）。

（二）二级地貌

· 对南极研究科学知识或技术作出过突出贡献的人士；

· 凭借英勇行为、杰出技能、领导能力或工作行为，对探险活动的成功作出过非凡贡献的人士；

· 在数据使用（如标本鉴定、南极探险结果数据解读）方面作出过突出贡献的人士；

· 对南极研究和考察提供了大量支持或作出过特殊贡献的学术团体和大学主任或领导。

（三）三级地貌

· 协助组织或实施重要南极考察的人士，或协助分析上述考察搜集信息的人士；

· 重要及重大探险考察中的船长或领导者；

· 对所在领域的知识贡献促进了南极现象的发现、识别、鉴定或记录的人士；

· 对南极考察队员和研究人员的培训和专业发展作出过贡献的高等教育机构的教师或管理人员；

· 对澳大利亚南极计划（AAp）作出过重大贡献的人士。

使用生者人名命名澳大利亚南极领地（AAT）以及赫德岛和麦克唐纳群岛领

地地貌时，必须提供有很强说服力和信服力的理由。应当承认，这一规定表明了澳大利亚南极工作从前些年的宽松变得“紧缩”起来，同时，这也反映了《南极条约》各方及澳大利亚地名委员会当前在方法上的趋势。

附录2：地名提案表

拟议名称可：

· 通过以下网址在线填写：http://www.antarctica.gov.au/law-and-treaty/australian-antarctic-names-and-medal-committee/antarctic-place-names/nomination-form；

· 或者填写以下表格并发送给澳大利亚南极局地名委员会秘书：

邮箱：E-mail PlaceNames@antarctica.gov.au；

或邮寄至：

秘书（Secretary）

澳大利亚南极局地名委员会（AAD Names Committee）

领地、环境和条约处（Territories，Environment and Treaties Section）

澳大利亚南极局（Australian Antarctic Division）

海峡大街203号（203 Channel Hwy）

金斯顿（Kingston TAS 7050）

拟名内容包括：

基本信息

拟议南极地名 *

简要描述 *

位置与海拔

纬度

经度

其他位置数据

若经纬度不详，请填该处地貌与已知地貌之间的距离（千米）及其方位。

海拔（米）

使用的方法

请就确定位置和海拔的方法(如 GPS、地图等)进行说明。

说明与数据

说明

说明对象包括地貌的大小、形状和颜色(如合适)。例如,Painted Peak,由于地质构造的原因,其纹路十分清晰,远观似人为着色。

地图参考

请提供所使用地图的名称、出版日期、出版商以及地图目录编号。

图片参考

请对图片的拍摄位置进行说明(经度、纬度、镜头面向方位等)。

随附数据一览

包括调查、地图、图标、照片等。

支持信息

请就相关地貌应采用提议名称的原因进行说明。

发现日期

请填写拟议地物被发现、认定、绘入地图或入档的日期(格式为:日/月/年)。

与发现相关的人士

请填写发现、认定地貌或将其绘入地图的人的姓名(注明考察项目、考察年限、相关人士姓名及其在考察中的职位)。

关联人士

请就地貌命名的人物来源提供相关信息(若地貌名称为人名时)。

联系方式

姓名 *

电子邮箱 *

电话

街道地址

所在机构

提议日期

注:以上带星号(*)的项为必填项。

(作者单位:民政部地名研究所)

丰台境内永定河文化的演绎

杨艳华

河流是文明的发祥地，是生态系统的重要因素，旅游景观景点的依托，并孕育着丰富多彩的文化。丰台境内共有 24 条自然和人工河流，分属于永定河、北运河和大清河三大水系。全长约 180.6 千米（自然河流 163.2 千米），流域面积 306.3 平方千米。永定河是丰台境内最大河流，由北向南横穿中部，境内长度 10 千米，流域面积 16.2 平方千米，流经丰台境内的河床高于两岸平地，没有支流汇入。

永定河，其名历经朝代的变迁多次变更，到了清朝康熙三十七年（1608），在卢沟桥至狼城河筑堤后，为使河道永久安定，造福民众，因而赐名为永定河，其名称一直沿用至今。由于永定河流域地势变化大，植被较少，河流含沙量大，河流迁移改道多，造成水患频繁发生，号称“小黄河”“浑河”。自先秦至辽，故道曾经历过三次大的变更改道，致使泥沙淤积，土壤肥厚，形成了很广阔的冲积平原，丰台地区恰处在冲积平原与太行山麓交界之处，为农业发展创造了极为有利的自然条件。新石器时代农耕开始发展，在这土地肥沃、水源丰富的环境下，先民们的原始聚落从此诞生，渐成村庄定居下来，经济的发展，人口、物资流动的加大，卢沟桥一带就成了南北交通的重要地带，永定河古渡口也由此形成。逐步孕育了因河而建雕刻精美的卢沟桥、别具风格的宛平城、古今融合的抗战馆、中西合璧的园博园四大标志性永定河文化。

唐、宋朝代的一些诗人，都对卢沟桥古渡口的小木桥、浮桥有些描述。宋人张舜民所著的《使辽录》记载：“过卢沟河，伴使云，乘桥恐危，以车渡极安而速济。”宋人许亢宗的《宣和乙巳奉使行程录》记载：“过卢沟河，水湍激。燕人每候水浅深，置小桥以渡，岁以为常。近年，都水监辄于此河两岸造浮梁。”可见，那时过古渡口只能走窄小的木桥或浮桥。金1153年定都中都后,卢沟桥地区的军事、经济及交通地位日益突出,加之永定河水时常泛滥成灾,原有的小木桥、浮桥远远满足不了经济发展的需要,金统治者决定修一座永久性石桥,尤其是1185年卢沟河(永定河前称)水泛滥,金统治者认识到了京西交通畅通的重要。大定二十年(1180)五月金世宗下诏,修建卢沟河石桥。1189年动工至1192年建成,定名为广利桥,因卢沟桥早已形成概念,至今仍称之为卢沟桥,其正名始终未能流传。

卢沟桥由桥基、桥墩、拱券、桥面及其之上的石栏杆、华表、石狮子等精雕细做构成,是科学技术和石雕艺术相融合的佳作,突显了800多年前中华文化的博大精深。桥墩,由于河床为鹅卵石和黄沙堆积层,沉陷度很小,采用了"插架法"建筑而成,共有10个间距不等的桥墩、11个涵孔。桥墩的迎水和背水面呈船形,迎水面桥墩建成分水尖,垂直安置一根三角形铁柱,俗称"斩龙剑",用于防止凌汛较大冰块对桥体的撞击,保护桥墩。背水面桥墩,自出券洞之后即可分散,以减少洞内压力。为使分水尖更加稳固,在桥墩凤凰台上加了六层压面石,一层、二层挑出凤凰台面,以上四层向内收入,到顶上台面微微隆起做成琴面状,保持整个桥墩压力平衡。桥体拱券有11个弧形券洞,采用纵联式砌拱法。桥墩、拱券各部位均用腰铁连接,以坚固其结构,使整个拱券成为一体。桥面分为桥面伏石、仰天石和桥面石三层。桥面分为河身桥面,长为213.15米,宽为9.30米,中央较两端微微隆起,坡度平缓。桥两端雁翅桥面斜长28.2米,呈喇叭口形,入口宽32米,坡度较大。桥东西入口两侧各有石制华表两根,每根高4.65米,其下部为须弥座,座上立八角石柱,石柱上端为横贯云板,上冠为仰复莲花座的圆盘,仰复莲花瓣之间饰以珠串,圆盘之上置石狮子各一个,其方向东者坐西朝东,西者反之。石桥迎水面置有140间,背水面置有139间石栏杆,共279间。桥的石栏杆嵌有栏板279块,栏板的桥面内侧刻有立枋、八角形寻杖、瘿顶为隐刻瓶形,瓶上有云头图案、裙板等。在279间栏杆中,每间均立有望柱,共281根,望柱刻有仰复的莲花座,座下刻有荷花,望柱顶部刻有石狮子,传说卢沟桥的狮子数不清。据文物单位统计,柱顶刻有492个石狮高踞,另华表上有4个,伏地有2个,共有石狮子498个。望柱柱头的石狮子姿态优美,形象逼真,有的昂首挺胸,仰望云天;有的双目凝神,注视桥面;有的侧身转首;有的抚育幼狮。坐柱排列整齐、匀称,形态精致、自如,肃穆中充满活力,实为中国桥雕艺术的杰作。

卢沟桥建成以来,在整修过程中还立有一些碑刻。在两端雁翅桥面及桥头上就有4通碑刻。其一为清康熙重修卢沟桥碑,在桥东马路北侧,碑首为双龙脊背,碑为螭首,坐于龟背之上。其二为乾隆修葺卢沟桥碑,位于桥西头马路北侧雁翅桥面上,碑首形制同康熙碑。其三为"卢沟晓月"碑,刻于乾隆十六年(1751),总高4.52米,碑身高3.66米,宽1.27米,厚0.84米,碑身两侧及四边雕有二龙戏珠图案,为凸起的半圆锥。碑首为四注式的宝盖顶子,满身刻着云、龙、花叶、莲瓣等图案,上冠为圆形宝顶。碑正面为案,碑首刻有双龙纹脊顶,碑亭平面是正方形,基台及周辅均以条石砌成,四角立汉白玉龙柱4根,柱上刻盘龙、山石和波涛云气,柱顶安龙门雀替、垫板和额枋,龙门雀替当中相连,外刻仿古蟠虺纹,龙柱下每面立栏杆,靠龙柱立有望柱,其顶头上饰有莲花座,莲花座上有饰物已无存。"卢沟晓月"碑,雕工精致,是"燕京八景"之一。为此,吸引了大批文人墨客游历于此,他们通过诗文、辞赋、绘画等多种形式,对卢沟桥进行了极为生动的描述,不胜枚举。仅清乾隆帝的御制诗就有8首,元代的《卢沟运伐图》反映了元代卢沟桥畔的繁华。特别是700多年前,意大利著名旅行家马可·波罗在其游记中介绍了卢沟桥,从那时起卢沟桥就已经闻名世界。

卢沟桥自修建以来,即成为华北地区的军事要地,受到历代统治者的重视。明崇祯十三年(1640),为抵御清军,拱卫京师,在永定河东岸修筑了北京军事卫城——拱极城。拱极城为一座桥头堡,其特点在于,它不同于一般的城市,城内既无大街小巷、集市广场,又无钟鼓楼闹市中心。东西长640米,南北宽320米,总占地面积20.8公顷,当时主要功能是驻军。据武俊的碑文记载:拱极城设有城楼、闸楼、瓮城、中心台、敌楼各2个,角楼、角台、小敌台各4座,共有房屋12间,马道8道,门楼8间,城上旗杆12根。城垟四周外侧有垛口、瞭望孔,下有射眼,每垛口都有盖板。城垟基础为六层条石,上面砌砖,内部以黄土和碎石夯实,顶上铺砌三层,整个城垟厚实坚固。拱极城的东西各设一道门,东为顺治门,西为永昌门。1928年12月,宛平县公署迁至拱极城内,自此拱极城改称为宛平城,据说至今是华北地区保存完整的城池。

卢沟桥、宛平城自修建以来,就突显了军事和交通要道的地位,军事活动频繁发生。明代拱极城中设有拱极营,用于抵御清兵入侵和捉捕盗贼。清代为重要兵站，设千总、把总管理。乾隆、嘉庆年间，设都司署、西南路捕盗同知及巡检司，管理永定河水利，拱卫京师安全。清朝多次在卢沟桥畔举行阅兵、演武仪式。1900年义和团运动波及此地；1920—1922年在此发生直皖、直奉两次军阀混战；1937年7月7日，日本侵略军炮击卢沟桥和宛平城，驻守在宛平城的国民党守军29军立即反击，发生了震惊中外的“卢沟桥事变”，揭开全面抗战的序幕。

卢沟桥是全国各地进京的咽喉，明代为京西南郊著名驿站，建有卢沟桥铺。清政府在此设立税关，管理附近经济发展。雍正年间，修建了九省御路。1897年，开始修建卢沟桥至汉口铁路，后将北端的铁轨由卢沟桥经丰台延至马家堡。1905年、1907年又分别修了京张铁路、京奉铁路，形成了南北重要的大通道，京城的南大门。明清以后，卢沟桥附近除了建有大量店铺，还建有不少寺庙，有的立了碑文，仅《宛署杂记》记载就有13处。较大的寺庙有金代建在位于永定河东半里处的河神庙（又称龙王庙、南惠济庙），是专为供奉永定河神修建的庙宇。还有些庙宇，现已无存。

1986年，为了全面反映中国人民抗日战争历史，在卢沟桥东宛平城内原宛平县政府驻地，修建了占地3万多平方米，总建筑面积近2万平方米的中国人民抗日战争纪念馆。其建筑风格为中国民族特色牌坊式建筑，主馆左侧是南北两个四合院，右侧为资料中心和办公区，采用仿明清建筑，与宛平古城风格一致，与主馆左右映衬。

纪念馆的外形为主馆大门正中延伸出宽42米、长39米的花岗岩台阶。台阶上部有敦厚的白色花岗岩栏板，左右饰有1.5米宽的垂带。平台上屹立着一座4.5米高的铜铸狮，象征着中华民族的雄浑气魄。整个纪念馆外墙面，满饰白色花岗岩，上覆灰色琉璃瓦，在白墙和瓦之间是一道茶色铝合金采光带。由邓小平题写的“中国人民抗日战争纪念馆”镏金大字，镶嵌在纪念馆正面宽大的花岗岩门额上。

纪念馆内部为序厅，其墙上满饰洁白的大理石，下部做出细蘑菇石的城堞，与序厅正中央全民抗战的巨型浮雕相呼应，形成了寓意深远的主题——“把我们的血肉筑成新的长城”。地面选用革命根据地的墨绿色磨光大理石，寓意着中华民族抵御外寇的精神万古长青。顶棚上15个宽大的方形藻井中，有规律地悬铺着八口仿铜古钟，象征着中华民族悠久的历史，蕴蓄着警钟长鸣的深意。

抗战馆有“二绝”。一是“三变石”大石雕垂带。位于纪念馆前大台阶上是一对雕塑的白色大垂带,垂带上以高浮雕形式雕出3组图案。下部图案为宝相瓶内插有8朵牡丹花,象征着以最珍贵的花朵献给在抗战中为中华民族建立功勋的英雄儿女。垂带中部的图案是菱形,象征着祖国的领土。垂带最上部,是一个缀满鲜花和绿叶的大花环,表达了对抗日英烈和无辜死难同胞的祭奠。二是天然大理石山水画。大理石画长6.5米,高1.5米,用8块磨光大理石拼成,完全以大理石的天然纹路,组成的一幅气势磅礴的山水画卷。

2000年8月15日,在宛平城南,占地2.25万平方米的中国人民抗日战争纪念雕塑园落成。雕塑园以“压碎侵略者战争机器”为主要内容,按照中国人民抗日战争历史进程,分为“日寇侵凌”“奋起救亡”“抗日烽火”“正义必胜”4个部分,设有38根雕刻柱。卢沟桥、宛平城、抗战馆、雕塑园四位一体,讲述了中国人民浴血奋战,抗击日寇可歌可泣的英雄史诗,形成了爱国主义教育基地。

北京园博园为第九届中国国际园林博览会的举办地,位于丰台境内永定河畔绿色生态发展带一线,总占地面积267公顷。园博园依托永定河道,与卢沟古桥、宛平城相呼应,体现着浓郁的中国历史文化气氛,又位于燕山脚下,地形多变、山水相依,颇具地方特色。

北京园博园三大标志性景点是永定塔、锦绣谷、园博湖。永定塔矗立在鹰山之顶,地上建筑面积8000平方米,塔高69.7米,是北京地区最高的民族风格仿古高塔。外观为辽金风格,塔身九层,平面为八角形,塔院为正四方形,基座周边设有汉白玉栏杆。四、八、九数字寓意着喜迎四面八方宾朋,伟大祖国长治久安。锦绣谷利用清除的垃圾坑地形,采用绿色造园技术,“化腐朽为神奇”,改造成的下沉式景观花谷,取传统“燕京八景”之精髓,艺术地展现出晴雪、叠翠、趵突、晓月、秋波、春荫、夕照、烟树的景观。由大型的山石叠水、花卉瀑布等组成的“燕台大观”,利用永定河的河湾故道,储蓄雨洪水,引进中水,整修塑造了“莲石湖”“园博湖”和“晓月湖”卢沟“三湖”水景,与“卢沟晓月”相映衬,各具特色。园博湖占地246公顷,其中水面115公顷,设有喷泉设施,夏季园博湖畔定时上演“水舞秀”大型音乐喷泉表演,水景规模长180米,宽60米,喷高108米。

永定河孕育着丰富多彩的古文化,昭示了历代劳动人民的聪明智慧和才华。中华人民共和国成立后,特别是改革开放后,在党的加强文化建设方针指引下,永定河畔古文化焕发了青春，逐步发展成了古今融合、中西合璧的多元文化爱国主义教育基地和旅游景区。丰台区在以永定河为躯体的鹰式发展战略引领下，通过“创新丰台、绿色丰台、文化丰台、和谐丰台”战略目标的实施，丰台人会更多地体会和分享因永定河而发展的文明成果。

（作者系北京市丰台区人民政府退休干部）

北京通州非遗的历史文脉与通州运河文化[①]

王　铭

通州区位于北京市东部，地处平原地区，河流纵横，物产丰饶。北京城市副中心落户通州，挖掘运河文化，梳理通州文脉，正当其时。从通州区现已挖掘的非物质文化遗产情况来看，其与大运河的关联度非常大，同时又体现了通州运河文化的历史文脉。

在非物质文化遗产保护方面，通州区非物质文化遗产保护工作办公室做了一系列的非遗资料整理工作。2006 年，出版了《北京市非物质文化遗产普查项目汇编·通州卷》，收录普查登记项目 140 项。同年，北京市通州区文化委员会、北京市通州区文化馆编写了《不能隔断的记忆——北京市通州区非物质文化遗产汇编》一书，内容翔实，图文并茂，并于 2017 年修订再版。2016 年，北京市通州区文化委员会编写了“北京城市副中心·通州历史文化丛书”，其中《荟萃民间：通州非物质文化遗产录》一册，对通州的一系列民间文艺、民间工艺、民生百业、民风民俗做了详细记录。目前，通州区共有两批区级非遗项目 33 项，其中入选北京市级项目 7 项，入选国家级项目 2 项。通州区普查非遗资源近 400 项，项目资源在京郊区县中相对比较丰富。以这些资料为基础，我们着眼于通州非遗项目的历史渊源和艺术表现形式的内在关联性，对通州区非物质文化遗产的历史文脉作一特征归纳。

从大运河文化带的视角来看，通州的诸多非物质文化遗产从不同的角度与大运河之间产生历史和现实关联，大体可以归为通州运河文化的文脉特征，即水

---

① 本文为北京社科基金重大项目“北京大运河文化带历史遗存及文脉梳理”[项目编号:17LSA014]阶段性成果。

系文化、漕运文化、商贸文化、京畿－京郊文化。

一、水系文化

北京市着力建设的大运河文化带以通州为东大门，北京城市副中心建设的高点定位也特别突出了水的地位。通州多河富水，水系发达，河网纵横密布，境内有温榆河、潮白河、潞河、北运河、通惠河、凉水河、萧太后河等诸多河流汇集，借助这些河道的水量及其走向，运河漕运得以发挥或主或辅的作用。运河水承载着通州老百姓的生命所系、生活所感，在通州的非物质文化遗产中特征鲜明，与众不同。

根据中国文化遗产研究院统计数据，《大运河遗产保护与管理总体规划(2012—2030)》确定的申报世界遗产中国大运河的文本中，大运河北京段沿线有52处物质文化遗产点，另有11项非物质文化遗产与运河通州段直接相关，其中尤以通州运河风物故事为其典型代表，有《宝塔镇河妖》《铜帮铁底古运河》《八里桥的故事——扒拉桥》《不挽桅》《乾隆游通州的奇闻逸事》《萧太后河的来历》。事实上，这些口头传承着的通州运河故事，都可整体归入通州区的非遗“大运河的传说”，都是从各个不同的沿线风物、不同视角讲述通州运河与水的故事。对于通州的这些民间故事，郑建山《大运河的传说》一书已做了初步的整理汇编，现仍在继续搜集之中。运河水成为《大运河的传说》的基本故事背景，氤氲着化不开的水的气息。在书中登台亮相的有泛于水上的漕船与游船、跨过水面的桥梁、矗立在水边的燃灯塔、腾游于水中的龙等诸多元素。比如，书中就有8篇故事与燃灯塔有关，题材各有不同。《大运河的传说》中有一则《乾隆游通州的奇闻逸事》，讲述了乾隆皇帝南巡经过通州，刘墉启发乾隆把大运河视为最大的聚宝盆。另外，多篇传说故事与龙、龙王有关。其中，《不挽桅》讲的是通惠河八里桥与运粮船从落帆改为放活桅杆的故事。比较有意思的是，龙和龙王的形象在大运河的传说中的呈现，往往其故事结尾最终又与通州的地标风物或运河本身联系起来。《宝塔镇河妖》讲的是渤海龙王斗不过潞河河妖，而请玉皇大帝派来托塔天王李靖下界捉妖，李靖最后拿手中的宝塔压住河妖，化为通州的地标——燃灯佛舍利塔。《铜帮铁底古运河》讲述修运河的郭灵化为小白龙与运河里作乱的沙龙搏斗的故事，最后小白龙的龙鳞甲筑成运河的河帮，因此为铜帮，运河的河底是由小白龙的身体变成，因此是铁底。这些传说故事充满了丰富的想象力和曲折的情节，其本质上是生活在运河沿岸的老百姓对于他们日常生活所见的水系风物景观的解释性联想，具有浓浓的乡土气息。

通州运河沿岸，有诸多与运河相关的胡同名、街道名、若干个村庄的村名等地名遗产，这些地名类非物质文化遗产也是对中国大运河申报世界遗产的重要支撑。据郑建山统计，通州有30%的村名、地名都与大运河漕运有关。还有与运河相关的来历说法，比如里二泗村、摇不动村、小圣庙、上营等。这些地名、村名的传说往往涉及大运河与沿线风物，在此基础上敷衍铺陈，在民间传诵记忆。

通州运河龙灯也带有运河水的独有象征意义。在北运河边的通州漷县镇张庄村，运河龙灯会每逢年节、祭祀和灾年都要起会，舞起两条蓝色的蛟龙，蓝色即是运河水的颜色。

二、漕运文化

通州地名与漕运之间的关系，或可追溯到辽代。作为北运河重要支流的“萧太后河”，民间称之为“萧太后运粮河”，这是颇为少见的以历史名人命名的河道。据通州的民间故事《萧太后河的来历》讲述，辽朝萧太后带领大军在此饮水，后将此河用于运兵运粮。这虽是民间传言，难以从文献加以考证，但可能在某种程度上也反映了此河在辽金时期曾一定程度发挥了漕运军粮的运河辅助功能。

“通州”得名，时在金代，意即“漕运通济”之州。这一名字，从历史上系金代海陵王完颜亮从遥远的东北金上京迁都至中都（今北京）之前不久所改，实际上反映了完颜亮对于通州作为漕运关键码头支持将要营建的京城的功能寄予厚望。“通州”取名为“通”，又有漕运“通达”、往来“通路”之意，具有流动性特征。

元明清以来，通州北运河、通惠河在京杭大运河的南北漕粮运输中发挥了极为关键的重要地位。在运河两岸传唱的通州民谣中，用形象的语言将整座通州城比喻成漕船：“通州城，好大的船，燃灯塔是桅，鼓楼的舱，玉带河的缆，铁锚落在张家湾。”突出了大运河北端点的通州城以及周边运河地名的典型特点。其中燃灯佛舍利塔作为通州的地标建筑，也是运河漕船抵达通州的视觉标识，即王维珍诗《古塔凌云》所颂的“无恙蒲帆新雨后，一枝塔影认通州”。

数百年来的漕运需要，在运河沿岸产生了一系列与运河漕运相关的地名。比如码头地名，有张家湾、土坝、石坝等处，历史上都曾是通州北运河终点关键的漕粮转运码头，张家湾即以元代张瑄督海运发展而来，而在此成镇。比如桥闸地名，最为著名的是多篇运河传说故事中经常出现的八里桥（永通桥），取其距离通州城西八里而得名，横跨通惠河，是漕粮水路与陆路转运进京的关口。张家湾古城南门外横跨萧太后河的通运桥（俗称萧太后桥），在明代通惠河改道以前，这里是北运河的北端码头，是南北客货漕船必经之地，“通州八景”之一的“万舟骈集”即在此处。比如仓储地名，通州城内就有大运中仓、西仓、南仓、后南仓等。今天通州区辖街道地名中还有“中仓街道”，仓墙遗迹至今仍存。比如屯厂地名，通州有皇木厂、北皇木厂、竹木厂、窑厂、盐滩、江米店、粮食市等。这些地名散布在通州区境运河沿线，一目了然地展现了漕运时代留下来的独特印记。

曾经在运河沿线生活着的人群中，比较特殊的是生活在漕船上的船工。通州至今仍传承一种民间音乐运河船工号子，当年是往返于通州到天津的北运河上的船工们为统一协作步调而呼喊的劳动号子，颇具生活情境感。通州运河船工号子堪为通州非遗的典型代表，其所传达的“十万八千嚎天鬼”的喊号子场面令人惊叹。通过运河船工劳动号子的传唱，我们可以回想当年北运河漕运的繁忙喧闹景象。通州运河船工号子的艺术特点是“水稳号不急，词带通州味，北曲含南腔，闲号独一份”，直接反映了北运河漕运与其他河段不同的特点。北运河流经平原地区，水流平稳，所以船号也平稳优美。船号的通州味儿中，拉纤号、出仓号带有南方民歌《茉莉花》的音调，是通州的船工们受南方漕运船工的影响而创作的。

三、商贸文化

漕运带来了南北物资的交流，也带来了南北人员的会集。在运河漕运的推动下，通州成为南北商贸往来的重要据点，这在通州的传统工艺类非物质文化遗产上有着强烈的体现。

通州的清真老字号“通州三宝”（大顺斋糖火烧、小楼烧鲇鱼、万通酱豆腐），是通州运河周边饮食制作技艺类非遗的典型代表，从中可以看到经由大运河而来的南北物产、原料、人员的商贸交流。其一是大顺斋的糖火烧。明末，乳名为“大顺”的回民刘刚携全家从上元（今南京）随运粮船北上至通州时，在此地落脚谋生，他在卤火烧的手艺基础上，将从江南自带的芝麻酱、红糖和在一起，并添加桂花之类的作料，烤制成独具特色的清真糕点，即为大顺斋糖火烧。其二是小楼的烧鲇鱼。清真老字号小楼饭店的代表菜肴是焦熘鲇鱼、焦熘肉片、焦熘饹馇，其特色菜烧鲇鱼所用的是北运河活水中的特产——鲇鱼，该鲇鱼具有多肉少刺、味道鲜美的特点。小楼烧鲇鱼这道特色菜的出名，还导致了通州大运河的传说里以此为背景加以想象发挥，产生了一则《饕餮镇水》的故事，讲的是小楼饭店由于烧鲇鱼的生意日益兴隆，运河里的鲇鱼精为自保而作法泛滥洪水，最终被漷县关帝庙里的关老爷降服。其三是万通酱园的酱豆腐，现称为仙源豆腐，是走大运河水路转道通州的官民商旅特别喜爱的一种特色食品。其豆腐坯料历史上是从浙江绍兴"惟和腐乳厂"购买的，并在沿大运河北上转运途中一路发酵，经一月有余到达通州时，质地细腻，香味诱人。此外，还有通州小吃饹馇饸的制作技艺，需要的原料——大量绿豆，以前也是全国各地通过北运河而来到通州城东关市场上的。

通州的传统工艺非遗与北京城的宫廷工艺一样，其形成与通过运河南来的工匠及其技艺的交流汇聚关系密切。"燕京八绝"之一的花丝镶嵌是北京宫廷文化的一个代表。在明清两代，宫廷召集南方优秀花丝镶嵌工匠，通过大运河到达通州落户。因此，通州的花丝镶嵌制作技艺炉火纯青，并进一步经过通惠河扎根京城宫廷造办处。通州原来的花丝镶嵌厂就坐落在北运河与通惠河交汇处的燃灯塔下三教庙中。靛庄景泰蓝制作技艺、通州雕漆制作技艺、通州玉器制作技艺、通州青铜器制作技艺、通州料器制作技艺等通州诸多传统工艺类非遗，与北京城里的景泰蓝制作技艺、北京雕漆、北京玉雕、北京料器等非遗一样，其历史源头都与明成祖迁都北京以后大运河带来南方江浙制作技艺关系密切，也是出于明清宫廷的需要，南方手工艺人由于通州所处的运河门户位置而聚集于此，并成为北京城相关技艺工匠招募的来源地。

受运河影响的还有通州的一系列民间美术类非遗。从运河边成长起来的通州人汤子博，向一位到通州来的曹州（今山东菏泽）面塑艺人学习面塑技艺，进而博采众长，将民间面人从"签举式"发展为"托板式"，确立了"面人汤"面塑流派的地位。面人又称"江米人"，其原材料是用南方的江米（糯米）制作，曹县江米人至今亦传承于鲁西南一带。通州还有地名江米店，正是当年漕运南来的江米集中贸易的地方。通州骨雕的传承人陈国清、陈道清师徒，其骨雕技艺都受由南方通过运河传来的象牙雕刻技艺的影响。他们所生活的通州梨园位于北运河畔，陈道清也以运河钓鱼莲娃为题材创作骨雕作品"运河之恋"。"枯木陶"陶器制作技艺是通州运河边的老艺人华定远在继承中国传统陶艺技法的基础上发展而来，在北方地区的红陶制作基础上融入了书画、印刻、雕刻刀法等，将陶器模拟出朽木根雕的视觉效果，成为通州本地的陶器手艺品牌绝活。另外还有通州张国良传承的空竹制作技艺，将竹木空竹的传统手工制作与现代生活融为一体，特艺空竹种类繁多，异常精美，具有浓厚的老北京胡同文化特色和通州运河文化特色。抖空竹传统游艺活动流行于南北方，尤其在京杭大运河北端的北京城和通州更成规模。

四、京畿－京郊文化

金代海陵王完颜亮在迁都到中都（今北京）之前不久，改潞县为通州，属中都路畿辅地区，可见当时通州的战略定位与完颜亮将北京城作为都城是相辅相成的，体现了通州漕运重镇、京畿要辅的地位。元代定都大都（今北京），元世祖忽必烈令郭守敬连通北运河、通惠河以后，通州更是“畿东重镇”，其作为京师东大门的作用凸显，在近代天津卫兴起之前，实际上其重要性可以说是“一京二通州”。通州作为大运河北端的京畿门户，融汇了运河农耕文化衍生出的京郊民俗文化，通州非遗可以说是京畿文化与京郊文化的融合体现。

通州非遗中有一部分仍在京郊村庄传承的民俗活动，经常与年节、时令等相结合，呼应农耕文明所关注的生产生活需求而形成特色习俗。比如，于家务镇东马各庄村的“六月初六节”习俗，据传历史上与祈求“冰雹老爷”生日风调雨顺的农耕文化相关。六月六，看谷秀，反映了农作物长势与年头好坏的关系，节日当天村里都会邀请民间剧团、小车会、高跷会等助兴表演，酬神娱人。各种传统舞蹈类花会，与民间农耕之余的闲暇时间里所从事的庙会娱神、集市娱人活动关系密切，广泛流行于北京郊区农村。运河之滨的张家湾里二泗，曾经是元代通惠河与北运河的交汇点，村中的佑民观俗称天妃庙，供奉的金花圣母保障漕河，历史上香火旺盛。在以前兴盛的里二泗庙会上，里二泗小车会、里二泗高跷会都是必备的表演节目。小车会的表演形式在京郊区县广为民众喜闻乐见，京东通州的高跷活动更是相当普遍，遍布全区，20 世纪 50 年代初约有 60 多档，到 80 年代还有 28 档。传承至今的还有马驹桥镇的大松垡高跷会、永乐店镇的半截河武跷会、漷县镇的徐官屯路灯老会等。

京郊通州的曲艺、传统戏剧等表演艺术也有华北农村特点。马驹桥镇的通州单琴大鼓，是翟青山在1933年以凤调大鼓为基调，集多家曲种精华，改扬琴为主要伴奏乐器而创立的新曲种，在北京、天津等城市及华北广大农村家喻户晓，还影响了后来的北京琴书。北京评剧俗称“蹦蹦戏”，在华北地区流行，西路评剧，即主要在北京及周边地区流行，比如马驹桥镇的郭村“蹦蹦戏”。

京郊乡村的聚落文化尤有民俗韵味，与通州运河相伴而生。张家湾镇的陆辛庄少林武术，体现了京郊农村习武保家的聚落自卫传统。漷县镇李辛庄村的李氏续家谱习俗，体现京郊农村每一代30年续修族谱的宗族传统和世代记忆，其家训家法的意义在今天尤为彰显。通州饹馇饸是通州农民过年准备的食品，其饮食习惯透露出通州当地特别的乡土气息。通州团花剪纸制作技艺、大辛庄剪纸制作技艺，是乡村过年贴窗花剪纸传统的当代传承，是民间老百姓创造美好生活理想的外在呈现。通州大风车以前主要也是在庙会集市上售卖，民俗年味十足。临沟屯风筝制作技艺师承曹氏风筝，放风筝与自然节气关系密切，也体现出农时闲暇特征。潞城镇的兴各庄吹歌，是百年传袭下来的具有民俗性的吹奏艺术和与之相配合的各种仪式的京郊民俗，源于民间，服务民间。

在京杭大运河的全程流域中，通州的转运地位极为特殊和关键。史称通州“上控京阙，下控天津，……舟车辐辏冠盖交驰，京畿转漕之襟喉，水陆之要会”，可谓“半天下之财富，悉经此路而进”。这些描述，说明了历史上通州作为水陆漕运京畿重镇与南北物资转运交流之间的紧密关联。

就历史来源而言，通州的非物质文化遗产项目的产生年代主要集中在明清漕运繁荣时期，个别非遗产生于民国时期运河民运停漕之前。这些非遗均是围绕着通州的运河文化特点展开，在通州运河沿线区域代代传承至今。历史上通州非遗与漕运的关系密切，运河特色尤为鲜明，相关非遗项目在历史上与运河所承担的物资转运、人员运输和文化融合关系密切，也与通州作为京师畿辅的郊县农耕文明关系密切，活态再现了通州区域内厚重的文化底蕴。

以上所述的通州非物质文化遗产所体现的水系文化、漕运文化、商贸文化、京畿－京郊文化，四者合之，融为通州运河文化。通州非物质文化遗产也由此而浸润了浓浓的“通州韵味”，凝聚了通州人民的生产智慧与生活经验，展现了通州人民的审美与精神，成为通州人民隔不断的历史记忆与抹不去的文化基因。

（作者系首都师范大学历史学院副教授）

西什库的今昔岁月

夏 懿

在很多国人眼中,教堂和圣诞节是个标配。初识北京市西城区西什库教堂,便是在一个下雪的圣诞节,教堂在华灯的映衬下朦朦胧胧,显得更加庄重。

西什库教堂的大门和围墙都是中式的,红漆对开的大门很像普通民居的大门,门楣同样刷上红漆。教堂是一座典型的哥特式建筑,大堂面积2200平方米,高16.5米,4个高高的塔尖高耸入云,正中是圆形的玫瑰花窗,让人不禁想起雨果笔下的巴黎圣母院。教堂内多根高高的柱子支撑起金色的拱顶,柱子上的红色代表耶稣的血液,绿色代表和平。大堂正前方是耶稣主祭台,东西两侧是圣母马利亚和圣父若瑟的祭台,正中是康熙皇帝亲笔题写的“万有真原”牌匾。身处此景,不论是否是教徒,心中都会涌起神圣的感觉,感觉到自己的渺小,感觉到每一刻都应该心存敬畏。

西什库教堂俗称北堂,最初叫救世主堂,百姓也称之为蚕池口教堂,很长一段时间均为天主教北京教区的主教座堂。北京的庙宇多,教堂也多,比如西直门教堂、珠市口教堂、缸瓦市教堂、宣武门教堂、城南的永生巷教堂、东交民巷的圣弥厄尔教堂、王府井大街的东堂、西城的西什库教堂,等等。在所有这些教堂中,西什库教堂是北京比较古老的教堂之一,是华北地区最大的一个教堂,是北京教区最大的天主教教堂,也是在京教堂中唯一的全国重点文物保护单位。西什库教堂可以追溯到清朝康熙年间,康熙四十二年(1703)始建于中南海西岸蚕池口,它是康熙皇帝御赐修建的。原来康熙皇帝曾患过疟疾,传教士张诚、洪若翰、白晋等人将奎宁贡进皇上,治愈了康熙的龙体,康熙皇帝很高兴,就将中南海西畔蚕池口的前辅政大臣苏克萨哈的府第赐给他们修建教堂。蚕池口是教堂最初所在的位置,光绪十三年(1887)教堂移址西什库大街,那是后话了。

蚕池口是中南海紫光阁西面的一个地名,这个地名到清朝才有,康熙皇帝曾在中南海丰泽园设立蚕舍。高士奇在《金鳌退食笔记》中记载:“亲蚕殿,在万寿宫西南。”蔡升元所写的《移居蚕池养疾恭纪诗》中写道:“平分翠色瀛台柳,依旧清光太液池。”可以大致推断蚕池口的位置,在皇城太液池中海西畔,即今北京图书馆旧馆斜对面。

从蚕池口教堂到西什库教堂,促成这种变迁是慈禧的旨意,也是清政府对天主教态度不断转变的结果。清政府最初对天主教的态度是欢迎的,康熙皇帝曾两次驾临蚕池口教堂,还为教堂题写匾额“万有真原”和一幅长联。后来清朝政局大变,慈禧开始独揽大权垂帘听政,她想在中南海附近找一个颐养天年的好地方。某天慈禧带着内侍绕着中南海散心,当她的目光聚焦于蚕池口教堂的时候,太监发现慈禧的眉心一皱,便建议将这个洋人教堂迁走,慈禧立即下旨让李鸿章跟洋人交涉办理。搬迁蚕池口教堂的事情一波三折,在传教士樊国梁的建议下,最终在西什库南街口的小庙旧址上重建了西什库教堂。

西什库教堂附近有一座西什库小学,两家分别位于西什库大街的两侧。西什库大街是北京市西城区的街道之一,原来顺着西什库大街的两侧居民多为信徒。西什库大街是南北走向,北起地安门西大街,南至西安门大街,中部大红罗厂街拦腰而过,长 1233 米,车行道宽 10 米。西什库大街在清代称为西什库胡同,简称西什库,为正红旗地界。1911 年后,自南向北分别称为西什库、西什库夹道、后库。1965 年后将三段合并称为西什库大街,后又曾改名为集体化路。该大街并不是完全正南正北的,南端和北端均有倾斜,北端以大约 15°的幅度向东折,南端略微西折。如今的西什库地区依旧萦绕着皇城根的繁华,现在大街两侧多为楼房,刘兰塑胡同和茅屋胡同的旧貌已经被高楼覆盖,南段东部是西什库社区办公区,西什库社区隶属什刹海街道,具体位置是刘兰塑胡同 16 号,该社区位于北海西侧,东临草岚子胡同,南至西什库大街南口,西毗西什库教堂,北起大红罗厂街,面积 0. 14 平方千米。往北坐落着华裕园小区、嵋洲园酒楼、友泊书屋、九思文创园等。

西什库位于西城区东北部,按照《说文解字》拆分法,“西”指紫禁城西北面,北海的正西面,“什”通“十”,当作“十个”讲,“库”指皇家仓库。西什库,即是明朝皇家设立的十个仓库的合称,十个仓库包括:甲字库、乙字库、丙字库、丁字库、戊字库、承运库、广盈库、广惠库、广积库、赃罚库。前五个名称是有章可循的,按照“甲、乙、丙、丁、戊、己、庚、辛、壬、癸”这十天干的前五位顺序排列，到第六个就转了方向，这又是为了哪般呢？《酌中志》给出了答案：“然十库自戊之后不全用十干者，己者己也，止也，是以不得不改用别名也。”同时，《酌中志》还对每一个库进行了解释。甲字库存放染料、布匹和中草药，乙字库存放各种纸张和胖袄（一种戏剧服装），丙字库存放丝绵，丁字库存放植物油、动物皮、铁，戊字库存放武器，承运库存放生绢，广盈库存放熟绢、杭纱、棉布，广惠库存放帕子、梳子、钱贯纱锭，广积库存放火药，赃罚库存放没官衣物。

西什库不仅仅因为曾是皇家用地而闻名，在中国近代史上，这里曾发生了震惊中外的围攻火烧西什库教堂事件。在当时的义和团营中曾经有顺口溜道：“吃面不搁醋，炮打西什库；吃面不搁酱，炮打交民巷；吃面不搁卤，炮打英国府”，其中的交民巷指的是东交民巷使馆区，而所谓西什库指的便是西什库教堂。该事件大致经过是：庚子事变（1900）时，义和团运动爆发，西什库教堂成为拳民进攻的焦点。1900 年 6—8 月，北京的义和团团民曾经长时间围攻西什库教堂。炮击从 6 月 15 日开始，由端王载漪所率领的一队义和团开始进攻西什库教堂。当时教堂中除了法国教士、中外教徒 3000 余人外，还驻有 40 余名法国和意大利士兵，法意士兵与进攻的义和团展开激战，打退其冲锋。围困教堂的义和团曾经使用自制的穿屋火龙、炸弹、抬杠等火器向教堂发动进攻，守军则用快枪和义和团对战。随后清军也参加了进攻，义和团挖地道，埋地雷，炸毁仁慈堂，双方伤亡惨重。持续了两个月的炮击终于在 8 月 16 日结束，八国联军攻陷北京后组建了专门的解救队，在经过了半日激战后参与攻打教堂的清兵武卫中军、武后卫军以及庄亲王载勋统辖的虎神营、神机营马步队、火器营炮队四散撤退，许多义和团团民战死，轰动一时的西什库教堂事件告终。

庚子议和后，由清政府赔偿出资重修了损毁严重的西什库教堂建筑，使其基本形成了目前西什库教堂的规模。

西什库曾有完整的天主教建筑群，大堂内部设有正祭台、配祭台、唱经楼，大堂外部建有苦难堂、主教府、印刷厂、图书馆、医院、孤儿院和女子中学，后被附近单位占用，主体建筑礼拜堂为文物保护单位。交通上，38 路和 55 路公交车途经西什库大街，设置后库一站，曾经的皇家十库烟消云散。如今，立体大红箩、萱草花和老树在这里交相辉映，物是人非，但是旧的故事还没讲完，新的故事依旧在发生。

成都少城变迁

吕 蕊

少城，位于成都老城区西部，是清朝朝廷为八旗兵及其家属专门修建的“城中城”。平定三藩之乱后，成都地区的八旗兵逐渐增多。清康熙五十七年(1718)，四川提督年羹尧按清制于大城西垣内新筑一城，专驻满蒙八旗官兵，名曰“满城”，因城址大体沿秦少城以西一带，又称“少城”。由于城内分大小城两座，小城是官府商肆集中之处，大城为民宅集中之地。据考证，大城与少城并不是同时期建筑，而是先筑大城，再修小城。

满城东垣在明蜀王府外城西垣，即今东城根街一线。又以大城的西墙为西垣，增筑南北城垣，南以君平街外缘为界，北界为八宝街、西大街一线。城设5门。内有将军衙门和副都统、左司、右司等重要衙署及属下20余个小衙门。设有军器库、火药局、永济仓、演武厅等军事设施。满城内街巷布局似蜈蚣形状，同大城、皇城道路形制迥异，将军衙门为蜈蚣之头，长顺街为蜈蚣之身，两旁东西向偏南排列支街小巷30余条，似蜈蚣之足，并以“胡同”为名。满城驻防八旗，每旗建官街1条，披甲兵丁小胡同3条，八旗官街共8条，兵丁胡同共33条。按照清制，将官和每名披甲兵丁有份地一二亩到数十亩，由清廷拨款，四周筑围墙，内建房舍庭院。从城西南角流来的金水河沿将军衙门横贯东西，两岸有疏落的农圃，略带农村风光。清末禁止汉人入内的满城，仅有旗人2万多人，住在方圆十一里地面，幽雅宁静。除长顺街为主要通道外，两侧胡同多为狭窄小巷。

辛亥革命后，将各胡同更名为街巷，并拓建东城根街、同仁路、金河街等。1913年拆除满城城垣与大城合一。其东垣城基形成东城根街；南垣城基与半边桥街、君平街、石牛巷相并；北垣城基则与西大街、八宝街(顺城胡同、笆笆巷)合。同年，又在城西垣西校场北侧辟通惠门(新西门)，并将连接通惠门至祠堂街沿河

无名岸道，辟建命名为金河街。1918 年，于东城根街修筑马路。1923 年，陈泽霈督办市政，修筑金花桥至实业街少城马路，后名同仁路，以示汉满一视同仁之意。此间，原满城蜈蚣形各街巷胡同之无名通道，率先正名为通顺街，寓长久通顺之意，后取名长顺街，其两侧胡同相继改造更名为街巷，显现了民国时期的特点。1936 年，市政府再规划祠堂街、金河街为东干路西段，西大街、八宝街为西干路。1943 年拓展修建祠堂街道路宽 21 米，车道宽 14 米，铺筑黄泥灌浆碎石三合土路面。直到 1949 年年末，少城区共有街巷 49 条。

中华人民共和国成立后，在制订城市总体规划时，少城被列为保护区，祠堂街、金河街、通惠门街、八宝街、长顺街、同仁路等，被规划为干道拓展路段。保留部分街巷北方胡同风貌，并加以维护修缮。20 世纪 60 年代以来，加筑基层，改铺沥青路面，整治修建排水沟管，安砌路缘石，铺水泥混凝土人行道方块砖，道旁植树。对商业街、长顺街、黄瓦街、同仁路、长发街、商业后街等进行重点整治，道路拓宽为 6 ~ 20 米，路面 4 ~ 9 米。

如今，少城内居住街坊行驶汽车较少，环境幽静，并有君平街、支矶石、石犀、少城公园等古迹名胜。

（作者单位：成都市民政局）

尘封的记忆

——浏阳地名文化漫谈

刘正初

龙年(2012年)正月初九,陪同几位老学者去看望从醴陵市回浏阳市老家过年的老诗人陈恒安先生。陈老先生住在洞阳镇南园社区,这里虽然有一些新潮的建筑,但是依稀可以看到一条老街的轮廓。同行的文史学家潘信之先生说:"这里叫作枫浆桥,过去是浏阳去长沙的必经之路。"我马上想到了谭嗣同的诗《枫浆桥晓发》:"桥上一回首,晓风侵骨寒。送人意无尽,唯有故乡山。野水晴云薄,荒村缺月弯。役车休未得,岁暮意阑珊。"因为附近工业园区的强势崛起,过去的枫浆桥村成了南园社区的一部分。所以现在的浏阳村级行政区划中已经没有"枫浆桥"这个地名。想到许多历史悠久的老地名正在被人遗忘,我们一行人不禁有一些淡淡的失落。

传说很久以前,浏阳还没有地名,也没有县城,人们在浏阳河上游抛下一只羊,任羊顺流而下,最后羊在今日市区的河段沉入河底,人们就在这里筑起城墙,建起房屋,并且把这里取名"流羊",把河流取名为"流羊河"。这当然只是一个神话故事。《诗经》有诗云:"浏其清矣。"浏,就是水流清澈之意。因为水流清澈,浏阳河因此得名浏水。山南水北为阳,浏阳县城一直在河的北岸,所以取名浏阳。

地名是历史的积淀,是文化的传承,是历史变迁的记载。它是自然与人文的完美结合。这种结合通过人们口耳相传、约定俗成以及史书典籍流传下来,在岁月的蹉跎中,逐渐成熟,并最终为社会大众广泛使用。浏阳地名是丰富多彩的。山河湖泊,城乡街巷,桥梁道路,无论是自然地理实体,还是人工建筑,都会有一个显示地方特点的名称。逸事掌故,穿插其间,不时闪现文化的光芒。有许多地名成了民间传说的主体,这些更增添了浏阳地名文化的历史厚重感,地名也因此成为独特的人文景观。

地名记录着浏阳的地理。自然条件创造了地名。大围山，是"山峦围绕"；淳口，是两条清淳小溪的汇合处；秀山，有着秀丽的山；芭蕉树下有一条小溪，所以得名蕉溪岭；山如龙跃，故名跃龙；河水澄澈的深潭，取名澄潭江……从这些地名的来源深处，我们可以知道古代的浏阳山清水秀，风光秀美。很多地方因为有明显的地理特征得名。如石柱峰，是因为"尖削如柱，壁立万仞"；七宝山，是因为富含七种矿产；天马山，是因为看似天马奔腾；金江，是因为河中多沙金；枨冲，是因为有一片橙林；南山，是因为有一片楠竹；沙市，是因为有一条砂石铺成的老街；高坪，是因为有一片地势高而平整的地方；石湾，是浏阳河拐弯的地方有一片石山……

地名记载了浏阳的历史。千百年来，我们的祖先在浏阳这块土地上春种秋收，丰富了地名的内涵。踏水而过的小镇，因此叫作"踏浒"，后来才演变为达浒。普迹镇有一片沙洲，历史上产蒜出名，所以得名蒜洲。荷花，是因为历史上长有大片荷花，出产莲藕。大瑶原本是一个烧制水缸等陶器的"大窑"，有"上至花江，下至金刚，千日打柴一窑装"的民谚，后来才雅化为大瑶。中国有以人名为地名的传统，借以纪念那些为历史进步作出贡献的人们，所以浏阳城区有圭斋路、嗣同路、才常路、达峰路，让浏阳人民永远记住了欧阳玄、谭嗣同、唐才常和焦达峰等历史名流，让每一个浏阳人都享受到了他们的荣光。普迹、大光、宝盖、金刚、升平，则因当地的宗教场所得名。古时候人民聚族而居，所以还留下很多带"家"字的地名，如文家市、张家坊、唐家园、李家湾、唐家洲、黎家大屋、沈家大屋、刘家老屋、周家码头等。

地名表达着人们的愿望。永安原名潦浒，清康熙年间浏阳知县王珽认为"潦浒"谐音老虎，不吉利，所以下令把"潦浒"改名"永安"。还有丰裕、中和、永和、太平、柏加（百佳）、太和、北盛、西满这些地名，都带着吉祥的寓意。这些地名有统治阶级的意志，但更多的是包含了民间老百姓的朴素感情，充满着劳动人民的俗世情怀。

地名富含着优美的传说。许多浏阳地名的来历，听起来就像一段雅俗共赏的民俗风情史话。如孙隐山、洗药桥、升冲观，传说是唐代药王孙思邈隐居、洗药、升天的地方。捞刀河，传说是三国关羽青龙偃月刀掉落、周仓下河捞刀的河流。汉升岭，传说三国黄忠（字汉升）曾经驻军。赤马，传说有赤色神马留驻。据传有官吏打马过河，所以留下了"官渡"的地名。

细细翻检这些古老的地名，仿佛行走在历史的隧道里，我们可以发现一道道清晰可辨的文化脉络。作为写在大地上的历史，那每一个简洁明快、含义丰富、婉约灵动的地名，都演绎着人类的悲悯、欢喜、苦痛、向往、思考和奋斗。那伴随人类的进化、饱经沧桑、氤氲了深厚地域文化情结的地名中，有历史的积淀，有民族的感情，有地域的特征，有生命的孕育。

一个地名，就是一个历史片段，就是一幅风情画卷，就是一段耐人寻味的或优美、或痛伤、或神秘、或崇拜的多情故事。人类在义无反顾的前行中，不应该忘了自己的来路。我们对每个古老地名的时时触摸和温习，就是对自身民族文化的追思与怀念。无论是用什么文字书写，甚至没有文字只有语言称呼的地名，它们都真实地记录了人类探索宇宙和自我的辉煌。透过这些地名，我们可以触摸到：人类曾经的战争与疾病、浩劫与磨难，家族曾经的变迁与融合、前世与今生，同时也通过这种触摸，我们能深深感受到中华民族独特的生存理念、精神寄托和习俗风情。因此，地名是语言的结晶，是文化的张扬，是人类历史的活化石。

可惜的是，由于城市化步伐的加快，许多古老的地名正在流失。传说唐朝宰相裴休在天马山下隐居读书，书斋外有一口池塘。一天，裴休正在潜心静读，池中群蛙"呱呱"地叫个不停。他一怒之下，拿起书桌上的墨砚投入池中。墨砚沉入池底，池水从此变得墨黑，青蛙再也不叫了。后来，人们将裴休隐居读书处称作"隐相台"，把那口池塘称为"哑蛙池"。可是，只有短短几年时间，"隐相台""哑蛙池"均成为一片居民小区，那延续千年的老地名不复存在。还有那建有李畋先师庙的田家巷，那带着文明气息的启蒙书院，那有着传奇故事的大保巷，那纪念辛亥烈士的达峰路，那富有诗意的石板巷，那独居南岸的南市街……或已经难觅踪影，或面临拆迁改建。一些具有良好文化底蕴的古老地名，犹如寒风中飘落的黄叶，在人们的记忆里渐行渐远！这些都是我们不该丢失的民族文化啊！

与陈恒安老先生交谈，说到枫浆桥曾经的辉煌，老诗人神采飞扬。令人欣慰的是，长浏高速与浏醴高速在枫浆桥交会，建了一个互通，建设方把它命名为"枫浆桥互通"。古老的地名终于在现代化的高速公路上重新放射出夺目的光彩，得以传承与保留。

（作者系湖南省浏阳市文联副主席、档案和地方志学会副会长）

各钓富春江，同吟一首诗

赖明汉

富春江连接着“人间天堂”杭州西湖和“归来不看岳”的安徽黄山。富春江自然景观的神奇魅力和历史遗迹的旷古悠远缀连成片，相映生辉，人们因此赞美它“揽天下奇景于一身”。

严子陵钓台是富春江上的主要景点之一，现为国家级风景名胜区，因东汉高士严子陵拒绝光武帝刘秀三次封谏议大夫之召后，来此隐居垂钓而闻名至今。据《富春江名胜诗集》一书记载，自南北朝至清代 1500 年间，就有李白、范仲淹、孟浩然、苏轼、陆游、李清照、朱熹等 1000 多位名人来过此地，并留下了 2000 多首歌咏富春江的诗文佳作。

至于今人游富春江的更是络绎不绝，严子陵钓台自是人们的必访之处。喜欢诗词歌赋的人到了富春江之后，都会以题诗的形式发点感慨。前不久，我应十几位来自各地相知的诗友之约，去观常德诗墙并畅游柳叶湖。晚间有人提议下次同游富春江，不少人提到此前已经去过，并留下诗作。

河南著名诗人刘哲，已年过古稀，曾三次闲游富春江，他认为严子陵能在空山寂寞、寒江清冷的江畔终生隐居，应算超凡脱俗的高士，是真正逃避光武帝三请为官而垂钓。他有诗吟《严子陵隐居富春江有题》：

寒江冷雨隐闲身，垂钓长川避世人。
纵有君王三道命，虚名怎及富阳春。

广东诗词学会副会长，中华诗词学会青联部部长熊东遨，1998 年与浙江诗侠钱明锵趁酒兴之余驱车同游富春江。看到在山云欲思过客、江月欲渡行人的美景之中，却有人为了空虚的留念而在钓台台畔乱刻乱画，还有不少新人欲趁时下盛行的钓风在江中钓得几条江鳞，可惜仅有的一个浮名又让谁钓好呢？于是作《游严子陵钓台台畔多今人题刻有感》：

借得西泠酒几分，驱车来探富阳春。
山云过岭思招客，江月随舟欲渡人。
千载流传身价涨，万竿排列阵容新。
唯愁滩浅时风盛，一个浮名钓不匀。

我对富春江景色一直记忆犹新，20 世纪 90 年代初期曾游富春江，见前人写下的富春江千古绝唱，想自己又是何等何辈，不敢试韵。如今有幸重游富春江并观严子陵钓台，再次在风景宜人的江边闲寻野趣，只听泉声处处，鸥鸣阵阵，又见水经峡谷，云涌长流的特有美景，我情不自禁地草题了一首《游严子陵钓台有感》：

来寻野趣抱壶斟，风景宜人助客吟。
几处泉声嬉世态，半滩鸥韵醒儒林。
水经峡谷分清浊，云涌长流乱浅深。
闲坐钓台无俗念，任它江面浪升沉。

各自念完游富春江的诗作后，大家都觉得非常凑巧，三首作品都与严子陵隐居不仕有关，并且都将钓鱼与钓功名利禄连在一起。事后，我才得知刘哲诗人是个早已看破世俗的老前辈。熊东遨是我多年要好的诗友。我虽人生曾有艰辛，但仕途总算如意，由于喜欢探讨古典文学，也早已是淡泊名利之人。正因为我们有着这种共同的心声，虽曾各钓富春江，但所吟的诗句自然就会有共同的感叹。

（作者系湖南省浏阳市诗词学会会长）

到底谁才是蓬莱仙岛

王建富

蓬莱仙岛，传说中的海上神山，为了这个名称，山东蓬莱和浙江岱山打了几千年的口水仗，各不相让，莫衷一是。

到底谁才是蓬莱仙山？

蓬莱等“三神山”或“五神山”的故事，源于春秋战国时期。当时，化学冶炼技术的发展，推动了神仙说和丹药文化兴起，各种神异之说广泛流传。

为了美化自己的炼丹术，聪明的方士们把文章做在了神秘的大海之中。他们杜撰了渤海中有蓬莱、方丈、瀛洲三神山或岱舆、员峤、方壶、瀛洲、蓬莱五神山的故事。经过民众口口相传，渐成“事实”，影响了当时的王侯和著名思想家、理论家。齐威王、齐宣王与燕昭王都曾作出过派人入海求取仙药的决定。

公元前219年，秦始皇派方士徐福带领船队和数千童男女、数百名精通各种技艺的能工巧匠，携带五谷种子，两次入海求取长生不老仙药。

岱山磨心山（符鸿雁 摄）

岱山磨心山慈云极乐寺(陈其本 摄)

徐福第一次出海无功而返。于是秦始皇在第五次出巡时,亲自到山东琅琊督阵,并亲自带队去猎杀鲛鱼。然而,徐福第二次出海后一去不返,再无音讯。秦始皇无可奈何,一直等待了三个月,不见徐福消息,才怅然而回,病逝于途中。

关于徐福的航线,学界存在“北路说”与“江南路说”两种。“北路说”认为,徐福率船队从琅琊出发后,沿辽东半岛、朝鲜半岛南下,经济州岛穿过马海峡到达日本;“江南路说”则认为,徐福船队从山东南下到浙江的宁波,再从宁波出发经舟山群岛渡海到日本九州有明海(别称筑紫潟、前海)。

虽然,从地图上看,从我国北部沿海到日本距离较为捷近,但古代航海使用的是木帆船,主要依赖风力、海流和人力航行。从风向上看,我国沿海深受季风气候影响,冬季盛行西北风,夏季盛行东南风,不利于船只自西向东航行。从海流上看,我国沿海海流深受黑潮支流的影响,无论春夏秋冬,黄渤海沿岸的海流都是自北向南漂流,这股海流到了长江口和舟山群岛附近以后,自西向东沿舟山群岛流动,并在舟山群岛以东海域汇入黑潮,沿东北方向流向日本和朝鲜半岛沿岸,循环往复,日夜不休。

1997 年 6 月 15 日和 2003 年 3 月 23 日,中韩竹筏漂流探险和中韩日竹筏漂流探险在舟山群岛朱家尖岛相继开漂,漂流探险的成功实践,也直接验证了在无动力条件下走“江南路”航线的可靠性。

徐福东渡以后,关于蓬莱仙山的位置,遂成为山东和浙江争论的焦点。

山东人认为,秦始皇曾到蓬莱监督徐福求仙,汉武帝东巡时筑蓬莱城,宋代

岱山岛鹿栏晴沙(张信龙 摄)

又建筑了蓬莱阁,故而认为蓬莱市就是正宗的蓬莱。

然而,有两点是山东人无法回避也无法解决的难题:第一,传说中的蓬莱,是海上神山,是海岛。山东岛屿稀少,蓬莱市岸外的长岛县,仅32个海岛,主岛面积仅12.8平方千米(相当于普陀山的大小)。海拔只有156米,没有普陀山高,也很少有云雾缭绕的景观,且与蓬莱市岸距不足7千米,一眼可以望尽,形不成仙岛的神秘感。第二,秦始皇到山东的目的,是督促徐福的寻仙行动,而没有到过真正的蓬莱。如果他能够亲临到达,怎么还会派徐福去取仙丹?因此,秦始皇能做的,仅仅是在海边眺望大海,希望能望见蓬莱,但最终没能得偿所愿,郁郁而还。

岱山的云海(符鸿雁 摄)

浙江人则认为,徐福是安期生的老乡和晚辈。徐福入海,与安期生在舟山群岛炼丹有关,“蓬莱”是古人对神秘的舟山群岛的美化。因此,公元738年,舟山群岛第一次设县时,即下设富都、安期、蓬莱3乡。其中,蓬莱乡包括了现岱山县和嵊泗县境全域,主要指岱山岛和衢山岛一带。

舟山群岛历史上的第一本地方志——宋乾道《四明图经·昌国》记载:“蓬莱山,在县东北四百五十里,四面大洋。耆老相传,秦始皇遣方士徐福入海求神仙药,尝至此。”元大德《昌国州图志·叙山》也记载:“岱山,在海之北,传所谓岱舆、蓬莱,或者名始于此。”从景观上看,岱山和衢山都是从海面升起的二三百米的高山,经常云遮雾绕,具备成为“仙山”的自然条件。与此同时,在浙东北一带,千百年来一直流传了大量关于徐福东渡的传说。这些传说,也非空穴来风。

衢山岛观音山(胡祖刚 摄)

综上所述,山东的蓬莱,仅仅是“望蓬莱”,并不是真正的蓬莱仙山。岱山、衢山一带,虽然也未必是传说中的真正“蓬莱”,但也许是徐福到达时,机缘巧合,偶遇奇景,认为这就是传说中的岱舆、蓬莱等神山,因此造就了“蓬莱”之名。

(作者单位:浙江省舟山市地名办)

乌衣巷，道不尽的王谢风流

宋　羽

秦淮河畔，有一条叫作乌衣巷的古道，乌衣巷不远处还有一座名叫朱雀桥的石拱桥，这正是“朱雀桥边野草花，乌衣巷口夕阳斜”的诗句中说到的古地名。这条曾让刘禹锡咏叹的金陵古街巷，如今是秦淮河畔的繁华之地。百姓们靠在巷子口议论着每一天的柴米油盐，唠叨着日复一日的寻常家事，人们唯有从路边立着的石碑上才知道，1600多年前的这里曾是东晋显赫一时的王谢府邸。历经变迁后，一切已物是人非，一抹斜阳洒在青灰色的瓦檐上，抖落满地璀璨，一如幽然脱俗的晋时花木。

秦淮水畔，总能品读到当年的魏晋遗风。

魏晋人的骨子里时常透露着一股真性情，他们超然物外的处世态度是最接近于中国传统文化中“士”的性格。想象中，潇洒的魏晋人常常在幽幽林泉下把酒吟歌，那些散淡的日子如同琴弦，拨动的都是轻音，一点一点隐于风里。“建安七子”如此，“竹林七贤”如此，“采菊东篱下，悠然见南山”的陶渊明亦如此。当《广陵散》烟消云散，成为一个渺远的梦境后，一个时代也渐去渐远了。但是，锦绣灿烂的文章和超凡脱俗的精神却在历史的册页里深深地镌刻下来了。

短暂的西晋王朝在永嘉之乱后走向了衰亡，司马睿五马渡江，在南京重新建立了东晋王朝，魏晋士人的性情从此出现了转折。北有前秦铁蹄，西有胡人战马，大一统的中原王朝只剩下了半壁江山，唯有赖着长江天堑守护着锦绣江南的温柔梦乡了。往日里不问世事的士人逐渐从幽篁深处走出，徘徊在凡尘琐事与琴瑟诗酒之间，灵魂仍然悬浮在市井瓦栏之上，但肉体已不得不蹒跚在地面，为人间多舛的命途而忧思和牵挂。

这一段故事就从东晋时期南京的乌衣巷说起，故事的主人公是王导和谢安，刘禹锡诗中的“王谢堂前燕”正是抒发对这两位独领风骚的士人的感慨。

在司马睿渡江称帝建立东晋的过程中，王导是重要的辅佐大臣，他官居宰相，手握军事重权，历经了元帝、明帝、成帝三朝政事，为东晋政权的稳固起到了强有力的奠基作用。匆匆南下的晋元帝根基较为薄弱，处处依赖于王导，将王导比作自己的“萧何”，当时民间就有“王与马，共天下”的说法。

王导虽然身居高位，却不贪功、不专权、不僭位，颇有汉初张良的隐士之风。他性情谦和宽厚，有恻隐仁爱之心，善于调解各方面的矛盾。面对南北士族的冲突时，他积极斡旋其中，终于将江南望族纳入东晋政权之内。王导所追求的是一种相对的稳定，他将政治重点放在安抚内部矛盾上，对于北伐中原并不关注，在后世儒家学者看来，这是典型的“偏安一隅”，但是王导的做法给历经了“八王之乱”的国家带来了安宁。毕竟，生命里总有一种沉浸于散淡中的渴望，放逐凡尘也许才是魏晋士人真正的理想。

与其说王导是政治家，毋宁说他是风雅名士。王导本质上是魏晋士人的遗族，他的理想更多的是在个人修养方面，他更希望过一种超然脱俗的艺术化的生活。王导是王羲之的叔父，擅长行草，《书断》称他的书法“风棱载蓄，高致有余，类贾勇之武士，等相惊之戏鱼”。人们常说，字如其人，身为大将军的王导本就是一个兼有勇武与风雅的高尚之士。

王导的志趣也影响着家族的后人，王氏家族门庭显赫，人才辈出。当时，太傅郗鉴希望从王家选一个年轻人做自己的女婿，王导满口答应，领着太傅来到家中。太傅一进门，就看到竹席袒胸露腹躺着一个年轻男子，顿时满心欢喜——做人就该这般坦荡，不遮不掩，心底无私。亲事当即定了下来。这个袒胸露腹的年轻人便是王羲之。

王羲之，以及他的胞弟王珣、儿子王献之都是东晋的大书法家。就在乌衣巷，这三人分别写就了《快雪时晴帖》《伯远帖》《中秋帖》，清朝的乾隆皇帝经常在养心殿暖阁阅读这三部法帖，称它们为“三件稀世珍宝”，于是为暖阁起名为“三稀堂”，这三部法帖也就合称为《三稀堂法帖》而流传于世了。

乌衣巷的另一位主人公谢安，更是为后代文人所仰慕，唐朝诗人李白将其视为心中的偶像，把酒挥毫曰：“但用东山谢安石，为君谈笑尽胡沙。”

谢安4岁时就聪颖多智，少年时已有很大名声，连王导都对他有所耳闻。江南士族对谢安寄予了很大希望，当时人们常说：“安石（谢安字）不肯出，将如苍生何？”然而青年谢安对仕途毫无兴趣，尽管多次接到举荐信，他仍然每天与王羲之、许询、孙绰等名士畅谈玄理，游赏山水。直到胞弟谢万在军事上的指挥失误导致被革职，谢安才为了家族的兴旺，从山水之间走到了庙堂之内。

在仕途之上，谢安依旧保持着名士风范。当时东晋第一大门豪——桓温，一心想取代简文帝自立门户，危急时刻谢安力劝简文帝立下遗诏，传位太子，以防桓温篡位。桓温得知后，恼羞成怒，带领大军回到建康，面对杀气腾腾的桓温，满朝文武纷纷匍匐在地，无不惊恐，唯有谢安镇定自若。他从容地走到桓温对面，平静地说：“我听说诸侯有道，就会命令守卫之士在四方防御邻国入侵，明公入朝，会见诸位大臣，哪用得着布置这么多人马呢？”桓温没想到在这样剑拔弩张的关头，谢安仍旧不改其旷达风度，不禁心生敬佩，连忙赔笑，震惊东晋朝野的危机在谢安的笑谈中悄然化解了。

有礼有节，不卑不亢，能以四两拨千斤者，必有常人难以企及的内在力量。

“青砖小瓦马头墙，回廊挂戟隔花窗”，这是古人对乌衣巷内谢家府邸的描述，朴实而不失雅趣。静处院内竹枝下，做遁于红尘的隐士，白云为伴，山水为邻，不求功贵，飘然忘尘，这便是谢安独特的人格魅力。清风明月间，他汲取的是山水的灵气，红尘人烟里，他滋润的是超然的人生。

想当年淝水之战，前秦王苻坚统兵百万，挥师南下，以“投鞭断流”的气概直逼长江两岸，眼见东晋王朝危在旦夕，天下苍生皆望谢安。乌衣巷内，一壶清茗，一盘残棋，魏晋士子的风流儒雅一举击溃了前秦大军；八公山下，风声鹤唳，草木皆兵，一代枭雄苻坚惊惶之中大败而归，给后世留下了千古笑谈。

王氏与谢氏的人生，是文人心目中理想的典范，能成就一番功业，亦能不失自己的真性情，能在艰险中匡扶国家，亦能不行卑躬屈膝之事。“旧时王谢堂前燕，飞入寻常百姓家”，如今在南京人的生活中，似乎还能寻觅到1600多年前的王谢遗风，那种去留无意，宠辱不惊的大度之气依然随着秦淮河的流水荡漾到今朝。

史书记载，谢安曾与王羲之一同登高望远，面对江南的大好河山，谢安感慨说：“人世茫茫，林泉高致，醉卧清谈，这样度过也当不负此生。”言谈之间，处处皆是潇洒与豁达，这样的心境，已不知高出了常人多少。

在漫长的历史记忆里，王谢，几乎成了一个时代的代名词。在东晋金陵特殊的风景中，他们把酒临风站在秦淮水畔，站成了一组永不褪色的雕塑。

朱雀桥边，花开花谢，乌衣巷内，燕去燕来。

大抵南朝多旷达，可怜东晋最风流。风流飘逸的魏晋遗风留给后人的，是一种坚持自我的操守，面对外界的纷争和个人的沉浮，保持着置之度外的态度。

刘禹锡应该是读懂了乌衣巷，他在贞观元年的政治革新中遭到贬谪，失意之中漫游秦淮，最后以一首千古名篇诠释了王谢遗风的真谛。

风华与衰老紧挨着，乌衣巷、朱雀桥，这些古老的街道显得有些陈旧了，曾经显赫一时的楼阁瓦檐隐约在回廊的拐角，暗藏在鸟巢一样的阁楼里，只让流水折射的阳光照亮自己并不十分黯淡的容颜。

显赫也好，黯然也罢，夕阳斜照下的野草花依旧淡然安详地享受着属于它们的时光。

（本文摘自宋羽著《南京城事》，中国社会出版社，2018 年版）

东郊掌故之青头城旧事

朱运超

清澜港的东岸，是一片面积狭小，地势平缓的半岛。这里三面绿水环抱，涵养丰厚；遍地椰林挺秀，景观优美。因其历史上盛产椰子而闻名遐迩，著名的热带海滨椰林风光旅游胜地——“椰林湾”就坐落其中。这就是海南省文昌市的历史名镇、椰子之乡——东郊。

在当代人眼里，这里明明是一片椰林环抱的林海村落，可这地名却与城市有关联。因为“郊为城之野”，有“城”必有“郊”；反之，既然有“郊”，亦必有“城”。

那么，既然称为“东郊”，它的西边应该还有一座城。而这座城，又在今天的什么地方呢？历史上，它曾经发生过什么样的故事？后来，它又经历了怎样的历史演变？

一、青头城——一座明代古城

从清澜港坐船到东郊码头登岸，向东直行500米，右侧一条入村小路，路口竖着一块石碑，碑上刻着三个大字——“城内村”。这块并不起眼的村牌，显然向过往的行人传递着一个信息：这里曾经是一座城。

没错！这里过去确确实实是一座城，东郊西边的“城”就在这里，村牌的背后就是它中心的边缘。不过由于历史岁月的变迁和战火的摧掠，古城的面貌早已被成片的树林和新的村落所湮没，尽管它不像西域的楼兰、柬埔寨的吴哥窟和南美洲的玛雅古城一样，变成荒无人烟的地方，却同样给后人留下了许多值得探索、研究和考证的谜。

据《琼州府志》《文昌县志》和当地有关姓氏族谱资料表明，这座古城为明代一座沿海边防守御所的驻军之地。关于城的名称，有多种说法：咸丰年间的《文昌县志》称为“青蓝所城”“清澜港”;东郊民间称为“青头城”;清光绪年间刊印的城内村《朱氏家谱·本族行略》明确记载:“一世始祖祠建青头旧城石头边”,“青头城”名赫然在目。

其实,古城的正式名称应该是“青昌千户守御所城”,简称“青昌所”。守御所,为明洪武年间设置的边防守卫防御军事机构,隶属于卫,设千户总一名,副千户两名,镇抚一名,统兵1000多名,职责为平息寇患,安静海疆,简称“所”,由兵部直接管辖。

建城以后,因为城的西面是海,南面是滩涂,北面是低洼的田地,只有东门城墙外有一片村落叫“青头村”,村外则是一片平旷的郊野,故“东郊”地名由此而生,由城而得。在明、清两代都图建制时,本城周边,即今清澜港东岸的东郊一带乡村属于青蓝都(今天的清澜港西岸,即清澜镇一带,当时称为南砣都),具体分为青蓝都一、二、三、四图,分别简称为青一、青二、青三、青四。“都”“图”均为县以下的区域名称,“都”相当于“乡”,“图”相当于“里”。顾炎武《日知录·卷二十二·封君》:“改乡为都,改里为图,自元始。”《嘉定县志》曰:“图即里也,不曰里而曰图者,以每里册籍首列一图,故名曰图。”

以至相当长一段时间乃至今天,东郊话中都保留着“青一”“青二”“青三”和“青昌所”等地名语汇。建城以来,由于时代变迁,地貌有别,城墙旁边后来建起码头,至今,东郊境内老一辈村民提到此地,仍然沿用旧称,称为“青头城”或“码头城”。

在古城的城内和附近,至今还保留着大量与“城”有关的地名。“城内”指的是城墙环抱的区域,“城内村”是全城的中心地带。据村里历代传言,笔者家里的厅堂,就是当年守御所指挥部的所在地。在城内,还有东门头、东门头坡、鼓楼、上街、上街园、下街、南廓、北门、北门塘、演武楼等地点;城外则有城河、城河田、造就墩、造纸坊、纸坊坑、纸坊坡、养马田、马田坡等地名词语。马田坡原有一座尼姑庵,尽管后来庵早已废,但是,“庵后”“庵后坡”“庵后田”名称却长期保留。至今,以上地名词语都还在本地村民的口语中频繁使用。

在城内村,至今还可以看到当年古城的遗物。20世纪70年代,城内村一个生产队为建仓库,在红泥堆叠的城墙底部,挖出大量款式和规制与建筑八达岭长城相类似的灰褐色大方砖;在由街市湮废为园地和坟地的上街园,犁铧锄铲触地之处，总会翻掘出大量的砖头瓦砾和盘碗坛罐的碎片，或是捡到几枚元、明、清代的铜钱；村中有的人家还保存着直径达一米多的石凿大马槽和拴马桩、上马石。

二、古城的筑建时间和人物

青头城由何人所建？建于何时？这是当地人渴望了解却又难以了解的悬念。

明万历《琼州府志》记载："清澜城旧在文昌县青蓝都，去郡城东南一百九十里。洪武壬申委千户陈良领军兴筑。周围五百二十五丈，高一丈八尺，雉堞五百二十五，铺舍八。东西南三门各建敌楼，西门外筑月城，自北亘南。浚壕长二百一十七丈，阔二丈，深四尺。"由海南名贤唐胄主修，于正德十六年（1521）刊行，比万历《琼州府志》问世更早，时间更接近洪武年间的明《正德琼台志》记载得更为具体："清澜千户所城池在文昌县青蓝都。洪武二十四年（1391），指挥桑昭议请开所。次年（1392）二月，先调拨本卫多余军士，委千户陈良等督领修筑城垣，以砖石包砌。周围五百二十五丈，高一丈八尺，雉堞五百二十五，窝铺八座。东西南启三门，上各建楼。西门外筑月城，自北亘南。浚壕长二百一十七丈，阔二丈，深四尺。正统二年（1437）填塞南门。成化八年（1472），千户孙瑀继修。"

清乾隆《琼州府志》记载："清澜所城旧在邑之青蓝都，明洪武间千户陈良督造。"咸丰年间的《文昌县志》明确记载："青蓝所城，旧在邑之青蓝都。明洪武间，千户陈良督造。"清·顾祖禹《读史方舆纪要》中晰称："清澜守御千户所在文昌县东南三十里，西北去卫治一百九十里。洪武二十四年（1391）建，创筑砖城，周五里。"

以上历史资料已经再清楚不过地表明：东郊青头城（即明青蓝守御所城，也称码头城）的筑建时间和人物应该是：洪武二十四年（1391），由海南卫指挥桑昭议请开设守御所，次年，即明朝洪武二十五年（1392）二月，调拨本卫多余军士，并委派千户陈良等督领筑造。

三、古城的地理位置和面积规模

明代青头城守御所古城遗址，位于清澜码头的正对面，距离老文昌县城约20千米，东距东郊镇政府约2千米。遗址地势高于周边村落3～4米，现被茂密的环村椰林所覆盖。以城内村口为起点,沿公路北侧东去约1千米至钱家山墙东边的高坎,再由此向南经钱家、后曹、韩宅三地,直至石边朱家,再从石边向北折至接近现东郊码头的原海军高炮二连连部,又向东折至连接城内村口,这范围即为城域。按顾祖禹"周五里"和万历《琼州府志》"周围五百二十五丈"的说法,那么其周长应为2.5千米或2.63千米,折算面积应约在4.1~4.3平方千米,这就是当年青头城守御所古城的方圆大小。

四、古城的居民与姓氏

由于地居城池,青头城历来的居民状况是军民共处,商农杂居,居处集中,姓氏繁多。据历代口头相传,青头城同期相处居民姓氏的数量最多时曾达36个。其中城内多达26个:朱、陈、汪、高、彭、孟、林、李、蔡、骆、许、范、钱、符、曹、黄、潘、杨、丁、尤、刘、满、坡、赵、祝、史;城外下东村有9个:王、周、郑、邢、莫、伍、张、何、撒;城外东门头1个:韩。

为了叙述方便,城内外居民的先人还将这些名目繁多的姓氏,融会进本地的风土习俗,采用谐音的手法,编成既诙谐有趣,又朗朗上口的《青头城姓氏歌》:

输范钱,苦流屎……灯过粥撒,油流满坡。

朱范钱,许刘史……丁过祝撒,尤刘满坡。

在600多年的历史长河中,青头城内外的居民状况,也如同它的景观面貌一样,不断地发生着各种变迁。本地社会形态由城变为村以后,人口状况也不断发生巨大变化,有的迁徙,有的无嗣,新迁入的又很少,故而原有的36姓日渐式微。但尽管如此,现在青头城内外居民仍有23个姓氏。也许是由于几百年深受海寇侵扰,在共同抗敌斗争中使青头城人的先人懂得团结与友好的珍贵,数百年来各姓之间不管姓氏大小,都一直和睦相处,以礼相待,亲如一家,婚姻造葬、红白大事相互帮忙,极少发生矛盾,更从未因为争夺土地、水源、财产而发生过械斗。像这样和谐融合的邻里关系,在其他农村是少见的。

五、青头城古城变迁

青头城守御所古城建于明代初期,建城的目的是为了"平息寇患,安静海疆",足见明朝时,沿海一带局面气氛并不安宁。明、清两代,我国沿海一带自北到南,海寇的活动十分猖獗。他们结队驾舟,屡屡窜犯海边港口,所到之处,杀人掠物,烧杀淫夺,无恶不作。仅《文昌县志·建制志·海寇》章的记录,自明宣德八年(1433)至万历十七年(1589)的156年间,文昌沿海就发生过海寇侵掠的大灾难21次,其中危害清澜港的有7次之多。所以,青头城守御所古城自建成以来,一直处于抗击海寇斗争的最前线,也多次经受着战火和风浪的袭击和摧残。

明万历《琼州府志》:清澜城"万历甲戌陷于林凤。辛巳,千户朱炫与文昌知县罗鹗议迁南砶都陈家村,用砖石砌筑,周围三百五十丈,阔一丈,高一丈八尺,雉堞九百。启东西两门,上建敌楼,下设水关二,铺八四,闰月而工竣"。清乾隆《琼州府志》:清澜所城"万历间贼林凤攻陷。千户朱炫、县令罗鹗徙建南砶都陈家村,垒石为垣,周三百五十丈,阔一丈,高丈有八尺,雉堞九百。康熙元年秋大水圮百余丈,七年千总倪灏补葺"。

这些历史资料表明,青头城守御所古城自洪武二十四年(1391)建城后,至万历二年(1574),历经近200年风雨沧桑,因海贼攻陷,加上大雨摧崩而终致夷废,最后重新变为清澜港边的一片椰乡村庄。

至20世纪50年代初,城墙轮廓还十分明显,城内村口北面的护城河还绕着城墙向西流入清澜港,村民们甚至可以沿着城河,蹚水到北门坑的水田和池塘里抓鱼。后来由于填海建码头、开荒造田、建筑楼房等多种因素影响,古城城墙被掘平消失,马田坡大片的茂密树林也被砍伐殆尽,护城河和北门坑里的水田失去了水源滋养,后来都变成了旱地。如今下东村东门的一段公路,就建在古城墙之上;并且,现在城内村口公路北侧正在不断兴建的一幢幢排列稍微弯曲的楼房,也都建在古城墙之上。西南的延伸至青头村的红土城墙虽然也已经轮廓模糊,但从平地拔起约2米的红土高坎依然一眼望不到边。它默默地凝望着曾经风呼浪吼的清澜港,仰望着椰林掩映的村庄、一碧如洗的蓝天,仿佛在用无声的眼神,向人们诉说着古城当年一段段悲壮、惨烈、曲折而又迷人的故事。

青头城是笔者的故乡,笔者生于斯,长于斯,一生下来就与她有着千丝万缕的联系,自小就听到关于她的许多故事,终生难以割舍对她的挚爱深情,她是笔者和所有码头乡亲慈祥而伟大的母亲。笔者吮吸着她的乳汁成长,从她的身边一步步地走出家门,走出村口,走进学校,走向社会,走向未来,走到今天。不管时光怎样流淌,历史如何变迁,地貌怎样变化,乡人如何更迭,笔者是她儿子的这一特定身份，笔者对乡亲的特有情感，是永远难以改变的。

家乡，总是给游子太多的美好回忆，把回忆中有关青头城的色彩斑斓的吉光片羽积攒起来，糅进眷恋的情感和追寻的愿望，自然也就从心底产生了赞美的冲动，使笔者酝酿进而流淌出《七律·码头村》这样的一首诗，献给我的家乡——青头城：

亲邻六六姓同村，睦处和居四百春。
伍氏遥流子胥后，朱家嫡裔晦庵孙。
上街南廓城称在，宋碣明垣古物存。
爱国兴家凝合力，雷宫屈庙聚乡魂。

漫话洋潭老街

欧阳军

在湖南省双峰县洋潭村曾经有处码头，于 1949 年前有着繁忙的水运业务。这个目前显得偏僻冷清的小村，却曾经是辉煌的集散市场。洋潭村在测水河畔，测水河向东在江口村汇入湘江支流涟水，涟水在湘潭汇入湘江干流。湘江北流入洞庭汇入长江，最终奔向浩瀚的太平洋。测水河流到洋潭村的时候因为遇到坚硬山体的阻挡无法切穿山体，被迫急拐弯，在此形成一处水面开阔、水深数丈的深潭，所以叫洋潭。

洋潭村邻近村庄产石灰石与煤炭，当地人利用煤炭烧石灰。于是涌现出众多煤矿和烧石灰的土窑，并延伸出铁铺等其他营生。在水泥没有大量生产与应用之前，石灰有着广泛的用途与需求。煤炭与石灰在涟水下游及湘江沿线的城

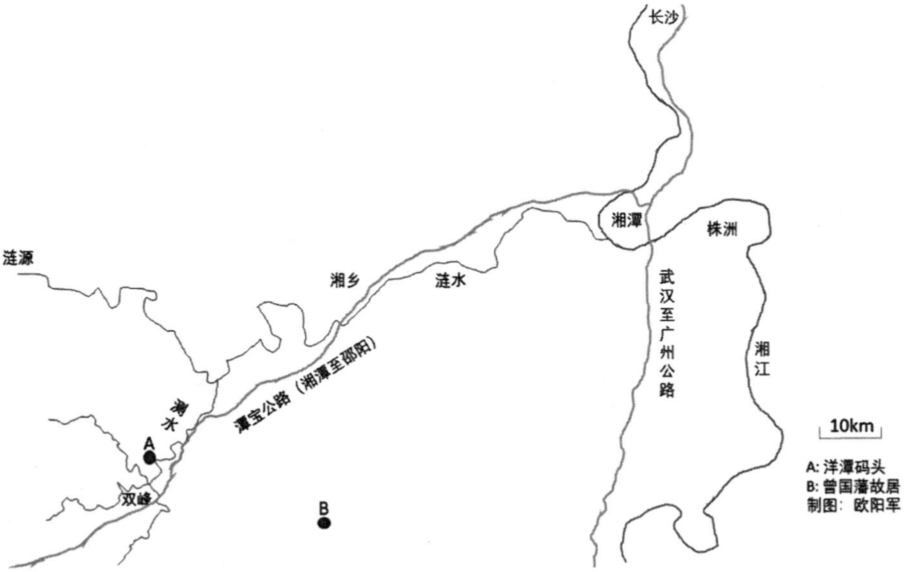

洋潭老街（A 处）在湘江水运系统的位置

洋潭老街在测水河的位置以及周围地貌关系

镇如湘潭、长沙等地有着更大的需求。于是古人在洋潭的南岸筑堤筑码头，挑担的苦力们将邻近村庄的煤炭与石灰挑到码头装船，顺流而下前往湘乡、湘潭、长沙、武汉等地。船舶返航时，将城里的商品，如布匹、洋火（火柴）、洋油以及大米等运回洋潭。于是洋潭这里临河建起了众多的两层街铺，紧密相连，形成街道，街道中间石板铺地，多种营生相辅相成。有的店铺二楼阳台伸出到街道上空，起到遮雨遮阳的作用。大家都把这里叫洋潭街，是方圆几十里除永丰镇（现在的县城所在）外最热闹的街。据民间思维与叙事，有深潭必有龙祭。在洋潭的一处码头旁建有一庙，庙里祭放着村里的龙船。洋潭村的龙船是乌龙，每年端午节，洋潭的乌龙要与来自永丰、梓门等地的龙船在开阔的洋潭水面一较高下。

在历史的长河里，在科技发展的特定阶段，人类只能竭尽所能充分利用自然赋予的动力如水力和风力的推动。那些得水运之赐的地方在那些时期就兴旺起

村民使用石灰窑残渣建房（本栋房子只是下半部分用了石琉子）

老街中那些以石琉子砌的墙壁

来，发展成繁荣的城镇。但随着汽车和火车等更便捷的交通工具的兴起，水运逐渐衰落。20世纪三四十年代修建全国公路网络，特别是战备公路，潭宝公路（湘潭至宝庆，即邵阳，今天的320国道）因此兴建起来。但1949年前因汽车少，水运依然占有重要地位。在抗日战争时期，永丰镇被日本侵略军占领，潭宝路被日军控制。洋潭码头交通地位和价值因此更显重要。但中华人民共和国成立后湘黔铁路的兴建以及汽车数量的增加，最终把依靠水运的洋潭码头尘封在历史的回忆里。

洋潭街最有地方特色风物的当属这里修建房子的建筑材料。因为邻近村有众多烧制石灰的土窑，烧石灰过程中产生的一种副产品——石琉（当地话，或石瑠），石灰石中的杂质没法烧成石灰却烧成了坚硬无比的石疙瘩。洋潭村因处于测水河大拐弯处，洪水季节，测水河猛涨的水会通过相连的小河反灌入村里，临街的房子有被水浸的危险。于是，当地人就变废为宝，把这种废料利用起来，建房子的时候用来砌墙，这样起到一举多得的作用。既处理了烧石灰的废渣，又节省了砖块，而且用这样的材料建成的房子不怕水浸。所以，即使今天的洋潭老街断垣残壁，一派衰落景象，但那些用石灰窑的石琉子修建的墙壁依然坚毅地挺立在那里。

（作者系华南师范大学地理科学学院副教授）

汝阳县洞沟村由来

褚建明

八百里伏牛山是个神奇的地方，那里名山秀水，比比皆是。在汝阳县王坪乡洞沟村就有一处仙山名曰“兴隆山”，有一孔仙窟名曰“响水潭洞”。洞沟村，因有响水潭洞而得名。境内沟壑纵横、山清水秀、植被繁茂，自古就是朝圣和游览的胜地，素有“兴隆奇峰白云飞，仙洞神窟清泉流”的美誉。

洞沟村位于汤泽河上游合村河支流，是早年间伊阳县通往鲁山县的交通要道。那时候，人们顺河道行走。河道在兴隆山中遇千仞石壁挡道，水流钻入石壁洞中。河水在洞中嗡嗡作响，形成水潭，叫响水潭。而后河水经几十米的暗流，从山东边洞中流出。人们望着黑咕隆咚的响水潭洞，不敢入内。只好翻山绕道，再进入河道行走。

明朝嘉靖年间，滍阳镇（平顶山市）褚风，任歇马岭巡检司巡检。一日下午，褚巡检在王坪办案后，从王坪返回歇马岭巡检司，走到兴隆山中，已日落西山。突然从深林中蹿出狼群。褚巡检虽然军人出身，但当时只身一人，难敌群狼。天色已晚，褚巡检被狼群追得无路可逃，只好爬上一棵树。狼不会爬树，只好蹲在树下，仰头瞅着褚巡检嗥叫。天黑了，狼群还是不走，褚巡检坐在树杈上，抱着树干睡着了。睡着睡着，大树有些晃动，惊醒了褚巡检。褚巡检趁着月光往树下一看，十多只狼正扒树根上面的土，想把大树扒倒。褚巡检眼看着树根就要被狼爪子挖出来了，心里有些慌张。他掏出烟袋，想吸口烟稳定情绪。情急之下，褚巡检想到用火烧狼群。于是，他把树上一些干枯树枝折下来，把披风撕成布条，捆住干树枝。然后，用火镰打火，点着一小捆干树枝，对准树下那堆狼群扔了下去。树下的狼群正在争抢着扒土，火球一落下来，不少狼的身上都起了火。被火烧住的狼，惨叫着东窜西跑。没着火的狼，也吓得跑到远处，蹲着观看。褚巡检一看狼群四散，就又点着了一小捆干树枝，用棍子挑着下了树。他一手提刀，一手挑着火球，向狼群冲去。狼群已尝到火球的厉害，看到火球又来了，各顾各四散而逃。褚巡检追杀了烧伤的两只狼后，又一鼓作气，一直把溃散的狼群追到了响水潭洞面前。褚巡检知道响水潭洞三面都是悬崖峭壁，狼群进入响水潭就别想活着出去。于是他挑着火球向前逼近，狼群只好都钻进了响水潭山洞里。为了不让兴隆山一带的乡民和家畜再受到狼群的危害，褚巡检就冒险进入响水潭洞，想杀尽狼群斩草除根，以绝后患。谁知，响水潭洞中除了水道，还有干滩和陡坡。狡猾的狼群已下到陡坡底，出洞逃走。褚巡检在响水潭洞，虽然没有见到狼的踪影，但是，他却发现了响水潭洞内有一条可连接东西道路的通道。

第二天，褚巡检带人到响水潭洞中详细考察。考察后，他组织当地百姓，在响水潭洞中的陡坡石壁上开凿石台阶，修通了道路。从此，南来北往的行人走到响水潭，从洞中而过，再也不用翻山了。

1960 年，王坪公社在组建生产大队时，洞沟河流域散乱的老虎笼、伙铺、庙上、秋盘沟、学阴、南庄、蚂鳖沟、龙湾、木沟、圪塔、下庄、上庄、瓦窑沟、关地凹、姜家庄、大河、北洞沟、李家庄、焦家庄、西沟、北沟、岳家庄、洞沟新村、碾道沟、瓦房院、台上、上高坡、下高坡、杜家沟等 29 个自然村组成了一个大队。因境内响水潭洞较出名，故起名洞沟大队。1984 年，改为王坪乡洞沟村民委员会至今。1986 年，汝阳县王坪乡通往鲁山县公路开通，响水潭洞中的人行道废弃。

（作者单位：河南省汝阳县区划地名办公室）

徐广缙与徐寨的故事

陈文林　王东友

徐寨，又名绥定寨，为晚清古寨，位于安徽省太和县大新镇境东3千米处。徐寨，因一生为官历任多职，最高位至两广总督的太和乡贤徐广缙创修防匪土寨而得名。

清咸丰六年(1856)，引疾归太和的徐广缙，因不堪捻军苗沛霖滋扰，率亲族筑寨于别墅，历时三月，寨成，作诗《寨工告成诗以纪之》："小乱多避城，大乱多避乡。顾兹平且旷，何以备非常？经营有别墅，鸠工相阴阳。挑濠筑壁垒，劳迫费相当。告成逾两月，屹立巩四厢。也知囊羞涩，争奈势仓皇。溯自春徂夏，小丑竟跳梁。狐鸣兼沟火，叫噪纷鸱张。十室九不完，琐尾走且僵。计较所损失，富室枉多藏。况复焚掠惨，骨肉遭杀伤。琅琊吾姻娅，崇墉郁相望。声势互犄角，形胜固金汤。贼非李摩云，攻坚失所长。罗掘诚匪易，孰与资盗粮。有备拼无用，长此庆平康。"次年二月，在致友人袁甲三信函中述及"在家乡筑寨自保一事，颇为得意"(见《徐广缙年谱》)。徐广缙寄予此寨很大的期望，命名"绥定寨"，但当地百姓不习惯于此文雅称呼，故徐寨的称呼沿用至今。

关于徐寨详情，民国的《太和县志》所记简略，仅载："徐寨，一名绥定寨，广袤四百丈，咸丰六年徐广缙创修。"依据现存寨海子、寨垣、砖、瓦等遗迹及徐广缙著述及当地村民口述，可知其大体情形。

徐寨有内外寨海子，宽均为5~6米，两者相距50米。寨墙经土坯夯堆而成，土坯经石磙反复碾压茅草地，用刀划制而成。紧依寨内海子而筑，呈梯形状，内墙高3米，上宽2米，下宽15米；寨外高2米呈凹凸形的短墙，四角各设炮楼一座，高约3米。东西门楼各一座，两层，建于寨墙之间，9米高，砖木结构，一层高4.5米。寨门两扇，高2.5米，宽3米有余，门上有炮眼两个，门前左右各有两段2

米高的隐墙及小石桥,门设有吊桥,定时收取。二层是齐襟山墙,小瓦铺顶,门朝外,具有瞭望、防御功能。寨墙下距四角炮楼50米处各建地瓮一座,作为侦察点,向下斜穿出寨墙,外侧覆盖茅草以隐蔽,瓮内空间较大,可作侦察、隐蔽、储藏火药、粮食等之用。另有排水管设在东西寨墙各一处,将寨内水排入寨海子。寨内东西走向的拐子沟将寨子一分为二,南北各有前花门楼子和后花门楼子,分别是徐广绂和徐广缙及其后人的宅院,其中后花门楼子中筑有徐广缙故居——思补斋。

从规模上来看,在太和众多清末民初古寨中,徐寨不算气势恢宏,但“寨工精益求精,可谓安乐窝也”(袁甲三复徐广缙函语,转引自《徐广缙年谱》)。

咸丰五年(1855)十二月三十日,时年五十九岁的徐广缙回到阔别二十多年的老家——安徽省太和县徐禅堂西南四里徐庄定居(引自《徐广缙年谱》)。次年十月始移居徐寨,除去短暂的军营生活和寄居外,大多数时间里,他多居住此寨。

在战乱频仍的年代,徐广缙率众抵御匪寇,为百姓安定奔波操劳。咸丰六年(1856)十月,捻军龚树德等进攻太和,波及徐寨。徐广缙“遂移居寨中,虽茅屋草舍,局促不堪,而墙峻壕深,可资防守,聊当避债之台,借作藏身之固云尔”(见《思补斋自订年谱》)。他积极组织团练防御,按照不同方位竖各色旌旗,以团练为旗主,领管壮丁,“戒严遍布行军令,申约勿修贺岁仪”(见《寨中即事》),形成壁垒森严之势;储备粮草,安置村民,众志成城抵抗匪患;“五夜雪风号,冲寒不惮劳。柴荆严鼓柝,亭郸肃弓刀……”(《寒夜巡防》)即便天寒地冻,他仍然坚持巡防。

目睹百姓深受兵荒马乱、水灾等天灾人祸之苦,徐广缙作诗著文,流露忧民忧政之情。如《叹难民》中有“燎原百里堪酸鼻,赤手徒嗟保障难”之句,描写百姓流离失所欲哭无泪的情形。又《喜雨瑞雪诗以志慰》中,记冬春旱灾,灾民苦不堪言:“一冬三月干,众戚相率吁。斗米逾千钱,穷黎何以度?菜根掘已尽,原隰苦寒冱。遍野皆哀鸿,思之实可怖。”不忍百姓受苦,徐广缙散家资,赈灾救民,成大义之举。

此外,经历大半生的官场跌宕起伏,饱尝荣辱之味的徐广缙将墙高壕深、地僻清幽的徐寨视为其晚年精神生活的栖息之地。

余暇之时，徐广缙在此读书著书，其重要著述《思补斋自订年谱》《思补斋诗抄遗稿》多著于此。著述中，或感怀往昔宦游、军旅生活，抒发壮志未酬、往事如烟、人生如梦的情怀；或写闲时之乐，如闲居徐寨期间，其11个孙子相继诞生，享受天伦之乐；或追思亲人，如咸丰八年（1858）十月时值王夫人离世五年，感慨作诗《今日》以示追念。同治九年（1870）侧室贾氏病殁，感其操劳作诗示念。

从躬亲垂范挑土挖壕、日夜巡查，到闲居耕读、忆昔抒怀，徐广缙感受人间冷暖到终老于此，徐寨已远远超出安乐窝的范畴。而今徐寨芳草萋萋，寨海轮廓依稀可见，残瓦断砖、老屋颓墙似乎向人们诉说徐广缙与徐寨的不朽故事。

借乡贤徐广缙声望，扩大地域知名度，弘扬传承历史文化，推进美好乡村建设，徐寨自然村所属的原徐寨村委会更名广缙村委会，因城镇扩展而拆迁兴建的张玉皇安置区也命名为广缙佳苑。

（作者单位：安徽省太和县第二次全国地名普查领导小组办公室）

双峰文塔赋

阳 剑

荆楚故属，芙蓉新邑。方言本楚韵，自古文明之地；人物启近代，经世致用之源。入蜀辅主，蒋公琰分诸葛之肩；梅花百咏，冯子振耀散曲之光。为民减赋，贺鹤楼朝殿从容；旷世开风，曾文正三立不朽。秀地灵川，俊彩星驰，灿烂文脉，薪火绵绵。

山河枕两星之交，文塔集人文之美。史海浩繁，往不可考，可考者同治二年。士绅合力，择吉址于塔山，佳构甫就，封侯伯于庙堂。百载悠悠，才俊迭起。赤地风雷，和森之党建；女权新风，蔡畅之妇运。

惜乎痛哉，塔毁文革。风铃失声，斯文委地。吾生何幸，躬逢盛世；邑强民富，重修文塔。县城建投总揽其事，改址文山，画筹精微。二〇一一年启动，二〇一五年落成。塔高七层，堂开八面。塔名高悬，为湖南省委原书记熊清泉所题，

壁勒华章，乃往哲先贤及今名士所书。奉孔圣曾贤于厅殿，肃穆典雅；刻乡贤芳名于石壁，勉励后学。

一塔既竣，万民同乐。登斯楼也，胜景随步。上出重峦，白云绕岫；下瞰新城，飞丹流阁。极目远眺，云水齐收。临帝子之长风，接南岳之仙淑。大本有源，九峰共韶峰一脉；活力无极，涟水推湘水涌波。噫吁哉！泱泱吾邦，腾蛟起凤，耕读天下，富厚日新。诗云：紫气东来塔势高，湖湘一脉领风骚。喜看吾邑人才盛，健翮翻飞四海翱。

（作者系湖南省作家协会会员、双峰县文联主席）

念奴娇·黄河颂

韩　东

万壑丛中,喷涌出,
银浪滔滔千古;
漫漫威势塑凛怒,
胸怀壮美画图;
淼淼浩瀚,苍茫堪数;
谁晓她风度?
孕育文明,
人间奉为祖母。
高峡平湖妖娆,
娇姿更露,沿岸展新图;
九曲回旋,金沙沉浮;
大禹当年通疏;
波峰叠嶂,巨澜飞瀑;
峡岸恰似鬼斧;
敢问全球,
哪个浪中觅路?

西夏王陵二题

杜学华

五绝·西夏王陵怀古(新韵)

日暮秋山冷,岚烟瀚海浮。
荒坟千里寂,帝冢万年孤。

七律·谒西夏王陵(新韵)

贺兰山下帝陵孤,亘古尘烟瀚海浮。
岁岁风吹丘冢瘦,年年沙砺草痕疏。
三千青史真还假,百二关河有作无。
旧日王侯终化土,世人命运几分殊?

《词忆中国》(节选)

夏 懿

柳腰轻·北京

京华烟寄昌平月。燕山鹊,怀柔雪。立学海淀,美逐朝阳,顺义丰台相确。进幽蓟、王府期期。北平亭、武承文略。

万古颐和墨写。望长城、浩然天界。祭天颂地,户台夕照,翠晓居庸风猎。故宫在、首善宜来,密云疏、始呈欢夜。

满路花·天津

津门颂远歌,沽上潮白客。海河通域境,京畿射。闻基洋务,并喜直辖策。青杨柳社,虹长南开,北辰重忆淑德。

摩天之眼,蓟北雄关陌。流霞千里沃,晨钟和。潇潇五道,澜起东疆破。晚照黄崖锁。静海深流,芦台飞至白鸽。

秋兰香·呼和浩特

正北疆托,生海不浪,阴山并蒂莲花。丰州车马炫,青城浴光霞。踏黄土、青草再萌芽。问昭君墓谁家?过前套、拓平原野,驽马嗒嗒。

且到草原冬至,赏雪覆白塘,了却痕涯。若西行、漠浪玉泉挖。波清武川发。哈素海上,鸭聚鸥沙。握奶酒、呼朋约友,义仗人侠。

佳人醉·桂林

环立千峰秀甲，香谢百花融洽。桨渡漓江下，净瓶潭湛，雁过声纳。远影帆扬荔浦，驻七星坪马。

灵川画，象鼻山塔。月岭灌阳院美，多福宏远，雕翠着青瓦。西街踏，叠彩一刹，风递阳朔文雅。

乌啼月·三明

午候红梅列，槐南旌鼓相别。尤溪水引三元雀，沙净翠峰叠。

群燕腾飞含笑，洞溶宁化长歇。金城场上丹霞烨，千里闽江阶。

鹧鸪引·上饶

浩渺鄱阳不老春，芒山碧云入黄昏。陆羽泉水胭脂井，楼榭堂前马草均。

万年策，抵乾坤，铅山扶醉鹧鸪群。玉山怀绪三清坐，方寸丰饶惠子孙。

满宫春·雅安

古青衣，连雨盛，夜静廊桥春等。天全储秀杜鹃啼，芦寄汉源石瓮。

碧峰承，白马境，上里古桥花请。蒙山风转板桥行，严道富林乘凤。

广西龙胜龙脊梯田(海飞 摄)

河北省易县清西陵一角(张英杰 摄)

日本北海道美马牛(宇儿 摄)

英国泰晤士河畔的大本钟(雁佼 摄)

绘说老北京

杨梅竹斜街一隅

潇 潇

杨梅竹斜街是北京的一条文化街,位于前门外西南,在大栅栏街西口往西大约半公里处,东起煤市街,西到延寿街。杨梅竹斜街在明朝时称为斜街,后来,据说这胡同里有一个杨姓的媒婆,在清朝时便改称为杨媒斜街,到光绪年间,谐音雅化为杨梅竹斜街。这条胡同大约是被走出来的,它形成于元朝,确切地说应该是明朝,当时元朝定都北京后,废弃金中都不用而重新营建大都,但是大都的商业并没有发展起来,那时候,虎坊桥西侧至菜市口附近是个繁华的市场,因而老百姓还是到老城去购买所需物品,人们由大都出城到虎坊桥这段路逐渐被走了出来。

超级链接：

杨梅竹斜街中的名人故居

- 杨梅竹斜街25号：这里曾是清朝乾隆帝御赐给户部尚书、东阁大学士梁诗正的宅邸。梁诗正，字养仲，号芗林，又号文濂子，钱塘（今浙江杭州）人。梁诗正常随乾隆帝出巡，朝廷重要文书多出其手，主要作品有《石渠宝笈》《三希堂法帖》《矢音集》等。

- 杨梅竹斜街61号：这里曾经是酉西会馆，沈从文初到北京时便住在这里，并在此写出了《边城》《长河》《湘西散记》等散文体小说。冬季无火炉，沈从文睡觉时把全部能盖的东西都盖在身上。该街上的银钱业公会，当年是北京的票号、钱庄的公会。街上还有湖笔大师戴月轩的故居、京剧武生杨小楼故居、评剧演员新凤霞故居等。如今，该街上仍有青云阁后门。青云阁是清末民初北京高级综合商业娱乐场所，集娱乐、购物、饮食、品茶、服务于一身，是文士、官员、商贾、贵胄的消遣之所。康有为、谭嗣同、梁启超、鲁迅、梁实秋等名人曾多次来此饮酒作乐，蔡锷也是在此结识小凤仙。

绘者语

现如今，杨梅竹斜街成了北京有名的文艺一条街，很多文艺青年、外国友人慕名到访。作为土生土长的北京丫头，我还是第一次到杨梅竹斜街。席地而坐，画得正投入，被热情的大妈从地上拉起来，屁股下被塞了个凳子，暖心；图画中餐厅的服务员姐姐跑出来观摩数次，抱怨我只把他们的厨师画了进去，而没画她；大概是因为当天穿的黄色衣裳和身后的砖红大门对比太强烈，静坐一下午，没少被游人的“大炮筒”捕捉。现在想想，后悔没在自己面前立个牌子：拍照收费！

河北省召开地名普查档案管理暨成果转化培训会议

2018 年 7 月 17 日至 19 日，河北第二次全国地名普查档案管理暨成果转化培训会议在石家庄市召开。会议对前期的地名普查工作进行了总结，对地名普查档案管理、标准地名词典（2—8 部分）编撰、地名志及地名地址库建设等内容进行了培训。

会议指出，要加快普查成果整改完善工作。河北省地名普查及成果转化工作虽然取得了一定的成绩，但是地名普查成果经过几次整改，还存在一些问题。各地要高度重视，严肃对待，严格按照国务院地名普查办反馈的意见，认真进行整改完善，确保形成高质量的普查成果，圆满完成普查成果数据验收入库任务。

会议强调，要切实做好普查档案归档工作。要严格按照规定的归档范围、整理要求、工作流程进行整档，确保普查档案完整准确、系统全面。同时，要做好普查档案资料保密工作，确保普查成果数据的安全。

会议要求，要高质量做好地名典志编纂工作。要按照国务院地名普查办规定的时间节点，完成好国家地名典志的撰写任务，同时各地要从本地的实际情况出发，参照国家标准，积极推进本地图录典志编纂工作，确保形成一批高质量、有特色的普查成果。

会议强调，要进一步强化资金监管。第二次全国地名普查开展以来，中央、省、市、县投入相当数量的资金。普查工作即将结束，各地要按照《第二次全国地名普查专项资金使用管理办法》要求，对资金使用情况进行一次全面自查，发现问题及时整改，确保资金专款专用、使用规范、安全高效，不出任何问题。

培训会议由省地名普查办组织有关专家进行专题授课讲解和答疑，现场观看了两个试点县区普查档案示范样本。各市、县、区的地名工作人员及外包公司相关人员 230 余人参加会议。

山西省完成五轮地名普查成果质量省级验收

2018 年 4 月 18 日，山西省正式完成地名普查成果质量第五轮省级验收工作，为历时 13 个月的普查成果“质量攻坚战”画上一个圆满句号。

2016 年 7 月以来，地名普查工作加快推进步伐，山西省政府领导高度重视，做出重要指示。按照国务院地名普查办及省政府领导要求，省厅领导迅速制订工作方案，采取有效措施，逐级签订政府普查工作责任书，通过约谈通报督查督办，切实做到了“六落实六到位”，全面赶上工作进度，主体工作受到国普办主要领导表扬，信息报送等多项工作得到国普办肯定。

在赶上普查进度的同时，山西省牢牢抓住普查成果质量这根红线，配合国普办三轮验收，开展了“三大两小”五轮验收，“以验为督、以验促改”，普查成果质量得到有效提升。山西省认真研究国普办验收反馈问题，有针对性地召开工作推进会议、开展省级大型培训、进行技术支持指导，重点解决规范问题，坚决消灭批量问题，合力攻克技术难题；先后树立“和顺模板”“运城规范”“阳泉建库”等工作典型，在普查不同阶段起到引领示范作用。

山西省以“踏石留印”的工作精神和作风，贯彻落实国普办工作部署，坚决完成普查成果质量攻坚任务。按照国普办成果质量全部三轮验收情况反馈，第二、三轮反馈问题较第一轮分别减少为 65.6% 和 96.8%，成果质量扎扎实实、稳步提升。

下一步，还将结合成果转化工作，对普查成果质量继续优化提升，让普查成果更好地满足社会和人民群众实际需要。

山西省阳泉市召开地名普查工作推进会

2018 年 5 月 8 日，山西阳泉市普查办在城区民政局召开了地名普查工作推进会。各县(区)分管领导、业务骨干及技术服务公司项目负责人参加会议。

会议首先传达了省地名普查工作推进会的精神，安排部署了下一阶段任务：各县（区）要进一步严把普查成果质量关，在做好成果验收和成果数据入库的同时，全面开展地名普查成果转化和档案建设工作。

会议就档案整理归档工作，对照《第二次全国地名普查档案管理办法》逐条进行了解读。城区民政局作为省地名普查档案整理归档的试点单位，将在前期工作中积累的经验，与各县（区）进行了交流。

会议强调：一是在档案整理的过程中，要对过程资料查漏补缺，完善地名普查档案资料，确保档案资料的真实、丰富；二是积极开展地名普查成果转化工作。要有计划、有安排，以高度负责的态度，高标准、高质量、高效率地形成一批看得见、用得上的转化成果。

吉林省举办地名普查成果质量暨成果转化培训班

2018 年 7 月 10 日，吉林省举办地名普查成果质量暨成果转化培训班。培训班全面总结了吉林第二次全国地名普查总体情况和成果转化推进情况，珲春市、永吉县、梨树县、梅河口市介绍地名普查开展、质量保障和推进成果转化等经验，讲解地名志编写要求以及解答地名词典编制过程中出现的问题。吉林各市（州）、县（市、区）、普查公司共计 150 余人参加会议。

培训班上，通报了部分县（市、区）第四轮国家数据检查（入库检查和接边检查）的情况，要求各地按照意见立即进行对照整改，对下一步工作提出了具体要求。

一是全面完成地名普查工作任务。国家仍在进行数据入库审查，还未完成国家验收，各地要高度重视，严格按照反馈意见完善普查成果，按时进行下一轮数据上报审查工作。同时，各地还要做好国家验收准备工作，整理地名普查各项成果档案，建档立卷等，以备国家进行实地验收。

二是全力推进普查成果转化工作。按照吉林省成果转化规划，要出版《吉林省地名志丛书》。现在吉林 13 个试点县市已基本完成地名志的撰写，其余 47 个县（市）也要抓紧启动并推进此项工作。各市（州）要积极推进本区域地名词典编纂工作。目前，吉林普查办正在编制《吉林省地名文化遗产保护名录》，各地要积极配合，及时提供相关资料。同时，国家层面也在编制全国范围的地名图录典志，也需要各地配合。各地要充分利用“互联网+”技术，做好地名信息核对、地名文化挖掘等工作，更好地提升普查成果质量。吉林省普查办也将积极推进吉林数据库平台建设，把地名普查成果数据和行政区划相关数据“管起来、用起来”，发挥吉林省数据中心平台作用。要借助地名普查及地名志编纂的机会，持续推进地名文化保护和清理整顿不规范地名工作。

三是着力提升地名公共服务能力。各地要紧抓地名普查最后契机，发挥地名普查领导小组重要作用，协调落实工作经费，着力加强地名公共服务体系建设，健全地名管理机制，完善地名管理法规政策，编制地名规划，加强地名标志管理，强化地名文化保护，创新地名管理模式，为社会提供全面、准确、便利的地名公共服务。

安徽省举办标准地名图录典志编纂暨地名普查成果数据入库培训班

为贯彻落实国普办漯河培训会议精神，进一步推进安徽省第二次全国地名普查成果转化工作，2018 年 5 月 14 日至 16 日，安徽省民政厅和省地方志办公室联合在合肥市举办了全省标准地名图录典志编纂暨地名普查成果数据入库培训会议。

会议邀请《中华人民共和国标准地名词典》编辑部常务副主任周舜武，对标准地名词典 2—8 部分编纂细则进行解读，就如何编纂省级地名词典进行业务指导。《中华人民共和国标准地名志》编辑部主任张敏、副主任赵航对标准地名志编纂方案和采词释文进行了详细解读。安徽省第四测绘院对地名普查成果入库和档案整理工作做了讲解，进行了地名普查档案成果展示。会上，省普查办通报了全省第二次全国地名普查进展情况，明确了下步成果转化工作任务、推进时序和责任分工等，并提出了具体要求。通过培训，全省市、县两级地名普查人员进一步强化了加快推进成果转化的意识、明确了任务要求和时间节点，掌握了图录典志编纂和地名普查成果入库等有关技术规范和操作要领，为安徽省全面推进地名普查成果转化工作打下良好基础。

全省各市、县(市、区)民政局区划地名科长(处长)、股长,各市地方志办公室方志科科长,共150余人参加了会议。

安徽省马鞍山市利用地名普查推动地名文化建设

深入挖掘地名文化资源。在第二次全国地名普查过程中,既广泛采集文化内涵丰富的现状地名(如褒禅山、陋室、采石矶、太白大道),又注意采集已经消亡的重要历史地名(如金家庄区、东关镇、薛津镇),深入挖掘地域特色文化,不断丰富和提升地名普查工作内涵,展现本市绚丽多彩的地名文化风貌。

加强地名文化遗产保护。积极开展地名文化遗产申报认定工作,全市已有5个镇(含山县运漕镇、环峰镇,和县乌江镇、历阳镇,博望区丹阳镇)入选安徽省千年古镇地名文化遗产名单。另外,还认真指导当涂县启动了“千年古县”的申报工作。

积极宣传弘扬地名文化。组织参加民政部与光明网主办的“美丽中国·地名寻梦”全国地名文化短视频展播活动,共上报了千年古昭关、姑溪河等4篇作品;在各县区摸底筛选的基础上,审核整理了18个安徽省最美地名故事,上报省民政厅(普查办);启动开展了以“弘扬地名文化,延续历史文脉,打造魅力诗城”为主题的马鞍山最美地名故事征集评选活动,今年年底前将评选出“马鞍山十佳最美地名故事”及若干优秀获奖作品,并出版《马鞍山最美地名故事集》。

严格地名命名更名管理。结合地名普查,认真开展地名命名更名工作,切实解决有地无名、一地多名、地名重名等问题,提高地名管理规范化、标准化水平。开展地名普查工作4年来,市区共命名道路69条、更名2条,命名新建居民区及大型建筑物55个。同时,扎实开展了清理整治不规范地名工作,全市共清理重名自然村1036个、“大、洋、怪”名居民区及建筑物35个。

江西省萍乡市部署地名志编纂工作

近日,萍乡市人民政府办公室下发了《关于做好〈萍乡市地名志〉编纂出版工作的通知》,全面部署地名志编纂工作。

编纂出版《地名志》是第二次全国地名普查成果转化利用和地名公共服务的重要内容,《萍乡市地名志》将发挥“资治、惠民、教化、存史”作用,对于积累保存当地地名文献,传承地名文化,规范地名管理,促进经济社会可持续协调发展,方便人民群众生产生活,都具有十分重要的现实意义和历史意义。为切实加强对地名志编纂出版工作的领导,萍乡市政府专门成立了市地名志编纂委员会及编纂办公室。

《萍乡市地名志》编纂分为前期准备、资料整理、编纂修改、审定出版四个阶段进行。预计于2018年12月底完成出版,篇幅约100万字,将收录安源区、湘东区行政区域内及跨界的地名约4000条。

山东省滨州市以普查为契机落实地名文化保护

近年来,在国务院地名普查办、山东省地名普查办的坚强领导和精心指导下,滨州市以打造“地方名片”为己任,以当好“地名管家”为定位,以实施“地名普查”为契机,扎实推进地名标准化进程,大力提升地名公共服务水平,积极促进地名文化繁荣,取得了一些阶段性成果。

一、坚持自主普查掌握一套地名业务核心技术

响应省厅“提倡以我为主,注重锻炼队伍”的号召,滨州市从组织实施、信息采集、现场踏勘、数据录入、标绘修图等各环节步骤,完全独立自主落实普查,未将一项业务外包。全市1000多名专兼职普查员,320多个成员单位,3年多时间,一条条采集信息,一次次修正内容,一点点标注修图,在获得可靠普查成果的

同时,也积累了大量经验教训,锻炼培养了全市的普查人员,各县区都有多人可熟练操作地名数据库,并可独立完成普查登记、采集、录入、修图全流程。博兴县深入钻研表格转换工具、照片文字转换软件等,研究总结出大量高效、实用、易用的操作技巧。阳信县争取到农业系统高清航拍地图,辅助标注修图,绘图准确性可与外包公司媲美。全市共完成地名属性信息、多媒体信息3万套,全部录入数据库并完成关联标注,整理汇总4类13项组织实施类材料,3类8项成果类材料。惠民、邹平两县在全省率先实现数据库成果包电脑预检查满分。相比普查技术外包来说,自主普查首先节约了大量财政资金,再次流程高度可控,内容权威可靠,更重要的是锻炼出一支过硬的普查队伍,普查后不会出现知识断层和技术真空,为将来各项地名工作奠定了坚实基础。

二、积累成果转化促进一次服务水平质的提升

第一,普查服务地名管理,标准化正名。依据普查数据,对有地无名、新生地名的命名,严把审批关,杜绝“大、洋、怪、重”等不规范地名的产生,近期正在研究推进的有高新区道路命名更名计划,博兴县道路、文化园系统命名更名计划。对于普查出的不规范地名,一是提前介入,事前纠错。德大铁路“滨州站”在建成投用前,为避免与原滨港铁路“滨州站”的重名,事前将原“滨州站”更名为“滨州东站”。二是坚决纠错,整改到位。针对违反地名管理条例不规范地名,对“华盛顿大桥”等27座不规范桥梁名称,及时、坚决予以纠正。三是科学论证,审慎更名。结合地名普查,对一地多名、地名用字不规范等问题进行摸底调查,多方论证。完成打渔张新河更名为“蒲河”,正实施“付家鄐(quān)”“龙王崖(ái)”“国(guī)家村”等地名的审音定字工作。

第二,普查服务志书编纂,为大地记名。根据普查最新数据,沾化、无棣对《地名志》原稿进行更新完善,经过多次修订,目前基本具备出版条件,其他县区也启动了图录典志的编纂工作。按照省厅安排部署,积极做好《中华人民共和国标准地名词典》滨州部分262条地名释文编写工作,目前正在进行信息核准、文字修订工作。用最新普查数据,支持滨州学院成益方教授开展滨州地名研究,形成了《滨州地名文化研究》科研成果。

第三,普查服务文化建设,接续历史文脉。在地名普查过程中,将文化属性

挖掘放在重要位置。分别实施“滨州地名故事”“古村记忆”两个项目，完成对150个市级重要地名的文化属性挖掘、宣传。阳信县“村名故事”项目，对全县村名的来历、含义、历史沿革、文化属性进行挖掘整理，目前已经完成140个村庄，覆盖了全县30%的村庄。博兴县在全省率先拍摄《古县神韵》纪录片，实施“博兴地名故事”项目，完成丈八佛、麻大湖等30多个重要地名专题纪录片。邹平县对青阳村等疑难地名进行实地考察、录制专题片。

第四，普查用于提升服务，为地名设标。借助普查契机，在提升地名服务水平上借势发力，化解难题。抓住农村环境三年集中整治收尾的契机，与市农村环境综合治理指挥部共同实施“村碑规范化”项目，系统改善全市村庄规范设标问题。借助创建文明城市和召开全国古村镇大会的机遇，与工商、卫计委等部门形成合力，彻底解决了路名牌不雅广告问题，新设置偏僻路段的路名牌220处。与市公安局共同实施“新建小区路段地名管理规范化”项目，共同对全市新建小区路段地名进行现场调查、信息采集、标志设置。

三、注重传承应用打好一场地名文化遗产保护战

第一，保持定力，传承保护地名遗产。按照规范标准，编制地名文化遗产名录，根据普查进展，不断补充完善。在做好摸底的同时，同时做好地名遗产的传承保护。惠民县“傌（mà）家村”中的“傌（mà）”字未被字典收录，其来历多有贬义，我们坚定保护地名遗产的信念，积极争取，2007年“傌（mà）家村”被收录进滨州市首批非物质文化名录。沾化、无棣沿海村镇中通名多用“鄗”字为非规范字，因为未被电脑字库、现代字典收录，使用不便行文用“圈”字或“o”符号代替，经调查研究“鄗（quān）”为沿海晒盐设施，在我国东部沿海地区使用比较广泛。为方便使用部分地区将“鄗（quān）”替换为“圆圈的圈”，我们在坚定保护“鄗（quān）”字地名遗产的同时，积极做好地名定字申报工作，争取列入现代字典、电脑字库。在新地名命名更名中优先使用“老地名”“旧地名”，2016年无棣县城区道路东西向道路统一更名“海丰”加“序数”的形式，海丰为无棣县民国前曾用名。博兴县对城区道路的系统命名、更名，围绕“乐安”“千乘”“蒲姑国”等文化IP做文章。2017年高新区道路命名方案中结合了文化遗迹“宴贺台”“蒲台县驻地”元素。因拆迁消失的村庄，地失名不失，如邹平县乔木村拆迁后新建

小区命名为“乔木小区”,滨城区亚药刘村拆迁后新建小区命名为“亚药小区”,做到了地名脉络不断。

第二,注入活力,复兴重现历史地名。以地名为线索,重建滨州八景:秦台晓雾、榆林晚照、渤海观潮、清河横带、莲池夜月、古井琉璃、兔岭浮波、砂亭雨霁。其中莲池夜月重建后,又在其南部建设了“莲花书院”,成为滨州文化建设亮点。历史地名重现现代滨州,焕发出新的生机与活力。2016 年借助“第二届中国古村镇大会”契机,全市对“西纸坊”“狮子刘”“香坊王”“魏集”等文化内涵深厚、区位资源优越的古村落,进行重点开发建设,地名遗产重现生机,熠熠生辉。统筹考虑地名文化遗产群的保护与开发,无棣县按照“山海古邑,儒风无棣”定位,恢复重建无棣古城,大觉寺、吴家大院、荷花湾、冯安邦旧宅、明清县衙等历史地名重现青春。同时,掀起对魏王豹墓、碣石山等地名保护、开发高潮。

第三,激发合力,繁荣振兴地方文化。以地名为线索依托,出版发行《黄河岸边的古城》《车王古镇》《魏集古镇》等文化书籍。围绕吴家大院线索深入挖掘,由著名评书表演艺术家刘兰芳播讲的《红顶清风》在中央人民广播电台播出,由著名编剧史航主笔的剧本《家风》也在创作中。惠民挖掘魏氏庄园文化内涵,由长篇历史小说《魏氏庄园》改编的 60 集电视连续剧申请备案获得国家新闻出版广电总局公示。

河南省召开地名普查监理情况报告暨成果转化利用研讨会

为弘扬河南优秀地名文化,铭记中原大地地名历史变迁的记忆,更加有效地对第二次全国地名普查的成果进行转化利用,2018 年 6 月 15 日,在“一城文化神韵、千载灵秀商丘”召开了河南省第二次全国地名普查监理情况报告暨成果转化利用研讨会。省级监理单位河南省行政区划与地名学会邀请了业务主管单位、各地地名专家、各理事单位代表 40 多人参会。

会议就河南省第二次全国地名普查工作开展以来,各地普查监理工作进行了详细介绍，指出在普查中存在的问题和有效的解决方案。在成果的转化和有效利用方面与会代表进行了研讨，并分别从领导重视、出台规范文件、完善工作机制、强化体系、如何加强地名文化保护等方面提出了诸多宝贵意见。

大会邀请郑州市民政局和商丘市民政局的代表对地名文化传承和保护进行了发言。最后，与会专家做了《珍惜宝贵的地名文化》的主题演讲，赢得了与会代表雷鸣般的掌声，燃起了大家对优秀地名文化保护的探索激情。

会议强调，河南省行政区划与地名学会应充分发挥自身的资源优势协助各地对地名普查成果高效利用，做好图录典志的成果转化工作；充分发挥学会的平台作用，加大对河南地名文化传承的宣传力度。让更多的人了解中原文化，让更多的专家志士来挖掘中原传统文化，把中原优秀的地名文化传播出去。

河南省信阳市举办地名文化宣传暨摄影大赛活动

为加强第二次全国地名普查宣传工作，传承、保护和弘扬信阳地名文化，信阳市第二次全国地名普查领导小组办公室举办“豫风楚韵 · 人文信阳”信阳市地名文化宣传暨摄影大赛。大赛以图片、文字方式展示信阳市丰富的地名文化，传承弘扬优秀地名文化，扩大地名普查的社会影响力。

活动由信阳市第二次全国地名普查领导小组办公室主办，信阳市豫南民俗摄影协会、信阳市手机台承办。此次摄影大赛作品征集，自 2017 年 7 月 1 日至 2018 年 4 月 30 日，历时 9 个月，在全市民政系统、摄影协会以及广大摄影爱好者的大力支持下，共收到包括安阳、洛阳等地市千余名作者的摄影作品 3000 多幅（组）。经专家评审，共评出一、二、三等奖及入选作品 83 幅（组），内容基本涵盖行政区域，非行政区域，群众自治组织，居民点，交通运输设施，水利、电力、通信设施，纪念地、旅游景点，建筑物，单位，陆地水系，陆地地形等 11 大类地名。

本次展览按“生态信阳、人文信阳、魅力信阳”三大版块依次呈现，旨在全面展示信阳进入新时代的绿色之美、人文之美和发展之美。

河南省安阳市挂图作战扎实推进地名普查成果转化

为做好第二次全国地名普查成果转化工作，传承和保护优秀地名文化，让地名成果真正普惠于民，河南省安阳市地名普查办上下联动，挂图作战，扎实推进地名普查成果转化工作。

一是群策群力制订成果转化方案。市地名普查办先后3次组织县（市、区）召开成果转化规划座谈会，就成果转化内容进行商讨，拟订方案，多方征求意见，经过反复商讨、修改完善后正式下发《关于地名普查成果转化的实施方案》（安地名普查办〔2018〕1号）。同时，要求各县（市、区）增强做好成果转化的信心和能力，树立精品意识，开阔新思路，严把质量关，按时完成我市地名成果转化工作。

二是强化责任制定成果转化作战图。为更好地完成地名普查成果转化工作，市地名普查办以全市成果转化方案为依据，以群众对地名信息和地名文化的需求为出发点，制作了地名普查成果转化作战图，将成果转化内容细化为地名图书编撰和标准地名图标绘、地名标志管理、地名信息化建设、地名文化保护、地名宣传、地名档案整理、地名普查总结表彰7个部分，共计15大项、55小项，针对不同阶段的实际情况，明确普查成果转化工作目标、任务及具体实施过程，落实责任人。

三是稳步推进成果转化工作。在理清成果转化工作思路的基础上，市地名普查办稳步落实，扎实推进成果转化工作。目前，市地名普查办及各县（市、区）地名普查办已分别向当地财政部门申请经费，保障成果转化所需资金。市地名普查办本着节约资金，以需求为导向的原则，通过网络信息收集、市场调研等方式，制订出招标方案，将按照每个环节、每个时间节点稳步推进，确保地名普查成果转化取得扎扎实实的效果。

河南省三门峡市召开地名文化保护和清理整治不规范地名工作会议

2018年5月29日，河南省三门峡市召开了有成员单位和驻峡有关部门参加的清理整治不规范地名及地名文化保护专题工作会议，所辖各县（市）区地名普查主管局长和股长共计四十多人参加会议。

会议传达了《三门峡市地名文化保护和清理整治不规范地名工作的实施方案》，明确了各成员单位的主要职责和工作任务；就如何进一步清理整顿不规范地名和加强地名文化保护提出了具体要求。在清理整改阶段中应如何把握的5个环节以及地名的标准化、规范化、法制化等都进行了详细讲解，并对几年来三门峡市地名普查进展情况做了汇报。

会议讨论了《三门峡市城镇建筑物命名标准》；下发了河南省人民政府第156号令《河南省地名管理办法》《三门峡市地名管理规定》等法律法规，就进一步对地名更名、命名应遵循的原则和审批程序和做好城镇地名规划提出了实施意见。会议要求各成员单位履行好各自的职责，认真落实会议精神，回去后梳理任务，先行自查自纠，认真填写各类表格，由市普查办统一汇总评审，反馈意见进一步整改提高。

此次会议，成员单位积极讨论，热烈发言，对自觉增强地名文化保护意识，营造了良好的氛围，为实现地名的规范化、标准化、法制化奠定了坚实的基础。

河南省平顶山市召开地名普查成果转化推进会

2018年6月6日下午，平顶山市第二次全国地名普查成果转化推进会在市民政局四楼会议室召开，各县（市）区主管副局长及区划地名科（股）长30多人参会。

会议传达了国务院印发的《第二次全国地名普查成果转化规划（2015—

2020)》文件精神,详细解读了《河南省2018年地名普查工作计划》,并就本市第二次全国地名普查成果转化工作作出具体部署。

面对新形势下区划地名工作的新要求,为稳步推进本市地名普查成果转化工作,会议强调,一要充分认识到地名普查成果转化工作的重要性和紧迫性。按照省厅完成今年各个阶段的成果转化工作要求,各县(市)区要按照时间节点,加大工作力度,强力推进普查成果转化,确保有序推进,如期圆满完成;二要不断强化责任意识,全面推动地名普查数据的有效应用。全市民政部门要发挥主导作用,加强统筹协调,注意调动社会各方面的积极性,确保此次地名普查数据在规范地名管理、推进地名服务、服务社会经济发展、推动地名文化传承等方面发挥重要作用;三要理清任务、统筹推进,通过多种形式全面体现地名普查成果的最终成效。尽快完成地名普查档案整理。组织编纂相关图、录、典、志。做好地名普查成果图、区划图的转化。根据普查情况制订城市地名规划,做好街、路、巷、门牌设置准备工作;四要加强培训,提升能力,着力发挥专业技术优势。地名普查成果转化专业性强,需要业务熟练、专业水平高、有奉献精神的专业队伍来完成。在充分发挥有关专家学者的参谋和指导作用的同时,要加强民政系统自身骨干技术队伍的培养,充分发挥主力军作用。

河南省焦作市加快推进地名普查资料归档立卷工作

焦作市第二次全国地名普查领导小组办公室收到《河南省第二次全国地名普查领导小组办公室关于加快推进地名普查资料归档立卷工作的通知》(豫地名普查办〔2018〕4号)文件后,迅速组织学习,研究部署。对照省普查办要求,深感时间特别紧,任务特别重,必须全力以赴抓好此项工作。为使各县市区对此项工作有全面和直观的认识,少走弯路、一次达标,顺利完成档案资料立卷归档工作,焦作市决定采取“学典型、赶先进”的办法,组织各县市区主管副局长、区划地名股股长及技术人员共计40余人,赴济源市召开地名普查资料归档立卷工作现场培训会。

2018年6月6日,现场培训会在济源市民政局视频会议室召开。大家共同学习《河南省第二次全国地名普查领导小组办公室关于加快推进地名普查资料归档立卷工作的通知》(豫地名普查办〔2018〕4号)文件,提出了贯彻落实的具体要求:各单位要加强组织领导,保证人员到位、设备到位、资金到位;要安排专人领头,具体负责,分工协作;要善于思考,发现问题,及时解决,确保地名普查资料归档立卷工作高效率、高质量。

济源市负责地名普查资料归档立卷工作的同志进行了讲课。为了讲好这堂课,他用了两天时间,搜集了大量资料,制作了专门的PPT,花了大量的心血。从地名资料归档立卷准备阶段到立卷成册的每个步骤都进行了详细总结,细化到“六个到位”和“五个阶段”的具体操作。对收集资料、顺序、编号、目录、装订、印刷等工作中需要注意的事项,都一一详解。讲课获得了圆满成功,得到了参加培训同志们的高度赞扬。

会议组织参会人员到济源市地名普查档案室现场观摩学习,最直观地了解归档立卷细节。大家纷纷拿出笔记、手机,有的抄写、有的拍照,对归档资料、归档顺序、最终成果等一一记录,遇到不清楚的地方,现场向济源市的专家请教,当场讨论演示,直到问题解决为止。

通过这次现场培训,参会人员对地名普查资料归档立卷工作有了全新的认识,工作思路更加清晰,工作程序更加紧凑。大家纷纷表态,在省普查办的正确指导下,一定在规定时间内,完成地名普查资料归档立卷工作。

湖北省召开二普标准地名图集编制等培训班

2018年4月25日至28日,湖北省第二次全国地名普查标准地名图集编制、档案管理及地名文化遗产保护培训班在荆州市召开。省地名普查办主任、省民政厅副厅长赵显富出席开班式并讲话。华中师范大学、湖北大学、湖北省档案馆、湖北省基础地理信息中心、湖北省国土测绘院和普查成果转化软件开发企业的相关专家应邀到班授课,各市州、县(市、区)民政局分管局长、区划地名科(股)长及地名普查业务骨干,共计280余人参加了培训班。

赵显富指出,一年来全省地名工作统筹推进地名基础研究、地名图书编纂、地名文化保护、地名信息化建设和地名公共服务等工作，取得了新的成绩和新的进步，主要表现在地名基础工作得到加强、地名图书编纂有序推进、地名文化保护不断夯实、地名信息化建设初见成效、地名公共服务能力提升。

赵显富强调，一年来全省地名工作取得的成绩坚定了我们砺行致远的工作信心，同时我们也要清醒地看到，与中央国务院和省委省政府的要求相比、与人民群众的期待相比，湖北省地名工作还有很多不足和问题，地名乱象屡禁不止、司空见惯，地名公共服务体系基本没有建立，地名信息化水平还不能完全适应经济社会发展需要，地名管理治理一些深层次的体制机制问题亟须破解，地名基础工作仍然薄弱，难以承载地名工作新发展，普查成果转化缺乏合力，难以实现地名普查新提高，地名管理治理结构失衡，难以支撑公共服务新突破。

赵显富要求，全省要提高站位，克难攻坚，努力开创新时代地名工作新局面。一要提高站位，充分认识地名文化建设的重大意义，要通过地名普查，深度挖掘地名文化资源，加强成果转换，并开展形式丰富多样的群众乐意接受的宣传推广活动来讲地名故事，为服务大局，为践行“四个自信”作出应有的贡献；二要保质保量完成第二次全国地名普查工作，要按照国家下发的数据整改意见，认真开展数据整改，在规定时间前统一提交国家复查，必须在2018年6月30日前，确保普查数据国家验收圆满完成；三要坚持以项目为支撑，推动地名图书的编纂工作。要善于在现有的工作条件下，结合第二次全国地名普查成果转换，以工作立项为抓手，规范项目管理，强化成果导向，重点推动地名图书的编纂，争取到2018年底完成整体编纂工作的40%；四要借势借力，加强地名文化保护工作。要充分利用地名文化和人民群众密切相关、对人民群众有显著吸引力的独特优势，为报纸、杂志等有关媒体提供吸引眼球的地名文化素材，满足人民群众日益增长的文化需要；五要创新提高地名公共服务水平。要深刻认识地名工作只有与经济社会发展紧密结合才能发挥作用，才有价值和生命力，妥善处理保密与应用的关系，推进地名信息更新常态化，大力开展地名信息化应用，做大地名信息化应用规模，做优地名信息化应用模式，提升地名信息化应用水平；六要不断提升地名管理能力，要夯实法治支撑，保障社会公众的知情权、参与权、监督权，让地名法规接地气、好实施。加强地名管理，把地名普查档案建设和地名规划编制深度结合，合理编制地名规划和地名标志方案，杜绝不合法地名标志出现。整合监管力量，创新探索地名违法监管执法体制机制，逐步形成全民监督防范地名违法、宣传普及地名意识的良好局面。

培训班上，相关专家分别就标准地名词典编纂、标准地名志编纂、地名普查档案管理、“互联网＋地名＋公共服务”信息化建设、标准地名图集编制、地名普查成果转化辅助软件使用等工作进行了授课。鄂州市、恩施州、大冶市、武汉市江汉区、东西湖区分别就整体谋划成果转化及村级以上境界线核定工作、清理整治不规范地名工作、地名文化遗产保护工作、地名普查档案整理、标准地名图集编制等做了经验交流。武汉市江汉区、武昌区、东西湖区、江夏区、鄂州市华容区及宜城市等县（市、区）进行了地名文化书籍、标准地名图和地名普查档案等成果展示。

湖北省咸宁市共享“数字城管”平台

为加强咸宁市市城区道路标示牌的管理工作，提升城市品位和城市形象，咸宁市将城区道路标示牌纳入了市城管委“数字城管”平台实行网络管理，充分发挥了“数字城管”平台的作用，提高城市管理问题的处理效率，进一步规范了道路标示牌管理工作。

一是依托城管执法部门上传到“数字城管”平台系统的巡查案件，第一时间通知专业维修服务单位，对已丢失和损坏的道路标示牌，要求人员及时修复和增补。

二是对部分路名牌不洁、宣传广告掉落现象进行及时维修，做到了“数字城管”平台上的案件日清月结。

三是每月清洗路牌 3 次，包括清除小广告、油漆、涂鸦等。路牌广告内容每半年更换一次，对出现画面污损、严重褪色、字体残缺等影响市容市貌的，及时修复、更新，保证路牌洁净，管理维护到位。

四是为强化道路标示牌管理工作，市地名普查办成立了工作专班，要求专人每天登录“数字城管”平台“智慧城管”系统查询办理案件，以避免登录不及时，造成案件迟滞，处置不及时的情况发生。

2018 年 1—5 月底，通过数字城管网络监督员、热线市民监督和城管监控发现市民政局路牌管理中存在的问题共24件，其中重复案件7件，截至目前，案件已全部结清，城市形象及品质得到大大提升。

湖南省研发数据转换工具强力助推地名普查成果转化

为彻底解决地名普查数据库属性信息和图录典志编纂成果“两张皮”的问题，按下地名普查成果转化“快捷键”，实现地名普查完美收官。日前，湖南省地名普查办委托湖南省第二测绘院，成功研发了地名普查数据转换工具软件，实现了属性数据按需输出的定制功能，将地理实体和地名文化属性从地名普查数据库中转换出来，生成word文件提供给地名文化专家审核编辑，然后可以将审核编辑之后的word文件通过工具软件，自动更新地名普查数据库。

工具软件的开发，有利于地名词典和地名志编纂词条信息获取，方便地名文化专家审核，同时解决了利用审核资料更新数据库的难题，有力推进了数据库更新与地名文化编辑工作的衔接。

据悉，湖南省省、市、县三级已紧锣密鼓地全面开展图录典志编纂工作，有望于今年全部出版。

广东省扎实推进地名普查档案归档工作

根据国家档案法、第二次全国地名普查档案管理办法等相关规定，广东省民政厅、广东省档案局结合实际，制定并联合下发《关于做好第二次全国地名普查档案检查验收工作的通知》，明确验收组织、验收内容、验收标准、验收程序及有关要求。鉴于档案资料组成复杂、工作量大，各地普遍反映遇到难点疑点较多等问题，省地名普查办联合档案部门，组成工作组深入广州、东莞、中山等地调研，并以中山市为试点摸索经验，专题研究解决难点疑点问题，形成指导意见通报各地，统一基本做法，扎扎实实推进地名普查档案归档工作。

一是广泛收集意见，加强业务指导。地名普查普遍由多方共同执行完成，档案资料由文字、图表、声像、电子及实物等不同类型资料组成，工作量和整理难度都比较大，各地依照规程开展收集、整理和归档仍然遇到很多难点疑点问题。2018 年以来，广东省地名普查办广泛收集各地在开展地名普查档案整理工作中遇到的难点疑点问题 63 条，能解答的及时给予解释解答，不能及时解释解答的，积极与省档案部门联系，共同研究解答口径进行回复，切实加强业务指导。

二是专题调查研究，解决难点问题。档案收集、整理、归档是一个系统工程，为确保档案符合验收、移交、保管的标准及规定，对于遇到的新情况新问题和一些难点问题，省地名普查办联合省档案局、省民政厅档案室联合组成工作组，深入广州、东莞、中山等地调研，与市、县地名普查办、档案局工作人员专题研究，就档案的材料印制、归档装订、声像资料处理、档案数字化、资料保密等方面问题深入研究，并达成共识。

三是细化指导意见，统一基本做法。在多次实地调研、专题研究的基础上，省地名普查办和省档案局梳理了地名普查档案收集、整理具体操作的 20 个问题和基本做法，形成细化的指导意见，及时通报给各地参照执行。如：规范卷内文件目录的文件题名项著录写法；细化文书、历史地名成果、跨界地名成果、光盘档案等子类归档分类、收录范围；明确数码照片与音视频材料，以及非涉密的文书档案数字化副本（扫描件）应一式三份并使用档案级光盘进行刻录存档。

广东省珠海市地名普查“一线多点”出实招见实效

珠海市坚持“一线多点”整体工作思路，奋力推进第二次全国地名普查工作有序开展，目前，已完成地名普查成果整改任务。

一是坚持以普查质量为生命线。市地名普查办始终严格按照普查实施方案和工作规章要求，严肃工作程序，严守普查纪律，严抓质量评价体系，全方位全过程开展监理，切实做好区级自查、市级核查和过程督查。将规范意识和质量意识贯穿整个地名普查工作始终，坚决将问题发现在源头，处理在苗头，解决在本级，坚决杜绝带着问题上报，确保了普查成果数据的全面性、准确性和现势性。

二是坚持以组织领导为根本点。建立了市、区两级普查机构，召开了动员会、部署会、推进会等专题会议，成立了由地名、语言、文学、历史等方面专家组成的市、区两级专家组，建立健全了一系列规章制度，科学制订了实施方案和目标时限。广泛开展普查宣传，召开了24场业务培训会，共培训400余人次。市政府分管领导专门作出批示，要求各区政府主要负责同志要负起主体责任，要建立组织有力、领导给力、措施得力的责权结构，确保了联动机制、部门协作机制能自上而下、自始至终有效发挥。

三是坚持以资金保障为支撑点。自第二次全国地名普查工作开展以来，全市共落实普查专项资金593.9万元。市、区两级分别配备了专业的普查队伍，落实了专门的地名普查办公用房、保密电脑、打印机、U盘、移动硬盘等设施设备，确保了有钱干事、有能力干事、有人干事、能干成事。

四是坚持以落实进度为关键点。面对时间紧、任务重、压力大的现实困难，科学部署谋划，倒排时间工期，强化部门协同，凝聚普查合力，在短时间内保质保量完成了实施阶段的各项工作，按时向省厅提交了验收申请。主动作为，自加压力，提前完成了词典部分的词目表，按时提交了词典释文稿。针对复验反馈的问题，稳步做好修正核实，确保成果数据入库效率。

五是坚持以保密工作为着重点。严格按照保密工作要求，加强保密制度的建设、完善和落实，加强涉密人员的教育和监管，加强涉密计算机和涉密存储设备的安全管理，严格执行涉密资料使用审批程序，全方位履行《保密协议书》，确保涉密领域、涉密环节、涉密人员、涉密资料措施全覆盖、落实全到位。

广西壮族自治区召开区划地名工作暨地名普查成果转化推进会议

2018年5月29日，自治区第二次全国地名普查领导小组办公室在南宁召开了全区区划地名工作暨地名普查成果转化推进会议，学习贯彻2018年初民政部宫蒲光副部长在国务院第二次全国地名普查领导小组办公室会议上的讲话精神，切实落实国务院地名普查办举办的标准地名图录典志编纂暨地名普查成果数据入库培训班相关工作要求，加快推进自治区区划地名和地名普查成果转化工作。

会上，自治区地名普查办主任、民政厅副厅长张光廷在讲话中回顾了近期区划地名工作，指出了目前地名普查和区划地名界线管理中存在的问题，强调要深入学习贯彻十九大精神，用新时代思想统筹谋划业务工作。一是要着眼区域协调发展战略，科学谋划行政区划调整；二是要着眼人民群众的美好生活需要，强化便民为民的地名服务意识；三是要着眼边界地区的和谐稳定，强化规范界线管理促进社会稳定的责任意识。张光廷提出了圆满完成今年区划地名和界线管理工作任务的要求：一是要高质量完成地名普查任务；二是要因地制宜推进地名普查成果转化；三是要不断加强地名管理服务和文化建设；四是要进一步优化行政区划设置；五是要扎实做好界线管理工作。

会上，南宁市、桂林市、防城港市、平果县、灵山县等 5 个市县地名普查办有关负责同志分别作典型经验交流。全区 14 个设区市、111 个县（市、区）分管局领导和业务科（股）长约 250 余人参加会议。

重庆市多载体深化地名普查成果转化应用

重庆市立足于地名记史留影，强化便民惠民，多载体打造“地名文化名片”，深化普查成果转化应用服务民生。

编制地名图书“记史”。一是完成《国家标准地名词典 · 重庆卷）》（第一部分）3700 余条、71 万余字词条、释文编撰，启动《国家标准地名词典 · 重庆卷》（第二至八部分）、《国家标准地名志 · 重庆卷》编撰。二是抓紧开展编写《重庆市标准地名志》《重庆市标准地名录》，编制《重庆市区划地名图册》，采用数字化工艺，编绘序图组、区县地图组两部分，以分层设色叠加地貌晕渲的形式充分展示重庆政区、地势、交通、旅游等。编印《重庆市历史地名图集》，展现本市 3000 多年政区、城市地名发展变迁轨迹，保护地名文化遗产。三是注重开展地名理论基础性研究，启动《重庆市地名管理条例》修订，完成《大型建筑物名称标准化及管理》《黔江酉阳(正阳)山地名文化》等课题研究,委托重庆大学编制《重庆市地名总体规划》《重庆市地名命名规范》。四是完成《三峡方舆考》《九开八闭重庆城》《酉州地名探究》《巴山溯源·图说城口地名》《寻源黔江》《重庆地名杂谈》《南川地名故事》《长寿地名史话》等地名历史文化丛书撰写。

传播地名文化"留影"。一是启动15集地名文化片摄制,涵盖重庆地名的产生、历史变迁、功能、特点、发展趋势、文化传承等内容,从重庆的山、水、城、政区演变历史等角度充分展示重庆优美地名风景,挖掘重庆"三千年江州城、八百年重庆府、一百年解放碑"的厚重文化底蕴,引起人们内心共鸣,了解故乡,感受故乡,爱上故乡。二是拍摄"美丽中国·地名寻梦"《咸宜》《你好,江北嘴》《解放碑》等视频33个,创作《千年磁器口》《七桥烟雨话板桥》等微电影,集中展示各地独具特色的优美地名和风土人情。三是开展"重庆最美地名""巴渝最美地名故事"等评选活动,探寻、挖掘巴渝地名记忆,《黄桷古道》《苎溪河》《登记铺》等获优秀奖,《白帝城》获评"全国100个最美地名故事"一等奖,拨动人们心中那挥之不去的"乡愁"。

打造地名服务"便民"。一是编制《地名普查数据脱密技术方案》,经市保密局、市规划局评审通过,委托市地理信息中心具体实施,逐条检查脱密,确保涉密数据"零"泄露,为成果应用奠定基础。二是实施"数字地名"工程,建设地名管理预审系统、地名政务服务、官方微信及微博等系列平台。三是启动建设"互联网+"地名大数据公共服务平台,通过技术手段实现地名信息由静态服务向动态、由平面到立体、由单向到互动的转化,提高地名信息服务的效率,拓展服务的深度和广度,实现服务手段的信息化。

推进成果应用"找路"。一是在渝北、永川、大足、潼南、荣昌、云阳、城口与相邻省交界处设置大型边界地名文化标志物15座,以当地民风民俗为主要内容,共创平安边界。二是在丰都与石柱、忠县、武隆交界处建设边界地名文化墙(碑、雕塑)和镇、村界碑30块,图文并茂展示地名文化,促进边界地区文化交流和民族融合。三是在老重庆地名文化体现最突出、人员交往最繁华的渝中区,试点建设两处老地名文化艺术标志物,并附着地名汉语拼音、故事简介、地图、核心精神诗词、历史题材绘画、历史文化信息二维码等内容,让人们记住"回家的路"。

重庆市万州区扎实推进地名普查成果转化

重庆市万州区扎实推进地名普查成果转化。一是广泛征集优秀地名文化故事。充分利用地名普查网站、微信微博和《三峡都市报》等媒介广泛征集万州优美地名故事,其中107篇故事参选,《最忆钟鼓楼》《聚鱼沱,见证万州百年故事》等20篇优秀地名文化故事获奖并在媒体发表;二是大力推进地名文化"三进"。联合三峡川剧团演员,三峡博物馆、万州革命烈士陵园等单位解说志愿者,与社会组织编演地名文化故事话剧,推进万州区地名文化进村落、进社区、进校园"三进"活动。截至目前,该活动已在14个村(社区)、11个中小学开展;三是深度拍摄万州老地名文献片。拍摄制作地名文化纪录片《回味万州老地名》,约200多条(张)已消失但极具传承价值的老地名珍贵视频、图片得以在片中回味和追溯,使万州老市民魂牵梦绕的儿时乐土一一呈现。

四川省举办地名普查成果数据入库暨普查成果转化培训班

根据第二次全国地名普查工作进度和2018年度培训计划,2018年6月5日至6日,四川省地名普查办在成都市举办全省第二次全国地名普查成果数据入库暨普查成果转化培训班,传达国务院地名普查办广西培训会精神,分析全省普查形势,安排下阶段工作,讲解普查成果数据入库、普查档案整理、地名录和地名志编写、地名文化遗产申报等事项。来自全省21个市州和183个县(市)区的246名民政普查干部和技术骨干参加了本次培训。省地名普查领导小组副组长、普查办主任、民政厅副厅长刘家鹏出席培训会并讲话,省地名普查办主持培训会。

刘家鹏副厅长对全省地名普查工作做了全面系统的总结回顾,对下一步工作提出了具体要求。他指出,今年是第二次全国地名普查的收官之年、决胜之年。做好今年的工作,事关普查任务能否圆满完成、普查目标能否如期实现。他要求各级民政部门和普查机构，一是要以习近平新时代中国特色社会主义新思想为统揽，以满足人民群众日益增长的地名需求为目标，进一步加强和改进新时代地名工作；二是要压实责任，加强督导，突出重点，攻坚克难，全力推进普查成果数据入库、普查档案整理归档、普查成果转化等工作，着力解决问题症结，补齐短板缺项，全面完成地名普查任务；三是要坚持以人民为中心的发展理念，深入贯彻党的十九大关于“坚定文化自信，推动社会主义文化繁荣兴盛”的总体要求，不断加强地名管理，完善地名公共服务，推进地名文化建设，努力提升全省地名服务管理水平。

四川省攀枝花市加强地名管理助力城市文明

近年来，四川攀枝花市民政局稳步加强地名管理，助推城市文明更上新台阶。

一是管好“增量”。协调发改、住建等部门，共同商议在项目立项审批环节加强对攀枝花市建筑名称的审核把关，避免新增“大”“洋”“怪”“重”等4类问题地名；积极向市人大争取，将《攀枝花市地名管理办法》纳入地方立法5年规划，为攀枝花市新增地名规范化管理提供法制保障。

二是整治“存量”。在保持地名相对稳定的前提下，逐步清理已有不规范地名。截至目前，清理出不规范地名53条，已从“音”“形”“意”“位”“类”等5方面对其中21条不规范地名完成标准化处理，有力延续了攀枝花三线建设历史地名“文脉”。

三是挖掘“底蕴”。在地名命名工作中统筹考虑地理风貌、民俗风情、历史典故等因素，发动民间力量参与命名，使新地名具有更深厚的攀枝花文化底蕴。如：对攀枝花市仁和区大河流域主城区段12座新桥命名工作中，面向社会公开征集桥梁名称，共收到来自全国各地的命名方案50余个，经筛选、论证等程序后，12座新桥均完成正式命名，有了独一无二的文化名片。

贵州省组织开展地名普查交叉检查工作

为全面掌握全省地名普查工作情况，进一步提升地名普查质量，推动成果转化，完善档案管理，贵州省地名普查办组织检查组于2018年5月底至6月上旬集中对全省44个县(市、区)地名普查工作进行交叉检查。重点检查各地普查资金使用情况、普查成果质量、成果转化运用、档案管理等方面的情况，总结好的做法和经验，研究解决普查工作中存在的困难和问题，为全面完成普查任务奠定基础。

此次检查采取九个市(州)交叉检查的方式进行，由1名市(州)民政局分管负责同志带队，地名普查办负责人、业务骨干和技术人员参与，省地名普查办安排人员参加检查。检查工作采取“一听、二查、三反馈”的方式进行。“一听”即听取被检县(市、区)普查工作汇报，全面了解普查工作实施情况、存在的问题和下步工作打算。“二查”即查阅普查实施过程中形成的资料，重点检查普查资金使用情况、普查成果表、数据库、成果转化、档案管理等方面的情况，对照评分标准逐项进行评分。“三反馈”即召开反馈会，综合评价被检单位工作成效，如实反馈工作成绩，指出存在的问题，限期进行整改。

从交叉检查的情况来看，各地能够按照普查实施方案和工作规程要求，扎实开展各个环节的工作。建成了地名数据库，有序开展成果转化运用，做好普查档案归档工作。检查过程中也发现有的地方普查信息不完整、资料利用不充分、地名文化挖掘不深入等问题，检查组如实指出，责成整改，提升普查成果质量。同时通过交叉检查的形式，各市(州)之间相互学习，相互交流，取长补短，达到了共同提高的目的。

贵州省贵阳市督查地名普查档案管理工作

为扎实有序地推进贵阳市地名普查档案工作深入开展，贵州省贵阳市地名普查办印发了《关于开展贵阳市第二次全国地名普查档案督查工作的通知》，成立了由贵阳市民政局副局长、贵阳市地普办主任廖昆丽任组长的督查组，分别对10区（市、县）普查办进行了实地督查，全面了解地名普查业务类档案收集工作情况及存在的问题。督查工作采取了现场查看和召开座谈会、汇报工作与讨论指导的形式开展。

贵阳市地名普查办对各区（市、县）地名普查工作给予充分肯定，并就下一步工作提出几点要求：一是《地名词典》等资料编写来源重点靠普查档案，地名“图录典志”的工作量大、质量要求高，地名档案管理质量与普查成果转化质量密切相关；二是区级普查办要高度重视、争取经费，积极主动与技术单位共同协商解决困难；三是要理清地名档案管理工作思路，创新工作方法，按照国家档案标准将地名资料整理归档，在省厅规定时间内完成工作任务。

云南省积极推进地名普查成果转化工作

根据国务院第二次全国地名普查部署要求和云南省地名普查成果规划，2018年，云南省地名普查办提前筹谋规划，积极争取经费支持，开展调查论证，扎实有序推进“三个一”（一本故事书、一个档案管理系统、一个服务平台）成果转化工作。

一是建设区划地名档案管理系统。积极推进地名档案信息化建设，规范地名普查档案管理，建设云南省区划地名档案管理系统，实现案卷电子化管理、检索以及档案统计和调阅打印等功能，无缝对接省级区划地名数据库，确保档案完整、准确、系统、安全和有效利用。

二是编纂并出版《云南省少数民族语地名故事》。少数民族语地名是云南民族语言和历史、文化的重要载体。编辑出版少数民族语地名故事，有利于进一步丰富少数民族语地名文化内涵，有利于保护和传承少数民族语地名文化，有利于广泛宣传和挖掘、保护和传承少数民族语地名文化。该书籍图文并茂，用100个地名故事深度展现云南各少数民族地名文化特色。

三是建设区划地名界线管理服务平台。积极顺应“互联网+”发展趋势，结合云南省区划地名和界线管理工作实际需求，建设省级区划地名界线管理服务平台，建立地名信息社会服务、地名信息共享和区划地名数据更新维护、界线界桩精细化管理等长效机制，实现区划地名界线成果数据资源整合，管理工作网络化、信息化，高效管理，有效利用，切实提升区划地名公共服务能力水平，为全省经济社会建设服务。

云南省真抓实干做好地名普查整改落实工作

自全国地名普查工作进入成果验收整改阶段以来，云南省地名普查办坚持多管齐下，及时解决存在的问题，动真格抓好整改落实工作。

一是按时完成两轮普查成果修改工作。根据国普办的反馈意见，全面开展普查成果数据修改工作。各级普查办高度重视、周密筹划、细致安排，各技术服务单位积极配合，对成果表中不符合要求的部分加以修改完善，确保成果完整规范准确。截至目前，全省 129 个县市区已完成两轮普查成果整改工作，并按国普办的时间要求上报了成果包。

二是坚持工作通报制度，加强督促落实。省普查办根据工作进展情况，对贯彻落实工作要求不及时、整体工作推进相对缓慢的州市和技术服务单位每月进行全省通报；对普查工作履职不足，整改工作落实不到位的，向当地地名普查领导小组组长（政府分管领导）进行书面通报，确保任务落到实处。

三是利用普查技术座谈会制度，提高整改工作成效。进入省级验收阶段后，省普查办根据验收工作实际情况，每周开展一次普查技术座谈会，加强与技术服务单位沟通协调，尽可能做到及早发现、解决问题，确保各项工作任务安排落实到位。各技术服务单位在座谈会上提出普查工作中存在的问题，在会上进行研究和讨论后，省普查办对共性内容统一制定标准，最大限度上保证了普查成果质量统一。

云南省丽江市"五个注重"加强地名文化保护

云南省丽江市在第二次全国地名普查中，注重地名文化保护和挖掘，开展了一系列卓有成效的不规范地名清理整治工作，助力提升城市名片。

一是注重保存老地名，加大清理整顿不规范地名工作，做好地名文化遗产保护。第一，注重保存老地名，对地名进行有效分类。根据《丽江市古城区城市地名规划(2006—2020)》规划市区地名226个，颁布实施《丽江市地名管理规定》，市区地名由市政府公告命名，对历史地名、未法定公告的老地名，列出清单，进行归类。第二，制订了《丽江市地名文化保护和清理整治不规划地名方案》。对随意命名、崇洋媚外的地名集中清理排查，列出清单进行整改，对少数民族语地名中的不规范地名着手集中进行清理整治；分县(区)、片区、语种等召开专家论证会，进行核音定字。经过深入挖掘少数民族语地名遗产，强化了历史地名保护措施，弘扬了优秀地名文化。全市共清理整治1112条地名。

二是规范地名命名保持地名稳定性。2006年，丽江市在云南率先进行城市地名规划，2008年颁布了地方法规。两个规范性政策的出台，规范了丽江市地名管理秩序，已形成项目审批前地名审核前置审批的规定，杜绝了乱用或随意使用不规范地名的现象，城市地名命名走入法制化轨道。在各县(区)内广泛宣传规定等法规，严格城乡地名管理。

三是广泛征集，集中整理，注重挖掘民间地名文化。丽江市在云南省民政厅的指导下，注重挖掘民间地名文化的收集，通过报纸、电视广泛征集，邀请文人、学者、名人名士参与整理、编纂、修改，出版了《丽江地名故事》。书籍分古城篇、玉龙篇、永胜篇、华坪篇、宁蒗篇五部分，是丽江第一部地名故事专书，是普及丽江传统文化的一次探索，填补了丽江地名方面研究成果，弘扬了丽江传统地名文化。

四是注重地名专家队伍建设，助力提高地名文化挖掘保护水平。丽江市十分注重地名专家队伍建设，及时成立了丽江市第二次全国地名普查专家咨询委员会，组建了丽江市地名专家库。聘请熟悉本市风土人情、人文地理，对纳西文化、彝族文化、白族文化有研究的专家，全程参与了地名普查及地名文化挖掘保护工作。通过其影响力，在报纸杂志上发表文章、在电视专栏上宣讲，对新情况新问题及时进行专题研究，解决遇到的重大问题。

五是注重宣传，营造了良好的地名文化保护的氛围。丽江市注重地名文化宣传，印发宣传单2万份、在电视台微信上开通了20多期地名故事、邀请专家在电视台黄金频道《纳西讲聚营》作专题栏目访问两期，在《丽江日报》上刊登地名考和地名故事等。其中微信专栏和《纳西讲聚营》节目的播出，丽江地名文化在社会上引起广泛关注，一度成为大家谈论的话题。通过多种形式宣传，弘扬地名文化，真正使地名文化建设接地气、聚人气、见实效，营造了良好的地名文化保护社会氛围。

云南省宜良县切实规范地名标志设置工作

云南省昆明市宜良县紧密结合第二次全国地名普查，积极加强成果转化，坚持布局合理、位置明显、标示准确、导向清晰的原则，以农村地名标志设置为重点，切实开展地名标志设置工作，全县 8 个乡镇（街道）、116 个村（社区）、821 个村民小组共设置地名标志牌 1656 块、城市道路地名标志牌 138 块，设置安装率达 100%，实现了地名标志全覆盖。

一是加强组织领导。将地名标志设置工作列入县乡村三级重要工作议程，明确领导专职负责，统一协调、整合资源形成合力。严格按照中华人民共和国国家标准——GB 17733—2008《地名　标志》要求，全面推进地名标志设置工作，重点要求未设置地名标志的农村 100% 完成设标工作；要求对原有制作不合格、安装不规范的地名标志进行重设。

二是积极筹措资金。建立财政投入和市场运作相结合、政府服务和社会化服务相结合的运行机制，多渠道筹措资金，确保工作落到实处。

三是强化协调督促。县地名普查办充分发挥牵头抓总作用，认真组织、协调、指导县乡村三级开展设标工作，县督查办负责专项督查，确保全县工作顺利推进。

四是认真做好检查验收。设标工作完成后，县检查验收组进行全面检查验收，并对各地设标情况进行了通报。

宁夏回族自治区召开地名普查成果转化工作部署会议暨业务培训班

根据宁夏第二次全国地名普查工作部署安排,为做好今年不规范地名清理整治、地名数据核实完善、普查资料整理归档、二维码地名标志设置、图录典志编纂等工作,2018 年 4 月 11 日至 13 日,自治区地名普查办在中卫市举办了 2018 年宁夏第二次全国地名普查成果转化工作部署会议暨业务培训班。参加会议的还有民政部区划地名司陈克相副巡视员。

会上,自治区民政厅党组成员、副厅长佘瑞东同志分析了 2017 年宁夏第二次全国地名普查工作形势,并从党的建设在地名工作中发挥的作用、地名普查工作取得的明显成效、地名服务管理水平得到持续提升等方面给予了肯定。同时,提出了全区地名普查工作中存在的问题,明确了下阶段地名普查重点任务是普查数据完善、成果转化和清理整治不规范地名等工作。要求在夯实信息化基础数据上下功夫,在标准地名图录典志编纂上抓规范,在保护传承优秀地名文化上做文章,坚决打赢地名普查成果转化攻坚战。

民政部区划地名司陈克相副巡视员在讲话中强调,一定要按照国务院统一部署,加快地名普查工作进度,保质保量如期完成工作任务;自治区地名普查办要督导市、县(区)尽快完成普查数据各级复核、审验入库工作;要全力推进成果转化、做好地名普查总结表彰和普查资金、数据使用与安全保障工作。

全区地名普查人员、标准地名图录典志编纂专家共 180 余人参加培训。培训结束后,宁夏地名普查将全面进入普查成果转化工作阶段。

稿件来源:宁夏回族自治区地名委员会标准化中心

河南、安徽两省行政区域界线第四轮联合检查工作联席会议召开

2018 年 4 月 3 日，河南、安徽两省民政厅在商丘市华驰粤海酒店召开皖豫线第四轮联检工作第一次联席会议。

会议指出，界线两侧的 9 个省辖市、26 个县(市、区)要按照《国务院行政区域界线管理条例》规定和民政部第四轮省级行政区域界线联合检查计划安排，齐心协力、相互配合，搞好皖豫线第四轮联合检查工作。同时，对商丘的界线管理工作给予了充分肯定。

会议要求，针对 5 年一次的联检工作，各省辖市、各县(市、区)要做到以下几点：一是要统一思想，深刻领会联检工作的重要性。定期对行政区域界线进行联检，是国务院赋予县级以上地方人民政府的职责，也是增强地方各级人民政府界线管理的意识，必须强化管理责任，加强界线管理措施。二是要严守条例，扎实抓好联检工作的组织和实施。皖豫边界线线长面广、个别地方山高路远、联检工作难度大，为做好这次联检工作，要把握好统一标准抓好落实、界桩更换到位、基础性工作扎实、毗邻双方密切配合、按期完成联检各项任务。三是多方参与，稳步推进平安边界建设。各单位要高度重视，把平安边界创建工作摆上重要位置，以维护边界地区长期和谐稳定为中心，以界线联检，平安边界创建为平台，依法管界，开拓创新，不断提高皖豫线管理水平，推进平安边界创建工作。

会议强调，一要增强界线管理的大局意识和责任意识；二要加强双方的协调配合，妥善处理联检中发现的问题；三要提高处理纠纷的应急能力，切实维护皖豫边界的稳定。皖豫两省 9 个省辖市，26 个县(市、区)，民政局分管副局长和区划地名科长(界管办主任)90 多人参加会议。大会取得了圆满成功。

会上，两省民政厅签署了《河南省民政厅安徽省民政厅平安边界建设协议书》，下发了《河南省安徽省行政区域界线第四轮联合检查工作实施方案》。

山东省召开“行政区域界线界桩管理平台”应用培训会

为提高山东省界线管理信息化水平，省民政厅与省国土测绘院合作完成“山东省行政区域界线界桩信息管理平台”开发建设工作。为确保该平台按时上线运行，省厅对各市进行平台应用操作培训。6 月 20 日，在菏泽市民政局六楼会议室，省测绘院对各县（区）民政局界线管理工作人员、界桩管理员进行了培训，主要讲解了界桩管理平台的开发背景和基本概况、基本操作规范，各级界线管理部门的使用权限，界管员巡查系统的操作与使用等。“山东省行政区域界线界桩信息管理平台”的开发及应用摸清了省行政区域内界线界桩的家底，实现了数据可视化管理；巡查员可利用移动终端及时上报界桩现状信息，通过遥感影像自动检测界线，实现了数字化管理，切实提高了山东省界线界桩管理工作的信息化水平。

湖北省、重庆市行政区域界线第四轮联合检查工作正式启动

2018 年 3 月 20 日，湖北、重庆行政区域界线第四轮联合检查第一次联席会议在重庆召开，正式启动鄂渝线第四轮联检工作。

会议安排部署了鄂渝第四轮联检工作任务，并对联检工作提出具体要求。鄂渝沿线毗邻 2 市州、18 区县（市、自治县），全长 1049.45 千米，共埋设界桩 35 棵，整个联检工作从 3 月下旬开始至 11 月底结束。

会议要求界线各毗邻单位要严格执行《湖北省与重庆市行政区域界线第四轮联合检查工作实施方案》，制订详细计划，确保联检工作有条不紊地开展，各毗邻市、区县要密切配合，妥善分工，通力协作，全力以赴完成联检实施方案所规定的各阶段工作任务。会议强调，两省市要切实保证联检工作所需人员、经费及工

作设备等落实到位，联检完成后认真起草总结报告，汇总整理资料档案，确保联检工作按时完成。

四川省与西藏自治区行政区域界线第四轮联检工作正式启动

2018 年 4 月 9 日，四川省与西藏自治区行政区域界线第四轮联检工作第一次联席会议在成都召开。会议安排了川藏线第四轮联检工作，商讨了界线联检和平安边界建设有关事宜。四川省民政厅副厅长刘家鹏和西藏自治区民政厅副厅长从飞军出席会议并讲话。这次会议的召开标志着 5 年一轮的省级行政区域界线第四轮联检工作正式启动。

会议要求，川藏线毗邻的市州、县要以保障和维护群众利益为出发点和落脚点，从维护发展的高度，进一步统一思想认识，切实增强做好联检工作的责任心和使命感；要加强组织领导，采取有力措施，积极主动协调，共同做好联检工作，确保联检质量，优质高效完成川藏线第四轮联检任务。

会议强调，新时代对界线管理工作提出了新要求，新时代要有新作为；要紧扣发展主题，着力解决界线管理工作中存在的困难与问题，开拓创新，奋发作为，全面深度融入服务经济社会发展主战场，努力为经济社会发展贡献智慧和力量。

会上，两省区民政厅签订了《四川省与西藏自治区共建平安边界睦邻友好公约》《四川省与西藏自治区行政区域界线管理联席会议制度》和《四川省与西藏自治区行政区域界线突发公共事件应急处理预案》。川藏两省区毗邻市州、县民政局分管领导和科、股长、工作人员，部分界线毗邻县的政府副县长，两省区民政厅区划地名处（勘界办）相关工作人员参加会议。

甘肃省启动第四轮县级行政区域界线联合检查工作

2018 年 3 月 12 日，甘肃省政府办公厅下发《关于做好第四轮县级行政区域界线联合检查工作的通知》,部署开展全省第四轮县级行政区域界线联合检查工作。

通知指出,本省第四轮县级行政区域界线联检工作从 2018 年开始至 2022 年结束,分 5 年完成。其中:2018 年完成 40 条共 2604 千米,2019 年完成 40 条共 3905 千米,2020 年完成 40 条共 3017 千米,2021 年完成 40 条共 2257 千米,2022 年完成 42 条共 2737 千米。界线联检工作由相关市(州)和县(市、区)政府共同负责,双方民政部门组织实施。

通知要求,除省政府安排的每 5 年一次联检外,相邻市、县可根据实际需要,不定期自行组织开展界线联合检查,从源头上预防或减少边界纠纷的发生。要进一步健全维护边界地区社会稳定的长效工作机制,夯实边界管理工作基础。要深入推进平安和谐边界创建活动,使平安和谐边界创建融入跨行政区域界线的经济发展战略、扶贫开发区域合作和各层面不同内容的合作交流空间,更好地促进当地经济社会开放发展。

北京市进一步推进无名路命名专项工作

为贯彻国务院地名普查办关于清理整治不规范地名工作部署，落实北京市委市政府对本市道路命名管理的工作要求，做好本市第三批无名路命名的收尾工作，2018 年 6 月 8 日，市地名普查办组织召开了全市无名路命名专项工作会，专题研究全市无名路命名、地名管理与地名普查后续工作等内容。会议由市地名普查办、市规划国土委地名管理处郑全智处长主持，全市 16 个区地名普查办、各区地名普查外业单位负责人参加了会议。

会上，各区地名普查办汇报了本区无名路命名专项工作进展及存在问题；通报并部署了本市第三批无名路命名工作情况和要求、地名管理工作职责以及地名普查验收后续工作。

会议要求各区地名普查办要严格按照职责定位，落实责任分工，当前地名管理要重点做好以下两方面工作：一是要严把质量，认真核实本区无名路台账，做到底数清、情况明，保证台账数据真实、准确，确保在 2018 年 6 月 30 日前完成第三批无名路命名专项工作。同时，要加大后续的监管工作力度。二是要认真按照国务院地名普查办的工作要求，做好地名普查验收及成果转化等后续工作。

江西省召开区划地名工作会议暨标准地名词典释文编辑培训班

2018 年 4 月 11 日至 13 日，江西省地名普查办在赣州市召开全省区划地名工作会议暨标准地名词典释文编辑培训班。会议全面落实全国、全省民政工作会议精神，总结了 2017 年全省区划地名工作，部署了 2018 年工作。厅党组成员、副厅长欧阳海泉同志出席会议并讲话。

欧阳海泉肯定了 2017 年全省区划地名工作取得的成效，指出做好新时代区划地名工作，要在党的十九大精神和习近平新时代中国特色社会主义思想指引下，始终保持区划地名工作正确的方向，把握新特点，认识新趋势，科学实施区划设置和地名管理，重点把握“四个原则”：坚持“严格政策、符合标准”的原则；坚持“服务大局、促进发展”的原则；坚持“尊重历史、传承文化”的原则；坚持“科学论证、群众支持”的原则。

欧阳海泉强调，2018年是地名普查收官之年，也是普查成果转化、体现普查成效的关键时刻。各地要转变观念，深刻认识地名普查服务经济社会发展的价值作用，深刻认识社会各界对地名服务的基础性、公益性和可及性等方面日益增长的需要，在成果转化和地名管理服务中坚持“三个融入”：融入智慧城市建设，夯实信息化基础；融入城市规划建设，突出规范化管理；融入文化软实力建设，加强地名文化保护。

会上，赣州市章贡区、景德镇市、遂川县就地名普查成果转化做了典型发言。会议就标准地名词典释文编辑和红色地名故事纂写邀请专家进行了培训。

各设区市、省直管试点县(市)民政局分管副局长、科长和各县(市、区)民政局标准地名词典编纂业务骨干共150余人参加会议。

山东省调研地名文化遗产保护及鉴定暨地名档案建设工作

2018年7月10日至12日，山东省民政厅区划地名调研组一行5人到日照市对地名文化遗产保护工作、地名档案建设工作进行调研。

座谈会上，市直相关部门单位负责人、曲阜师范大学专家及市部分老地名工作者就地名文化遗产保护谈了自己的意见建议，并对地名文化遗产认定范围、认定条件、认定程序以及保护利用等提出了修改意见。调研组认为，各位专家学者对地名文化遗产保护进行了深入思考，提出的意见建议非常中肯、很切实际，很值得他们学习借鉴。调研组指出，地名文化遗产是宝贵的文化资源，是一个地方历史文脉所在、乡愁所系，省里要认真汲取各位专家的意见建议，把地名文化遗产认定规范制定好、实施好，并加强与史志、文物保护、旅游等相关部门的沟通衔接，建立地名文化遗产认定保护的良好机制，推动地名文化遗产认定保护工作。

调研组一行还到东港区涛雒、莒县桑园、碁山、东莞等地实地考察了地名文化遗产保护工作情况以及地名普查档案建设等情况。

山东省日照市出台主城区道路命名管理办法

山东省日照市政府办公室印发《日照市主城区道路命名管理办法》，明确了主城区道路命名的管理范围、命名原则、程序以及周期等。

近年来，由于主城区道路建设与命名管辖不一致等原因，导致道路命名出现管理体制不顺畅、命名程序不规范等问题，愈发引起社会关注。为规范主城区道路命名管理工作，日照市民政局根据国务院《地名管理条例》《山东省地名管理办法》以及《日照市地名管理实施办法》等有关规定，代市政府办公室研究起草了《日照市主城区道路命名管理办法》。

该办法明确规定快速路、主干道、次干道的命名更名由市地名委员会负责，支路、背街小巷的命名更名由各区负责；道路命名更名除符合法律法规规定的一般原则外，还应当遵循突出地域特色、坚持一路一名、谨慎更名等原则。

该办法对命名程序给予规范，明确提出，快速路、主干道、次干道的命名更名要经过收集相关资料、提出初步方案、公开征求意见、组织论证评估、研究通过方案、公示、公布启用等七个程序。其中，组织论证评估程序要求论证时要邀请部分地名委员会成员单位成员以及其他社会各界人士代表参加，参加人员总数不少于 10 人，并规定社会各界人士代表不少于 7 人，社会各界人士代表中应当有拟命名更名道路附近的单位、居民代表，确保命名更名更加科学、符合民意。对于支路、背街小巷的命名更名，要经过收集相关资料、提出方案草案、审核把关、研究公布等四个程序，并明确要通过公开征求意见、组织论证评估等方式广泛听取意见提出方案草案。东港区的命名方案提交区政府有关会议研究通过并经公示无异议后，由东港区政府公布启用。日照经济技术开发区、日照高新技术产业开发区和山海天旅游度假区范围内的命名方案，经区管委会有关会议研究通过并公示后由市地名委员会公布启用。支路、背街小巷的命名更名方案草案均由市地名委员会办公室审核把关，以避免不同区的道路命名出现重名或一路多名等问题。

办法还规定，道路命名更名分批进行，原则上一年开展两次，新贯通道路沿用既有名称，随新命名道路一并公布；快速路、主干道、次干道、支路及背街小巷的划分标准参照住建部《城市道路工程设计规范》执行。

该办法自 2018 年 8 月 1 日起施行，有效期至 2023 年 8 月 1 日。

河南省郑州市认真做好跨界自然地理实体接边融合工作

为加快推进跨界自然地理实体接边融合工作，形成准确翔实的跨界自然地理实体信息，郑州市地名普查办根据勘界详图认真整理了跨界自然地理实体名录和信息，并进一步对跨界自然地理实体信息进行了核对。

一是整合资源，保证质量。此次主要核对本市跨县级行政区域界线的自然地理实体名称、类别是否准确，考察地名来历、含义、历史沿革及地理实体概况是否详细、清晰，对其地名普查成果表进行融合，并在市级地名普查数据库中进行接边处理。

二是查缺补漏，完善信息。首先审查普查中是否有遗漏，有无不存在的跨界自然地理实体地名。其次，对不准确的信息进行修改补充。最后将普查中遗漏的自然地理实体地名，按照上级要求重新填报调查表，及时上报，确保跨界自然地理实体信息准确无误。

三是相互尊重，通力协作。建立有效的协调协作机制，加强跨界自然地理实体地名相关政区之间的沟通合作，做到资料、史料共享共用。地名普查专家之间积极合作，做好跨界自然地理实体地名的考证、协商、审定工作。

四是心守责任，严守秘密。参与跨界自然地理实体地名普查人员要有责任意识，以积极向上、主动参与的姿态参加到跨界自然地理实体地名普查工作中来。规范管理涉密数据，杜绝泄密事件发生，所有涉及人员必须签署保密协议书，做到“零泄密”。

河南省许昌市60条道路有了新名字

地名是铭刻一座城市历史记忆和文化符号的“活化石”，突出了地方历史文化和城市特色。近日，河南许昌市政府发布通知，在听取民意的基础上，对市区新规划60条道路正式命名。其中，建安区尚集产业集聚区东拓区18条，建安区东部4条，市城乡一体化示范区11条，东城区27条。

为起好路名，本着“尊重历史、彰显文化、含义健康、内涵优美、好找好记、方便管理”的原则，市民政局结合道路的地理位置、规划定位、功能特点、文化特色，拟订了初步命名方案，面向社会广泛征求意见。广大市民群众热情高涨，积极参与,共收集意见建议百余条。经市地名专家委员会研究论证、市地名委员会成员单位审核修改、市政府常务会议研究通过后予以公布。

按照《2010 年许昌市地名规划》,突出区域性、层次性、序列性、方位性。除主干道外,次干道、小街路以“南北为路、东西为街”原则命名。长 3000 米、红线宽 40 米以上的,命名为“大道”。小街路涉及村庄的,原则上以街路所在或附近村庄名称命名,使居民点老地名得以延续、保护和传承。

一是位于东城区的 27 条道路,规划定位为高端生态居住区,田、林、水、城、绿相融,和谐、生态、智慧、宜居。该区域以植物花卉名称、生态文化为主题系列化命名。道路建成后,两侧乔、灌、花木的种植尽可能与路名一致,道路名称与花木名称相互映照。如:海棠路上海棠花开,丹枫路上枫林吐丹,梅林路上梅花清影,银杏路上夏绿秋黄,青桐路上青桐挺秀,桂苑路上桂花飘香,以彰显生态之美、人文之韵。

二是位于示范区的 11 条道路,该区域以经济社会繁荣发展为主题的吉言佳语命名。如昌达街、金祥街、兴和街、寿丰街等。

三是位于建安区休闲养生产业园 4 条道路,以生态自然休闲养生为主题命名。如梦溪路、悦然路、畅和路、怡然路。

四是位于建安区尚集产业区东拓区的 18 条道路,规划定位为临空经济先行区,郑合高铁许昌北站位于此。以“航”“远”“达”“平”“安”等与航空、高铁交通出行有关的寓意命名。如启航大道、宇翔路、达远路、大通街。

根据国务院《地名管理条例》和《河南省地名管理办法》的有关规定,今后城乡规划部门制作的规划图,住房建设部门发放的住房销售许可证、房产证,公安部门的户籍人口管理,广播、电视、报刊等新闻媒体都要使用标准地名。任何单位和个人不经法定程序,不得随意命名、更改地名。

湖南省召开少数民族语地名译写规则专家研讨会

湖南省地名普查工作已进入成果转化阶段,为加快推进地名地方标准编制,助力“五化民政”建设,湖南省地名普查办于 2018 年 5 月 24 日召开湖南省少数民族语地名译写规则专家研讨会。省民政厅、民宗委、质监局质量和标准化研究院、吉首大学、怀化市民宗委、新晃县地名普查办等单位有关负责人和专家参加会议。

会上，专家听取了《土家语、苗语、侗语、瑶语地名译写规则》的编制进展情况，认真审议了《湖南省少数民族语地名译写规则（讨论稿）》，并就少数民族语地名译写规则编制技术、如何规范使用语言文字、规则编制的体例等展开了热烈的讨论。

据悉，该省少数民族语地名译写规则涉及土家语、苗语、侗语和瑶语等四个语种的地名，这对于清理、整顿少数民族语地名、抢救少数民族文化具有重要意义。标准有望于今年三季度正式发布。

四川省眉山市弘扬地名文化传承历史记忆

为保护和弘扬地名文化，传承历史记忆，打造城市文化名片，四川省眉山市开展了以“三苏文化”“忠孝文化”“彭祖长寿文化”等地方特色为主题的地名命名工作。

各地结合本地特色文化，按照国务院《地名管理条例》、民政部《地名管理实施细则》《四川省地名管理办法》相关规定进行了地名命名草案拟订工作，邀请政协委员参加地名命名草案讨论会，并及时在微眉山、电视、电子政务网站上广泛征求群众意见。每一个地名，都有其独特内涵，都是反映地方特色的“名片”。对于历史文化名城来说，由于文化积淀丰厚，地名的“含金量”也更高。

这轮地名命名遵循依法依规，尊重历史、照顾习俗、含义结合地方特色文化原则，体现了区域特点和文化特色。遵循“从古、从熟、顺口、顺应时代发展的潮流”四个原则。“清影路”（起舞弄清影）、“苏辙公园”“苏洵公园”“五福路”（寓意长寿、富贵、康宁、好德、幸福）、“康宁街”（体现长寿忠孝文化，取福寿安康之意）等一大批反映地方特色文化的地名应运而生。

四川省绵阳市召开城市地名管理工作新闻通气会

2018 年 6 月 6 日，绵阳市人民政府新闻办公室召开绵阳城市地名管理工作新闻通气会。中央、省级新闻媒体、绵阳本地媒体以及各大网络媒体 20 余家媒体参加会议。

绵阳市民政局积极履行地名管理工作职能职责，依据国务院《地名管理条例》《四川省地名管理办法》《绵阳市地名管理办法》《绵阳城区道路、桥梁、住宅区及建筑物名称地名命名细则》，绵阳市民政局编制起草了《绵阳城市地名总体规划》，拟订了《科技城集中发展区核心区道路命名总体方案》，对已建成的城区道路、桥梁拟定了名称。会议就社会关注、媒体关心的绵阳地名有关问题做了详细解读，并就《绵阳城市地名总体规划》规划体系、科技城集中发展区道路命名总体原则和今后地名工作如何充分发挥规划的作用等方面现场回答了记者提问。

征求意见方案目前尚在公示期，绵阳市民政局正在积极关注和认真收集整理各方意见。公示结束后，市民政局将根据社会各界的意见和建议，对征求意见方案进行调整、优化和完善。市民政局感谢广大热心市民、社会各界有识之士和媒体朋友对绵阳市地名工作的关心、支持。市民政局将充分尊重民意，科学规范管理绵阳地名、积极弘扬绵阳历史文化，为建设西部经济强市发挥应有的作用。城市道路名称就是“城市名片”，下一步，市民政局还将继续努力，以习近平新时代中国特色社会主义思想为领，牢固树立“文化自信”，大力弘扬和传承绵阳优秀的地名文化。通过建立地名文化遗产保护名录、编制地名规划规范新生地名、构筑文化载体、营造保护氛围，多举措挖掘、保护、继承和弘扬优秀地名文化，使绵阳的地名真正地活起来、美起来、传下去，成为绵阳人的重要情感载体。

《中华人民共和国乡镇行政区划简册 2018》征订单

《中华人民共和国乡镇级行政区划简册 2018》是截至 2017 年底全国乡级及以上行政区划的数量、名称、代码的汇总资料，是全国最为完整的省、市、县、乡四级区划资料汇编。乡、镇、街道是我国基层行政单元，是社会活动、经济活动、公共服务的重要平台，区划代码更是电子信息数据的基础，是各类业务管理系统、信息统计系统层级框架设计的基础。本简册附赠光盘，现已全面开始征订！

▲银行汇款：

开户银行：招商银行北京分行营业部

户　　名：中国社会出版社

账　　号：860186144910001

行　　号：458

联 行 号：308100005027

联 系 人：张党 18678392866

请 备 注：订购 2018 区划简册

▲邮局汇款：

通信地址：北京市西城区二龙路甲 33 号

　　　　　新龙大厦 4 层，中国社会出版社

收款单位：中国社会出版社

邮　　编：100032

联 系 人：张党 18678392866

请 备 注：订购 2018 区划简册

▲付款方式：

《中华人民共和国乡镇级行政区划简册 2018》订购回执（复印有效）

<table>
<tr><td>订购单位</td><td colspan="4"></td></tr>
<tr><td>收书地址</td><td colspan="2"></td><td>邮编</td><td></td></tr>
<tr><td rowspan="2">订购数量</td><td>单价（198 元 / 册）×　　册 =　　元</td><td>联系人</td><td colspan="2"></td></tr>
<tr><td>大写金额　　　　元</td><td>电　话</td><td colspan="2"></td></tr>
<tr><td colspan="5">其他：① 企业单位开具发票需提供税号：（　　　　　　　　　　）
② 书款已于 2018 年　　月　　日（汇　邮）出</td></tr>
</table>

▲订购回执回传方式：

1. 邮箱：1140698473@qq.com（推荐使用）　　2. 传真：（010）58123439

3. 邮寄：北京市西城区二龙路甲 33 号新龙大厦 4 层，中国社会出版社，张党（187678392866），邮编：100032